建筑工程项目管理标准化丛书

房屋建筑技术资料管理标准化

兰州市建筑业联合会　组织编写

周苗兰　李　明　罗　宁　　主编

中国建筑工业出版社

图书在版编目（CIP）数据

房屋建筑技术资料管理标准化／兰州市建筑业联合
会组织编写；周苗兰，李明，罗宁主编. — 北京：中
国建筑工业出版社，2021.12（2022.9重印）
（建筑工程项目管理标准化丛书）
ISBN 978-7-112-26881-8

Ⅰ. ①房… Ⅱ. ①兰… ②周… ③李… ④罗… Ⅲ.
①建筑工程-技术档案-档案管理-标准化管理 Ⅳ.
①G275.3-65

中国版本图书馆 CIP 数据核字（2021）第 256981 号

本书从确保工程质量角度出发，依据现行专业验收规范及相应标准编写，共 7 章内容，在对房屋建筑工程施工资料管理基本要求、施工过程质量验收资料管理、单位工程竣工质量验收资料管理、建筑工程质量验收的程序和组织、工程资料整理、组卷与归档进行详细阐述的同时，配以大量的建筑工程表格填写范例及说明。内容实用，指导性强，是工程技术人员和管理人员有针对性地收集、编写、整理、完善工程资料的可靠依据。

责任编辑：范业庶
策划编辑：沈文帅
责任校对：党 蕾

建筑工程项目管理标准化丛书
房屋建筑技术资料管理标准化
兰州市建筑业联合会 组织编写
周苗兰 李 明 罗 宁 主编

*

中国建筑工业出版社出版、发行（北京海淀三里河路 9 号）
各地新华书店、建筑书店经销
北京鸿文瀚海文化传媒有限公司制版
北京建筑工业印刷厂印刷

*

开本：787 毫米×1092 毫米 1/16 印张：18 字数：437 千字
2022 年 6 月第一版 2022 年 9 月第二次印刷
定价：**70.00** 元
ISBN 978-7-112-26881-8
（38695）

丛书编写委员会

编委会主任：赵　强　冯勇慧　范效彩　汪　军

编委会副主任：李　明　刘建军

编写总策划：安永胜

主　编　单　位：
中建三局集团有限公司西北分公司
中建五局第三建设有限公司
中国建筑第八工程局有限公司西北公司
甘肃第四建设集团有限责任公司
甘肃第六建设集团股份有限公司
甘肃第七建设集团股份有限公司
甘肃伊真建设集团有限公司
甘肃华成建筑安装工程有限责任公司

参　编　单　位：
甘肃安居建设工程集团有限公司
甘肃金恒建设有限公司

编　写　人　员：
安永胜　汪　军　刘建军　王　乾
李　明　刘怀良　米万东　林景祥
周苗兰　罗　宁　杨　荣　万　超
张　扬　刘智勇　张鹏海

审 核 人 员：

杨雪萍　滕兆琴　常自昌　冯建民
张敬仲　哈晓春　宋小春　滕映伟
吴小燕　司拴牢　鲁相俊　刘广建
吴富明　满吉昌　肖　军

丛书前言

建设项目是施工企业的窗口，工程项目管理标准化是企业管理和争优创效的重要环节。在兰州市建筑业联合会组织的各类优秀项目观摩学习中，我们看到各施工企业都在学标准、建标准、用标准，努力实现项目管理标准化，提升地区建筑施工管理能力，成为我们编写标准化丛书的动力。

工程项目管理标准化是用标准化的规则把项目管理的成功做法和经验，在工程质量管理及细部节点做法、安全文明施工、作业机械、技术资料等方面实现由粗放式向制度化、规范化、标准化方式转变；成为企业扩大生产，规范运作的有力推手。达到完善企业质量安全管理体系，规范企业质量安全行为，落实企业主体责任，提高工程管理水平。

工程项目管理标准化在项目管理过程中具体表现为：**管理制度标准化、人员配备标准化、现场管理标准化、过程控制标准化。**是目前和今后一段时间企业管理的主题。纵观兰州地区各施工企业标准化的实施还是良莠不齐，或者只是某个方面某个环节在开展，没有形成配套的标准化。本标准化丛书的编写，对兰州地区建设施工项目管理具有重要的贡献，为会员单位提供了现场作业的具体标准、为施工管理人员提供了工作指南，对促进、规范、提升企业管理层次和发展有着重要的意义。

工程项目管理标准化，可以将复杂的问题程序化，模糊的问题具体化，分散的问题集成化，成功的方法重复化，实现工程建设各阶段项目管理工作的有机衔接，整体提高项目管理水平，为又好又快实施大规模建设任务提供保障。还可以通过总结项目管理中的成功经验和做法，有利于不断丰富和创新项目管理方法和企业管理水平。

工程项目管理标准化，可以对项目管理的成功经验进行最大范围内的复制和推广，搭建起项目管理的资源共享平台，可以在每个管理模块内制定相对固定统一的现场管理制度、人员配备标准、现场管理规范和过程控制要求等，最大限度地节约管理资源、减少管理成本。可以推行统一的作业标准和施工工艺，有效避免施工过程中的质量通病和安全死角，为建设精品工程和安全工程提供保障。

工程项目管理标准化，可以对项目管理中的各种制约因素进行预前规划和防控，有效减少各种风险，避免重蹈覆辙，可以建立标准的岗位责任制和目标考核机制，便于对员工进行统一的绩效考量。

前言

建筑工程资料是在工程建设过程中形成的各种形式的信息记录，既是建设工程各阶段验收、质量评定及后期维修管理的依据，更是反映工程质量的见证，也是城市建设档案的重要组成部分。工程资料实现规范化、标准化管理，一定程度上可以体现企业的技术水平和管理水平，进而提升企业的市场竞争能力。

本书依据甘肃省地方标准《建筑工程资料管理规程》DB62/T25-3016—2016、《建筑工程施工质量验收统一标准》GB 50300—2013 和《建设工程文件归档规范（2019 年版）》GB/T 50328—2014 进行编写。按照资料管理程序，形成前期资料管理计划的编制、中期资料技术交底的管理过程及后期资料收集、分类组卷移交的全过程管理模式，力求提高房屋建筑工程施工现场资料员的职业素质，规范其工作行为，提高其管理水平。

本书依据相关各专业规范，并结合建筑工程专业特点，对常用的施工技术资料表格和检验批表格进行了标准化的填写范例，可供广大资料员等技术人员在编制工程资料时借鉴和参考。

全书共分 7 个章节，第 1 章：总则；第 2 章：房屋建筑工程施工资料管理基本要求；第 3 章：施工过程质量验收资料管理；第 4 章：单位工程竣工质量验收资料管理；第 5 章：建筑工程质量验收的程序和组织；第 6 章：工程资料整理、组卷与归档；第 7 章：建筑工程表格填写范例及说明。

由于时间仓促和技术水平的限制，房屋建筑技术资料标准化难免有遗漏和欠妥之处，恳请大家多提宝贵意见，以便今后修订。

目录

1 总则

➤➤➤

1.1 目的

由于建筑市场的不规范，资料管理人员整体素质不高，加之该岗位人员更换频繁，使得各单位资料表格的填写各有差异、五花八门。鉴于此，有必要对工程资料进行统一模式的填写和范例，方便初学者借鉴和参考，以提高建筑工程资料的编制及管理水平，也对建筑工程资料收集、整理和归档工作起到一定的指导作用。

1.2 适用范围

适用于所有房屋建筑工程的施工资料管理。

1.3 编制依据

（1）甘肃省地方标准《建筑工程资料管理规程》DB62/T25-3016—2016。

（2）《建设工程文件归档规范（2019年版）》GB/T 50328—2014。

（3）《建筑工程资料管理规程》JGJ/T 185—2009。

（4）《建设电子文件与电子档案管理规范》CJJ/T 117—2017。

（5）国家档案局发布的《电子档案移交与接收办法》。

（6）《城建档案业务管理规范》CJJ/T 158—2011。

（7）《建设电子档案元数据标准》CJJ/T 187—2012。

（8）《建筑工程施工质量验收统一标准》GB 50300—2013。

（9）其他有关工程建设的标准、规范及规范性文件。

2 房屋建筑工程施工资料管理基本要求

>>>

2.1 基本规定

（1）工程资料应与建筑工程建设过程同步形成，真实反映建筑工程的建设情况和实体质量，不得事后补编。

（2）工程资料不得伪造、涂改和随意抽撤、修改；当必须修改时，应实行划改，由划改人签名并加盖单位印章；影像资料不得进行修改加工。

（3）工程资料应为原件；当为复印件时，提供单位应在复印件上加盖单位印章，注明原件存放地，并应有经办人签字及日期。

（4）工程资料应内容完整、结论明确、签认手续齐全。

（5）工程资料表格形式宜使用甘肃省地方标准《建筑工程资料管理规程》DB62/T25-3016—2016规定的统一制式表格。当本规程中无相应的统一制式表格时，可参考其他标准、规范或经建设、监理、施工单位协商自行设计满足要求的表格。

（6）工程资料宜采用信息化技术进行辅助管理，且每项建筑工程应编制一套电子档案，随纸质档案一并移交档案管理机构。

2.2 建筑工程资料的分类

详见甘肃省地方标准《建筑工程资料管理规程》DB62/T25-3016—2016配套的《建筑工程资料管理规程用表》。上册内容包括：工程准备阶段文件（A类）；监理资料（B类）；施工资料（C类）见图2.2-1；竣工图（D类）见图2.2-2；工程竣工文件（E类）。下册则是汇总了施工资料中所有检验批质量验收记录表格。

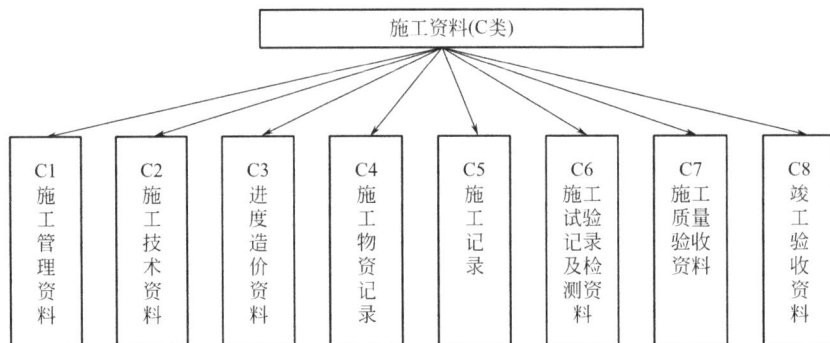

图 2.2-1　施工资料（C类）

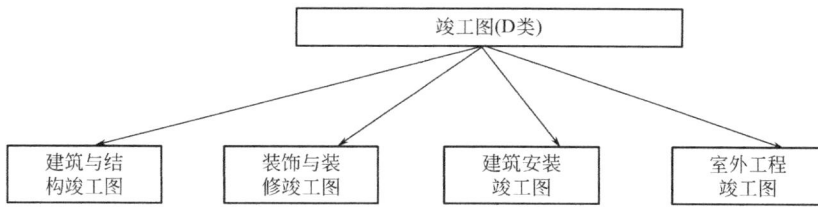

图 2.2-2 竣工图（D类）

2.3 施工现场质量管理体系及各项管理制度

施工现场应具有健全的质量管理体系、相应的施工技术标准、施工质量检验制度和综合施工质量水平评定考核制度。施工现场质量管理可按《建筑工程施工质量验收统一标准》GB 50300—2013 附录 A 的要求进行检查记录。

施工现场质量管理检查记录主要内容有：现场质量管理制度；岗位责任制；主要专业工种操作上岗证书；分包方资质及对分包方的管理制度；施工图审查情况；地质勘察资料完整性；施工组织设计及专项方案的审批情况；采用的施工技术标准；工程过程质量检验制度；搅拌站选用及计量管理；现场材料、设备存放的管理等。

2.4 单位工程划分原则

具备独立施工条件并能形成独立使用功能的建筑物或构筑物为一个单位工程，对于规模较大的单位工程，可将其能形成独立使用功能的部分划分为一个子单位工程。

2.5 分部工程划分原则

可按专业性质、工程部位确定；当分部工程较大或较复杂时，可按材料种类、施工特点、施工程序、专业系统及类别将分部工程划分为若干子分部工程。

2.6 分项工程划分原则

分项工程可按主要工种、材料、施工工艺、设备类别进行划分。

2.7 检验批划分原则及合格判定标准

检验批容量是指该检验批所含的工程量，并按检验批实际工程量的单位填写。

根据《建筑工程施工质量验收统一标准》GB 50300—2013 的要求，检验批质量验收记录要填写检验批容量。在检验批验收时采用的是全数检验和抽样检验，全数检验的样本容量是个无限值，而抽样检验即在一定的样本容量中抽取具有一定代表性的最小抽样数量，其目的是要保证验收检验具有一定的抽样量。

检验批容量就是检验批中主要验收项目的工程量。对具体验收项目来说，检验批容量是按质量验收规范规定的计量单位计算的验收实体的数量。一个检验批，验收实体对象可能有多种，其容量要分别计算。

比如模板安装检验批，如果把柱、梁、板模板安装划为一个检验批，这个检验批就包括柱模板、梁模板、板模板3种验收实体对象。

按规范要求，"在同一检验批内，柱模板应抽查构件数量的10%，且不少于3件"，柱模板的计量单位就是件，检验批容量就是本检验批含多少件柱（多少根柱）。对梁模板来说，"梁模板应抽查构件数量的10%，且不少于3件"，梁模板的计量单位也是件，检验批容量就是本检验批含多少件梁（多少道梁）。对板模板来说，"板模板应按有代表性的自然间抽查10%，且不少于3间"，板模板的计量单位就是自然间，检验批容量就是本检验批含多少间板（多少块板）。

比如土方开挖检验批，规范要求"场地表面每100～400m² 取一点，但不应少于10点"，基底的计量单位就是"m²"，基底的检验批容量就是基底面积。对边坡，"每20m取1点，每边不应少于1点"，边坡的计量单位就是"m"，边坡的检验批容量就是边坡长度。

参照专业验收规范规定检验批的划分方法及合格判定标准。

2.7.1　地基基础

（1）《建筑地基基础工程施工质量验收标准》GB 50202—2018 中没有规定具体检验批的划分方法，根据施工经验，地基、基础、基坑支护、地下水控制和边坡等子分部一般划分为一个检验批，如果工程量很大或者施工组织设计与专项施工方案中要求分段施工的，可以按照施工段划分。

合格判定标准（第3.0.5条）：主控项目必须符合标准规定，发现问题应立即处理直至符合要求；一般项目应有80%的合格。混凝土试件强度评定不合格或对试件的代表性有怀疑时应采取钻芯取样，检测结果符合设计要求可按合格验收。

（2）《地下防水工程质量验收规范》GB 50208—2011 中的第3.0.13条对分项工程及抽样数量的规定如下：

1）主体结构防水工程和细部构造防水工程应按结构层、变形缝或后浇带等施工段划分检验批。

2）特殊施工法结构防水工程应按隧道区间、变形缝等施工段划分检验批。

3）排水工程和注浆工程应划分一个检验批。

4）各检验批的抽样检验数量：细部构造应为全数检查，其他均应符合本规范的规定。

合格判定标准（第9.0.2条）：主控项目的质量经抽样检验全部合格；一般项目的质量经抽样检验80%以上检测点合格，其余不得有影响使用功能的缺陷；对有允许偏差的检验项目，其最大偏差不得超过本规范规定允许偏差的1.5倍；施工具有明确的操作依据和完整的质量检查记录。

2.7.2　主体结构

（1）《混凝土结构工程施工质量验收规范》GB 50204—2015，模板、钢筋、混凝土、预应力、现浇结构和装配式结构的检验批应按施工段划分，其中钢筋原材应按进场计划划分检验批。

合格判定标准（第 3.0.4 条）：主控项目的质量经抽样检验均应合格；一般项目的质量经抽样检验应合格；当采用计数检验时，除有专门要求外，一般项目的合格点率应达到 80% 及以上，且不得有严重缺陷；应具有完整的质量检验记录，重要工序应具有完整的施工操作记录。

（2）《砌体结构工程施工质量验收规范》GB 50203—2011 中第 3.0.20 条规定砌体结构工程检验批的划分应同时符合下列规定：

1）所用材料类型及同类型材料的强度等级相同。

2）不超过 250m³ 砌体。

3）主体结构砌体一个楼层（基础砌体可按一个楼层计）；填充墙砌体量少时可多个楼层合并。

合格判定标准（第 3.0.21 条）：砌体结构工程检验批验收时，其主控项目应全部符合本规范的规定；一般项目应有 80% 及以上的抽检处符合本规范的规定；有允许偏差的项目，最大超差值为允许偏差值的 1.5 倍。

（3）《钢结构工程施工质量验收标准》GB 50205—2020 中规定如下：

1）单层钢结构安装工程可按变形缝或空间刚度等划分成一个或若干个检验批。地下钢结构可按不同地下层划分检验批。

2）多层及高层钢结构安装工程可按楼层或施工段等划分为一个或若干个检验批。地下钢结构可按不同地下层划分检验批。

3）钢网架结构安装工程可按变形缝、空间刚性单元划分一个或若干检验批。

4）压型金属板工程的制作和安装可按变形缝、楼层、施工段或屋面、墙面、楼面等划分一个或若干检验批。

5）钢结构涂装工程检验批划分可按钢结构制作或钢结构安装分项工程检验批的划分原则划分成一个或若干个检验批。

合格判定标准（第 3.0.6 条）：主控项目必须满足本标准质量要求；一般项目其检查结果应该有 80% 及以上的检查点（值）满足本标准的要求，且最大值（或最小值）不应超过其允许偏差值的 1.2 倍。

（4）《铝合金结构工程施工质量验收规范》GB 50576—2010 中规定如下：

1）单层铝合金安装工程应按变形缝或空间刚度单元等划分成一个或若干个检验批，多层铝合金安装工程应按楼层或施工段等划分一个或若干检验批。

2）铝合金空间网格结构安装工程应按变形缝、施工段或空间刚度单元划分一个或若干检验批。

3）铝合金面板的制造和安装工程应按变形缝、施工段、轴线等划分一个或若干检验批。

4）铝合金幕墙结构安装工程应按下列规定划分检验批：

① 相同设计、材料、工艺和施工条件的幕墙工程每 500～1000m² 为一个检验批，不足 500m² 应划分为一个检验批。每个检验批每 100m² 抽查不应少于一处，每处不应少于 10m²。

② 同一单位工程的不连续的幕墙工程应单独划分检验批。

③ 异形或有特殊要求的幕墙检验批的划分，应根据幕墙的结构、工艺特点及幕墙工程规模，由监理单位（或建设单位）和施工单位协商确定。

5）其余分项工程的检验批划分与铝合金结构工程安装保持一致，或者根据现场的情况进行调整。

合格判定标准（第 3.0.5 条）：主控项目必须符合本规范合格质量标准的要求；一般项目其检查结果应该有 80% 及以上的检查点（值）符合本规范合格质量标准的要求，且最大值（或最小值）不应超过其允许偏差值的 1.2 倍；质量检查记录、质量证明文件等应完整。

（5）《钢管混凝土工程施工质量验收规范》GB 50628—2010 中没有规定检验批的划分规则，根据施工经验，应参照混凝土和钢结构的验收规范和现场施工段制定检验批划分方案。

（6）《木结构工程施工质量验收规范》GB 50206—2012 中规定如下：

1）方木和原木结构材料、构配件的质量控制应以一幢方木、原木结构房屋为一个检验批；构件制作安装质量控制应以整幢房屋的一楼层或变形缝间的一楼层为一个检验批。

2）胶合木结构材料、构配件的质量控制应以一幢胶合木结构房屋为一个检验批；构件安装质量控制应以整幢房屋的一楼层或变形缝间的一楼层为一个检验批。

3）轻型木结构材料、构配件的质量控制应以同一建设项目同期施工的每幢建筑面积不超过 300m²、总建筑面积不超过 3000m² 者应视为一检验批，单体建筑面积超过 300m² 时，应单独视为一检验批；轻型木结构制作安装质量控制应以一幢房屋的一层为一检验批。

合格判定标准（第 8.0.2 条）：检验批主控项目检验结果应全部合格；检验批一般项目检查结果应有 80% 以上的检查点合格，且最大偏差不应超过其允许偏差值的 1.2 倍。

2.7.3 建筑装饰装修

（1）《建筑地面工程施工质量验收规范》GB 50209—2010 中第 3.0.21 条中建筑地面工程施工质量的检验，应符合下列规定：

1）基层（各构造层）和各类面层的分项工程的施工质量验收应按每一层次或每层施工段（或变形缝）划分检验批，高层建筑的标准层可按每三层（不足三层按三层计）划分检验批。

2）每检验批应以各子分部工程的基层（各构造层）和各类面层所划分的分项工程按自然间（或标准间）检验，抽查数量应随机检验不应少于 3 间；不足 3 间，应全数检查；其中走廊（过道）应以 10 延长米为 1 间，工业厂房（按单跨计）、礼堂、门厅应以两个轴线为 1 间计算。

3）有防水要求的建筑地面子分部工程的分项工程施工质量每检验批抽查数量应按其房间总数随机检验不少于 4 间，不足 4 间应全数检查。

合格判定标准（第 3.0.22 条）：建筑地面的分项工程施工质量检验的主控项目，应达到本规范规定的质量标准，认定为合格；一般项目 80% 以上的检验点（处）符合本规范规定的质量要求，其他检查点（处）不得有明显影响使用，且最大偏差值不超过允许偏差值的 50％为合格。

（2）《建筑装饰装修工程质量验收标准》GB 50210—2018 中规定如下：

1）抹灰工程的各分项工程的检验批应按下列规定划分（第 4.1.5 条）：

① 相同材料、工艺和施工条件的室外抹灰工程每 1000m² 应划分为一个检验批，不足 1000m² 也应划分为一个检验批。

② 相同材料、工艺和施工条件的室内抹灰工程每 50 个自然间（大面积房间和走廊按抹灰面积 30m² 为一间）应划分为一个检验批，不足 50 间也应划分一个检验批。

2）门窗工程的各分项工程的检验批应按下列规定划分（第 6.1.5 条）：

① 同一品种、类型和规格的木门窗、金属门窗、塑料门窗及门窗玻璃每 100 樘应划分为一个检验批，不足 100 樘也应划分为一个检验批。

② 同一品种、类型和规格的特种门每 50 樘应划分一个检验批，不足 50 樘也应划分一个检验批。

3）吊顶工程的各分项工程的检验批应按下列规定划分（第 7.1.5 条）：

同一品种的吊顶工程每 50 间（大面积房间和走廊按吊顶面积每 30m² 为一间）应划分为一个检验批，不足 50 间也应划分一个检验批。

4）轻质隔墙的工程的各分项工程的检验批应按下列规定划分（第 8.1.5 条）：

同一品种的轻质隔墙工程的每 50 间（大面积房间和走廊按轻质隔墙面积每 30m² 为一间）应划分为一个检验批，不足 50 间也应划分一个检验批。

5）饰面板（砖）工程的各分项工程的检验批应按下列规定划分（第 9.1.5 条）：

① 相同材料、工艺和施工条件的室内饰面板（砖）工程每 50 间（大面积房间和走廊按饰面板面积每 30m² 为一间）应划分为一个检验批，不足 50 间也应划分一个检验批。

② 相同材料、工艺和施工条件的室外饰面板（砖）工程每 1000m² 应划分为一个检验批，不足 1000m² 也应划分为一个检验批。

6）幕墙工程的各分项工程的检验批应按下列规定划分（第 11.1.5 条）：

① 相同设计、材料、工艺和施工条件的幕墙工程每 1000m² 应划分为一个检验批，不足 1000m² 也应划分为一个检验批。

② 同一单位工程的不连续的幕墙工程应单独划分检验批。

③ 对于异形或有特殊要求的幕墙，检验批的划分应根据幕墙的结构、工艺特点及幕墙工程规模，由监理单位（或建设单位）和施工单位协商确定。

7）涂料工程的各分项工程的检验批应按下列规定划分（第 12.1.3 条）：

① 室外涂料工程每一栋楼同类涂料涂饰的墙面每 1000m² 应划分为一个检验批，不足 1000m² 也应划分为一个检验批。

② 室内涂料工程同类涂料涂饰墙面每 50 间（大面积房间和走廊按涂饰面积每 30m² 为一间）应划分为一个检验批，不足 50 间也应划分一个检验批。

8）裱糊或软包工程的各分项工程的检验批应按下列规定划分（第 13.1.5）：

同一品种的裱糊或软包工程每 50 间（大面积房间和走廊按裱糊或软包面积每 30m² 为一间）应划分为一个检验批，不足 50 间也应划分一个检验批。

9）细部工程的各分项工程的检验批应按下列规定划分（第 14.1.5 条）：

① 同类制品每 50 间（处）应划分为一个检验批，不足 50（处）间也应划分一个检验批。

② 每部楼梯应划分为一个检验批。

合格判定标准（第 15.0.4 条）：抽查样本均应符合本标准主控项目的规定，抽查样本的 80％以上应符合本标准一般项目的规定，其余样本不得有影响使用功能或明显影响装饰效果的缺陷，其中有允许偏差的检验项目，其最大偏差不得超过本标准规定允许偏差的 1.5 倍。

2.7.4 屋面工程

《屋面工程质量验收规范》GB 50207—2012 中第 3.0.14 条中规定：屋面工程各分项工程宜按屋面面积每 500～1000m² 应划分为一个检验批，不足 500m² 应按一个检验批；每个检验批的抽检数量应按本规范 4～8 章的规定执行。根据施工经验，标高不同的屋面宜划分为不同的检验批进行验收。

合格判定标准（第 9.0.2 条）：主控项目的质量应经抽查检验合格；一般项目的质量应经抽查检验合格；有允许偏差值的项目，其抽查点应有 80％及其以上在允许偏差范围内，且最大偏差值不得超过允许偏差值的 1.5 倍；应具有完整的操作依据和质量检验记录。

2.7.5 建筑节能

《建筑节能工程施工质量验收标准》GB 50411—2019 中规定：

（1）墙体节能工程验收的检验批划分应符合下列规定（第 4.1.5 条）：

1）采用相同材料、工艺和施工做法的墙面，扣除门窗洞口后的保温墙面面积每 1000m² 划分为一个检验批。

2）检验批的划分也可根据与施工流程相一致且方便施工与验收的原则，由施工单位与监理单位双方协商确定。

（2）幕墙节能工程的检验批的划分应符合下列规定（第 5.1.6 条）：

1）采用相同材料、工艺和施工做法的墙面每 1000m² 划分为一个检验批。

2）检验批的划分也可根据与施工流程相一致且方便施工与验收的原则，由施工单位与监理单位双方协商确定。

（3）门窗节能工程的检验批应按下列规定划分（第 6.1.4 条）：

1）同一厂家的同材质、类型、型号的门窗每 200 樘划分一个检验批。

2）同一厂家的同材质、类型、型号的特种门窗每 50 樘划分一个检验批。

3）异形或有特殊要求的门窗检验批的划分应根据其特点和数量，由监理单位和施工单位协商确定。

（4）屋面节能工程的检验批划分按下列规定划分（第 7.1.5 条）：

1）采用相同材料、工艺和施工做法的屋面，扣除天窗、采光顶后的屋面面积，每 1000m² 划分为一个检验批。

2）检验批的划分也可根据与施工流程相一致且方便施工与验收的原则，由施工单位与监理单位双方协商确定。

（5）地面节能分项工程检验批划分应符合下列规定（第8.1.4条）：

1）采用相同材料、工艺和施工做法的地面，每1000m²面积划分为一个检验批。

2）检验批的划分也可根据与施工流程相一致且方便施工与验收的原则，由施工单位与监理单位双方协商确定。

空调与供暖系统冷热源及管网节能工程、通风与空调节能工程、建筑配电与照明节能工程的验收，可按系统或楼层由施工单位与监理单位双方协商确定。

合格判定标准（第18.0.3条）：检验批应按主控项目和一般项目验收；主控项目均应全部合格；一般项目应合格；当采用计数抽样检验时，至少应有80%以上的检查点合格，且其余检查点不得有严重缺陷；正常检验一次，二次抽样按本标准附录G判定的结果为合格。

2.7.6 规范中未涵盖的分项及检验批的划分原则

《建筑工程施工质量验收统一标准》GB 50300—2013 中的第 4.0.7 条规定：施工前，应由施工单位制定分项工程和检验批的划分方案，并由监理单位审核。对于附录 B 及相关专业验收规范未涵盖的分项工程及检验批，可由建设单位组织监理、施工等单位协商确定。针对本条规定，可以由各个专业技术负责人在开工前把分项工程和检验批的划分确定下来，上交监理审批。

建筑工程的分部工程、分项工程划分详见《建筑工程施工质量验收统一标准》GB 50300—2013 附录 B。

2.8 常用建筑材料进场复检要求

（1）建筑工程采用的主要材料、半成品、成品、建筑构配件、器具和设备应进行进场检验。凡涉及安全、节能、环境保护和主要使用功能的重要材料、产品，应按各专业工程施工规范、验收规范和设计文件等规定进行复验，并应经监理工程师检查认可。

（2）符合下列条件之一时，可按相关专业验收规范的规定适当调整抽样复验、试验数量，调整后的抽样复验、试验方案应由施工单位编制，并报监理单位审核确认：

1）同一施工单位使用同一生产厂家的同品种、同规格、同批次的材料、构配件、设备等往往属于同一批次，如果按每一个单位工程分别进行复验、试验势必会造成重复，且必要性不大，因此规定可适当调整抽样复检、试验数量，用于同一项目中的多个单位工程，具体要求可根据相关专业验收规范的规定执行。

2）同一施工单位在现场加工的成品、半成品、构配件可用于同一项目中的多个单位工程，但对施工安装后的工程质量应按分部工程的要求进行检测试验，不能减少抽样数量。如结构实体混凝土强度检测、钢筋保护层厚度检测等。

3）在同一项目中，针对同一抽样对象已有检验成果可以重复利用。例如装饰装修工程和节能工程中都要求对门窗的气密性进行试验等。因此本条可避免对同一对象的重复检验，可重复利用检验成果。

（3）常见建筑材料进场复检检验批划分要求见表 2.8-1。

常见建筑材料进场复检检验批划分要求

表 2.8-1

取样材料	复检主要内容	取样方法(条件)	检验批
钢 筋			
热轧带肋钢筋	力学性能、弯曲性能	1. 试件应从不同根钢筋中截取(圆盘条,应取自不同盘),每根钢筋距端头不小于 500mm 处截取一根拉伸试样(力学性能),一根冷弯试样。 2. 拉伸试样长度为 400~500mm;冷弯试样长度为 5D+150mm	每检验批应由同一厂家、同一牌号、同一规格的钢筋组成,每批重量不大于 60t,抽取两根拉伸试样,两根冷弯试样;若每批重量大于 60t,则超过部分,每增加 40t(不足的按 40t 计)增加一根拉伸试样,一根冷弯试样
热轧光圆钢筋			每检验批应由同一厂家、同一牌号、同一规格的钢筋组成,每批重量不大于 60t,抽取两根拉伸试样,两根冷弯试样。若每批重量大于 60t,则超过部分,每增加 40t(不足的按 40t 计)增加一根拉伸试样,一根冷弯试样
冷轧带肋钢筋			每批应由同一厂家、同一规格、同一原材料来源、同一生产工艺轧制的钢筋组成,每批不大于 10t,抽取一根拉伸试样,两根冷弯试样。对 650 级及以上级别钢筋的强度和伸长率应逐盘检验。对直条成捆供应的 550 级钢筋力学性能和工艺性能,以不大于 10t 为一批进行检验,抽取一根拉伸试样,两根冷弯试样
冷轧扭钢筋			每批由同一牌号、同一规格尺寸、同一台轧机、同一台班的钢筋组成,且每批不大于 20t,不足 20t 按一批计,抽取三根拉伸试样,三根冷弯试样
水泥	强度、凝结时间、安定性、其他必要性能指标	一般从 20 袋以上(散装水泥不少于 3 罐)中取等量样品,总重 12kg,拌和均匀	同厂家、同强度等级、同品种、同批号且连续进场的水泥,袋装不超过 200t 为一批,散装不超过 500t 为一批,每批抽样不少于一次。当在使用中对水泥质量有怀疑或水泥出厂超过三个月(快硬硅酸盐水泥超过一个月)时,应进行复验,并按复验结果使用
石子	至少进行颗粒级配、含泥量、泥块含量及针片状颗粒含量复检	取样方法略。对强度等级大于等于 C60 的混凝土,其石子应做抗压强度检验	用大型工具运输至现场,以 400m³ 或 600t 为一检验批;用小型工具运输的,以 200m³ 或 300t 为一检验批,不足的按一检验批
砂子	至少进行颗粒级配、含泥量、泥块含量复检	对于海砂或有氯离子污染的砂还应检验氯离子含量;对于海砂还应检验贝壳含量,对于人工砂及混合砂还应检验石粉含量	用大型工具运输至现场,以 400m³ 或 600t 为一检验批;用小型工具运输的,以 200m³ 或 300t 为一检验批,不足的按一检验批

取样材料	复检主要内容	取样方法(条件)	检验批
钢结构原材料			
钢材、钢铸件	/	对于下列情况之一的钢材应抽样复验: 1. 国外进口钢材。 2. 钢材混批。 3. 板厚等于或大于40mm,且设计有Z向性能要求的厚板。 4. 建筑结构安全等级为一级,大跨度钢结构中主要受力构件所采用的钢材。 5. 设计有复验要求的钢材。 6. 对质量有疑义的钢材	略
高强度大六角头螺栓连接副	扭矩系数	应在使用在施工现场待安装的螺栓批中随机抽取	每批抽取8套连接副进行复验,每套连接副只应做一次试验,不得重复使用
扭剪型高强度螺栓连接副	预拉力	应在使用在施工现场待安装的螺栓批中随机抽取	每批抽取8套连接副进行复验,每套连接副只应做一次试验,不得重复使用
钢结构防火涂料	粘结强度、抗压强度		每使用100t或不足100t薄涂型防火涂料应抽检一次粘结强度;每使用500t或不足500t厚涂型防火涂料应抽检一次粘结强度和抗压强度
墙体材料			
烧结普通砖	略	略	同一生产厂家、同品种、同规格、同等级,按15万块为一批,不足15万块按一批计,抽检数量为1组,每组12块
烧结多孔砖	略	多孔率应先检测孔洞率(该项指标为多孔砖的定义性指标),每组5块	同一生产厂家、同品种、同规格、同等级,按5万块为一批,不足5万块按一批计,抽检数量为1组,每组12块
蒸压灰砂砖	略	/	同一生产厂家、同品种、同规格、同等级,按10万块为一批,不足10万块按一批计,抽检数量为1组,每组12块
粉煤灰砖	略	略	同一生产厂家、同品种、同规格、同等级,按10万块为一批,不足10万块按一批计,抽检数量为1组,每组12块
普通混凝土小型空心砌块	略	/	同一生产厂家、同品种、同规格、同等级,每1万块小砌块至少应抽检一组。用于多层以上建筑基础和底层的小砌块抽检数量不应少于2组,每组9块

11

取样材料		复检主要内容	取样方法(条件)	检验批
墙体材料				
混凝土多孔砖		略	多孔率应先检测孔洞率(该项指标为多孔砖的定义性指标),每组5块	同一生产厂家、同品种、同规格、同等级,按5万块为一批,不足5万块按一批计,抽检数量为1组,每组12块
混凝土普通砖		/	/	同一生产厂家、同品种、同规格、同等级,按15万块为一批,不足15万块按一批计,抽检数量为1组,每组12块
轻集料混凝土小型空心砌块		/	/	同一生产厂家、同品种、同规格、同等级,每1万块小砌块至少应抽检一组。用于多层以上建筑基础和底层的小砌块抽检数量不应少于2组
蒸压加气混凝土砌块		略	略	同一生产厂家、同品种、同规格、同等级,每1万块为一批,不足1万块亦按一批计,每组18块
装饰材料				
抹灰工程水泥		凝结时间及安定性	/	同一厂家生产的同一品种、同一类型的进场材料应至少抽取一组样品进行复验
门窗工程人造木板		甲醛含量及其性能指标	/	同一厂家生产的同一品种、同一类型的进场材料应至少抽取一组样品进行复验
吊顶工程人造木板		甲醛	/	同一厂家生产的同一品种、同一类型的进场材料应至少抽取一组样品进行复验
轻质隔墙工程人造木板		甲醛	/	同一厂家生产的同一品种、同一类型的进场材料应至少抽取一组样品进行复验
饰面板(砖)		/	1. 室内用花岗岩放射性; 2. 粘贴用水泥凝结时间、安定性和抗压强度; 3. 外墙陶瓷面砖吸水率; 4. 寒冷地区外墙陶瓷面砖抗冻性	同一厂家生产的同一品种、同一类型的进场材料应至少抽取一组样品进行复验
幕墙工程	幕墙	抗风压性、空气渗透性、雨水渗漏性、层间变形性	1. 铝塑复合板剥离强度。 2. 石材的弯曲强度;寒冷地区石材的耐冻融性;室内用花岗石的放射性。 3. 玻璃幕墙用结构胶邵氏硬度、标准条件拉伸粘结强度、相容性试验;石材用结构胶的粘结强度;石材用密封胶的污染性	同一厂家生产的同一品种、同一类型的进场材料应至少抽取一组样品进行复验
	外窗	抗风压性、空气渗透性、雨水渗漏性	/	
	后置埋件	拉拔试验	/	

取样材料	复检主要内容	取样方法(条件)	检验批
装饰材料			
细部工程人造木板	甲醛	略	同一厂家生产的同一品种、同一类型的进场材料应至少抽取一组样品进行复验
建筑外窗	抗风压性能、空气渗透性能、雨水渗漏性能	/	同一品种、类型和规格的建筑外墙金属窗、塑料窗，每100樘应划分为一个检验批，不足100樘为一个检验批(每批取一组，一组三樘)
防水材料			
沥青防水卷材	/	/	大于1000卷抽5卷，每500~1000卷抽4卷，100~499卷抽3卷，100卷以下抽2卷，进行规格尺寸和外观质量检验。在外观质量检验合格的卷材中，任取一卷做物理性能检验
高聚物改性沥青防水卷材	/	/	
合成高分子防水卷材	/	/	
石油沥青	/	/	同一批次至少抽一次
沥青玛蹄脂	/	/	同一批次至少抽一次
高聚物改性沥青防水涂料	/	/	每10t为一批，不足10t按一批抽样
合成高分子防水涂料	/	/	每10t为一批，不足10t按一批抽样
胎体增强材料	/	/	每3000m² 为一批，不足3000m² 按一批
改性石油沥青密封材料	/	/	每2t为一批，不足2t按一批抽样
合成高分子密封材料	/	/	每1t为一批，不足1t按一批抽样
平瓦	/	/	同一批次至少抽一次
油毡瓦	/	/	同一批次至少抽一次
金属板材	/	/	同一批次至少抽一次
胶粘剂、胶粘带	/	/	每一单位工程不少于一次

2.9 各种试件留置及现场检测抽样基本要求

（1）工程施工质量应符合相关标准和专业验收规范的要求；应符合工程勘察、设计文件要求；参加工程施工质量验收的各方人员应具备规定的资格；工程质量的验收应在施工单位自检合格的基础上进行；隐蔽工程在隐蔽前应由施工单位通知监理单位进行验收，并应形成验收文件；

（2）对涉及结构安全、节能、环境保护和主要使用功能的试块、试件及材料，应在进场时或施工中按规定进行见证检验；

（3）对涉及结构安全、节能、环境保护和使用功能的重要分部工程，应在验收前按规定进行抽样检验；

（4）承担见证取样检测及有关结构安全检测的单位应具有相应资质；

（5）各种试件留置及现场检测抽样基本要求见表2.9-1。

各种试件留置及现场检测抽样基本要求　　　　表 2.9-1

取样材料	复检主要内容	取样方法（条件）	检验批
混凝土试块检测			
灌注桩	试块	/	来自同一搅拌站的混凝土，每浇筑 50m^3 必须至少留置 1 组试件；当混凝土浇筑量不足 50m^3 时，每连续浇筑 12h 必须至少留置 1 组试件。对单柱单桩，每根桩应至少留置 1 组试件。每组试件为边长 150mm 立方体 3 块
基坑工程地下连续墙	试块	/	墙身混凝土抗压强度试块每 100m^2 混凝土不应少于 1 组，且每幅槽段不应少于 1 组，每组为 3 件；墙身混凝土抗渗试块每 5 幅槽段不应少于 1 组，每组为 6 件
建筑地面用混凝土和水泥砂浆	试块	/	每一层（或检验批）建筑地面工程不应小于 1 组。当每一层（或检验批）建筑地面工程面积大于 1000m^2 时，每增 1000m^2 应做 1 组试块；小于 1000m^2 按 1000m^2 计算。当改变配合比时，亦应相应地制作试块组数
现场搅拌混凝土	试块	混凝土试样应在混凝土浇筑地点随机抽取	1. 每拌制 100 盘且不超过 100m^3 的同配合比的混凝土，取样不得少于一次。 2. 每工作台班拌制的同一配合比的混凝土不足 100 盘时，其取样不得少于一次。 3. 当一次连续浇筑超过 1000m^3 时，同一配合比的混凝土每 200m^3 取样不得少于一次。 4. 每一现浇层或施工段、同配合比的混凝土，取样不得少于一次。 5. 每次取样至少留置一组标准养护试件，同条件养护试件的留置组数应根据实际需要确定
预拌（商品）混凝土		混凝土试样应在混凝土浇筑地点随机抽取	当一次连续浇筑超过 1000m^3 时，同一配合比的混凝土每 200m^3 取样不得少于一次；每一现浇层或施工段，同配合比的混凝土，取样不得少于一次；每次取样应至少留置一组标准养护试件，同条件养护试件的留置组数应根据实际需要确定
		用于出厂检验的混凝土试件应在搅拌地点采取	按每 100 盘相同配合比的混凝土取样不得少于一次；每一工作班相同配合比的混凝土不足 100 盘时，取样亦不得少于一次
		混凝土拌合物坍落度检验试样	取样频率应与混凝土强度检验的取样频率一样

14

取样材料	复检主要内容	取样方法(条件)	检验批
混凝土试块检测			
预拌(商品)混凝土	/	对有抗渗要求的混凝土进行抗渗检验试样	用于出厂及交货检验的取样频率应为同一工程、同一配合比的混凝土不得少于 1 次。留置组数可根据实际需要确定
	/	对于抗冻要求的混凝土进行抗冻检验试样	
抗渗混凝土	抗渗试块	对有抗渗要求的混凝土结构,应在浇筑地点随机取样	连续浇筑混凝土每 500m³ 应留置一组抗渗试件(一组为 6 个抗渗试件),且每项工程不得少于 2 组
砌筑砂浆	抗压试块	砂浆试验用料在搅拌机出料口随机取样制作砂浆(同盘砂浆只应制作一组试块)	每一检验批不超过 250m³ 砌体的各种类型及强度等级的砌筑砂浆,每台搅拌机至少抽检一次,每次至少应制作一组试块(每组试件为边长为 70.7mm 立方体)。如配合比变更时,还应制作试块
钢筋连接接头检测			
钢筋闪光对焊	拉伸试验、弯曲试验	/	由同一焊工完成的 300 个同牌号、同直径钢筋焊接接头作为一批。当同一台班内焊接的接头数量较少,可在一周之内累计计算;累计仍不足 300 个接头时,应按一批计算。每批接头中随机取 6 个接头,其中 3 个做拉伸试验,3 个做弯曲试验
电弧焊	拉伸试验	/	在现浇混凝土结构中,应以 300 个同牌号钢筋、同型式接头作为一批;每批随机切取 3 个接头,做拉伸试验
电渣压力焊	拉伸试验	/	现浇混凝土结构中,应以 300 个同牌号钢筋接头作为一批;当不足 300 个接头时,仍应作为一批。每批随机切取 3 个接头,做拉伸试验
预埋件钢筋 T 形接头	/	/	应从同一台班内完成的同一类型预埋件中抽查 5%,且不得少于 10 件。当进行力学性能检验时,应以 300 件同类型预埋件作为一批,每批抽取 3 个拉伸试件。一周内连续焊接时,可累计计算。当不足 300 件时,亦应按一批计算
钢筋机械连接(带肋钢筋套筒挤压连接、镦粗直螺纹接头、钢筋锥(直)螺纹接头)	/	/	接头现场检验按验收批进行。同一施工条件下采用同一批材料的同等级、同型式、同规格接头,以 500 个作为一个检验批进行检验,不足 500 个也作为一个检验批。对接头的每一检验批,必须在工程结构中随机截取 3 个接头试件做抗拉强度试验,按设计要求的接头等级进行评定
后置埋件的现场拉拔检测	/	/	同规格同型号部位基本相同的锚栓,组成一个检验批,抽检数量按每批不少于锚栓总数的 0.1%,且不少于 3 根
钢结构检测	1. 内部缺陷超声波探伤; 2. 内部缺陷射线探伤	对于现场安装的焊缝,应按同一类型、同一施焊条件的焊缝条数计算百分比,探伤长度不小于 200mm,且应不小于一条焊缝	钢结构焊接工程可按相应的钢结构制作或安装工程检验批的划分原则划分为一个或若干个检验批。碳素结构钢应在焊缝冷却到环境温度、低合金结构钢应在完成焊接 24h 以后,进行焊缝探伤检验

取样材料		复检主要内容	取样方法(条件)	检验批
钢筋连接接头检测				
饰面板(砖)检测		/	1. 外墙饰面砖粘贴前和施工过程中,均应在相同基层上做样板件,并对样板件的饰面砖结强度进行检验,其检验方法和结果判定应符合《建筑工程饰面砖粘结强度检验标准》JGJ110—2017 的规定。 2. 试样规格应为 95mm×95mm 或 40mm×40mm	1. 现场镶贴的外墙饰面砖工程,每 300mm² 同类墙体取 1 组试样,每组 3 个,每一楼层不得少于 1 组;不足 300mm² 同类墙体,每两楼层 1 组试样,每组 3 个。 2. 带饰面砖的预制墙板,每生产 100 块预制墙板取 1 组试样,每组在 3 块板中各取 1 个试样。预制墙板不足 100 块按 100 块计
现场检测抽样基本要求				
竖向承载力	静载	/	设计等级为甲级或地质条件复杂时,应采用静载试验的方法对桩基承载力进行检验	检验桩数不应少于总桩数的 1%,且不应少于 3 根,当总桩数少于 50 根时,不应少于 2 根
	高应变	/	在有经验和对比资料的地区,设计等级为乙级、丙级的桩基可采用高应变法对桩基进行竖向抗压承载力检测	检测数量不应少于总桩数的 5%,且不应少于 10 根
桩身完整性	低应变	/	各种桩基	工程桩的桩身完整性的抽检数量不应少于总桩数的 20%,且不应少于 10 根。每根柱子承台下的桩抽检数量不应少于 1 根
结构、构(配)件检测				
结构实体钢筋保护层检测		/	钢筋保护层厚度检验的结构部位,应由监理(建设)、施工各方根据结构构件重要性共同选定,选取应均匀分布	1. 对非悬挑梁板类构件,应各抽取构件数量的 2%且不少于 5 个构件进行检验。 2. 对悬挑梁,应抽取构件数量的 5%且不少于 10 个构件进行检验;当悬挑梁数量少于 10 个时,应全数检验。 3. 对悬挑板,应抽取构件数量的 10%且不少于 20 个构件进行检验;当悬挑板数量少于 20 个时,应全数检验。 4. 对选定的梁类构件,应对全部纵向受力钢筋的保护层厚度进行检验;对选定的板类构件,应抽取不少于 6 根纵向受力钢筋的保护层厚度进行检验。对每根钢筋,应选择有代表性的不同部位量测 3 点取平均值。 5. 当全部钢筋保护层厚度检验的合格率为 90%及以上时,可判为合格;当全部钢筋保护层厚度检验的合格率小于 90%但不小于 80%时,可再抽取相同数量的构件进行检验;当按两次抽样总和计算的合格率为 90%及以上时,仍可判为合格

取样材料	复检主要内容	取样方法(条件)	检验批
结构、构(配)件检测			
结构实体检验用同条件养护试件强度检验	/	1. 同条件养护试件所对应的结构构件或结构部位应由施工、监理等各方共同选定,且同条件养护试件的取样宜均匀分布于工程施工周期内。 2. 同条件养护试件应在混凝土浇筑入模处见证取样。 3. 同条件养护试件应留置在靠近相应结构构件的适当位置,并应采取相同的养护方法	1. 同强度等级的同条件养护试件不宜少于10组,且不应少于3组。每连续两层楼取样不应少于1组;每2000m³取样不得少于一组。 2. 对同一强度等级的同条件养护试件,其强度值应除以0.88后按现行国家标准《混凝土强度检验评定标准》GB/T 50107的有关规定进行评定,评定结果符合要求时可判结构实体混凝土强度合格
民用建筑室内环境污染物浓度检测	/	/	民用建筑工程验收时,应抽检有代表性的房间室内环境污染物浓度。抽检数量不得小于5%,并不得少于3间,房间总数少于3间时,应全数检测,凡进行了样板间室内环境污染物浓度检测且检测结果合格的,抽检数量减半,并不得少于3间

3 施工过程质量验收资料管理

>>>

施工过程质量验收主要是指检验批和分项、分部工程的质量验收。

《建筑工程施工质量验收统一标准》GB 50300—2013与各专业工程施工质量验收规范，明确规定了各分项工程施工质量的基本要求，规定了分项工程检验批量的抽查办法和抽查数量，规定了检验批主控项目、一般项目的检查内容和允许偏差，以及各分部工程验收的方法和需要的技术资料等，同时对涉及人民生命财产安全、人身健康、环境保护和公共利益的内容以强制性条文作出规定，要求必须严格遵照执行。

检验批和分项工程是质量验收的基本单元；分部工程是在所含全部分项工程验收的基础上进行的验收，在施工过程中随完工随验收，并留下完整的质量验收记录和相关资料；单位工程作为具有独立使用功能的完整的建筑产品，进行竣工质量验收。

3.1 检验批质量验收及其最小抽样数量原则

检验批是工程质量验收的最小单位，是分项工程直至整个建筑工程质量验收的基础。检验批是指按相同的生产条件或按规定的方式汇总起来供抽样检验用的，由一定数量样本组成的检验体，它代表了工程中某一施工过程的材料、构配件或建筑安装项目的质量。

3.1.1 主控项目的质量经抽样检验均应合格

主控项目是对检验批的基本质量起决定性影响的检验项目，是确保工程安全和使用功能的重要检验项目，是对安全、卫生、环境保护和公众利益起决定作用的检验项目，是决定检验批主要性能的项目，因此检验批主控项目必须全部符合有关专业工程验收规范的规定。这意味着主控项目不允许有不符合要求的检验结果，即主控项目的检查结果具有否决权。所以对检查中发现检验批主控项目有不合格的点、位、处存在，则必须进行修补、返工重做、更换器具等，使其最终达到合格的质量要求。如果检验批主控项目达不到规定的质量指标，降低要求就相当于降低该工程项目的性能指标，就会严重影响工程的安全性能；如果提高要求就等于提高性能指标，就会增加工程造价。如对混凝土、砂浆的强度等级要求，钢筋力学性能指标要求、地基基础承载力要求等，都直接影响结构安全，降低要求就将降低工程质量，而提高要求必然增加工程造价。

检验批主控项目主要包括：

（1）重要原材料、构配件、成品、半成品、设备性能及附件的材质、技术指标要合格。检查出厂合格证明及进场复验检测报告，确认其技术数据、检测项目参数符合有关技术标准的规定。如检查进场钢筋出厂合格证、进场复验检测报告，确认其产地、批量、型号、规格，确认其屈服强度、极限抗拉强度、伸长率等符合要求。

（2）结构的强度、刚度和稳定性等检验数据、工程性能的检测数据及项目要求符合设计要求和验收规范的规定。如混凝土、砂浆的强度，钢结构的焊缝强度，管道的压力试验，风管的系统测定与调整，电气的绝缘、接地测试，电梯的安全保护、试运转结果记录等。检查测试记录或报告，其数据及项目要符合设计要求和验收规范规定。

（3）所有主控项目不允许有不符合要求的检验结果存在。

对一些有龄期要求的检测项目，在其龄期不到不能提供试验数据时，可先将其他评价项目先评价，并根据施工现场的质量保证和控制情况，暂时验收该项目，待检测数据出来后，再填入数据。如果数据达不到规定数值，以及对一些材料、构配件质量及工程性能的测试数据有疑问时，应进行复试、鉴定及现场检验。

3.1.2 一般项目的质量经抽样检验合格

一般项目是指除主控项目以外的检验项目，其要求也是应该达到的，只不过对少数条文可以适当放宽一些，也不影响工程安全和使用功能。

一般项目包括的内容主要有：

（1）允许有一定偏差的项目，而放在一般项目中，具体讲，就是要求80%（混凝土保护层厚度为90%）以上的这种检查点、位、项的测试结果与设计要求之间的偏差在规范规定的允许偏差范围内，允许有20%以下的检查点的偏差值超出规范允许偏差值，但不得超出允许偏差值的1.5倍（钢结构、木结构为1.2倍）。

（2）对不能确定偏差值而又允许出现一定缺陷的项目，则以缺陷的数量来区分或以各专业规范具体要求来验收。如砖砌体预埋拉结筋，其留置间距偏差、钢筋混凝土钢筋的露筋长度、饰面砖空鼓的限制等。

3.1.3 具有完整的施工操作依据、质量验收记录

对检验批的质量保证资料的检查，主要是检查从原材料进场到检验批验收的各施工工序的操作依据、质量检查情况及质量控制的各项管理制度。由于质量保证资料是工程质量的记录，所以对资料完整性的检查，实际是对施工过程质量控制的再确认，是检验批合格的先决条件。

3.1.4 抽样数量应符合各有关专业验收规范的规定

检验批抽样样本应随机抽取，满足分布均匀、具有代表性的要求，抽样数量应符合各有关专业验收规范的规定。当某个分项或检验批抽样数量没有相应的专业验收规范规定时，且采用计数抽样时，最小抽样数量应符合表3.1-1的要求。

检验批最小抽样数量 表 3.1-1

检验批的容量	最小抽样数量	检验批的容量	最小抽样数量
2～15	2	151～280	13
16～25	3	281～500	20
26～90	5	501～1200	32
91～150	8	1201～3200	50

明显不合格的个体可不纳入检验批，但应进行处理，使其满足有关专业验收规范的规定，对处理的情况应予以记录并重新验收。

3.2 分项工程质量验收资料

（1）分项工程质量验收合格应符合下列规定：

1）所含检验批的质量均应符合合格质量的规定。

2）所含检验批的质量验收记录应完整。

（2）检验批和分项工程之间没有本质区别，其性质相同或相近，差别在于批量的大小不同而已。因此，将有关的检验批汇集构成一个分项工程。对分项工程的验收是在检验批验收的基础上进行的，是一个统计过程，没有直接的验收内容，主要是对构成分项工程的检验批的验收资料的完整性的核查，所以在验收分项工程时应注意以下两点：

1）核对检验批的部位、区段是否全部覆盖分项工程的范围，有没有漏、缺、差的部位。

2）检验批验收记录的内容及签字人是否齐全、正确。

3.3 分部（子分部）工程质量验收资料

3.3.1 所含分项工程的质量均应验收合格

对分部工程所含的分项工程的质量均应验收合格，这项工作实际上也是一个统计工作，在做这项工作时应注意以下三点：

（1）检查每个分项工程验收程序是否正确。

（2）检查核对分部工程所包含的分项工程，是否全面覆盖了分部工程的全部内容，有没有遗漏的部分、残缺不全的部分、未被验收的部分存在。

（3）注意检查每个分项工程资料是否完整，每份验收资料的格式、内容、签字是否符合要求，规范要求的检查内容是否全数检查，表格内该有的验收意见是否完整。

3.3.2 质量控制资料应完整

对质量控制资料应完整地核查，这项内容实际也是统计、归纳和核查，重点是对以下三个方面资料的核查：

（1）检查和核对各检验批的验收记录资料是否完整。

（2）在检验批验收时，其对应具备的资料应准确完整才能验收。在分部、子分部工程验收时，主要是检查和归纳各检验批的施工操作依据、质量检查记录，查对其是否配套完整，包括有关施工工艺（企业标准）、原材料、购配件出厂合格证及按规定进行的进场复验检验报告的完整程度。一个分部、子分部工程能否具有数量和内容完整的质量控制资料，是验收规范指标能否通过验收的关键。

（3）注意核对各种资料的内容、数据及验收人员的签字是否规范等。

3.3.3　有关安全、节能、环境保护和主要使用功能的抽样检验结果应符合相应规定

在验收时应做好以下三个方面的工作：

（1）检查各规范中规定的检测项目是否都进行了检测。

（2）如果规范规定的检测项目都进行了检测，就要进一步检查各项检测报告的格式、内容、程序、方法、参数、数据、结果是否符合相关标准要求。

（3）检查资料的检测程序是否符合要求，要求实行见证取样送检的项目是否按规定取样送检，检测人员、校核人员、审核人员是否签字，检测报告用章是否符合要求。

3.3.4　观感质量验收应符合要求

分部（子分部）工程观感质量的检查，是由参加分部（子分部）工程施工质量验收的参建各方共同对验收对象工程实体的观感质量做出的好、一般、差的评价，在检查评价时应注意以下几点：

验收规范只将观感质量作为辅助项目，只列出评价项目内容，未给出具体的评价标准。观感质量项目基本上是各检验批的一般性验收项目，参加分部工程验收的人员宏观掌握，只要不是明显达不到，就可以评为一般；如果某些部位质量较好，细部处理到位，就可评好；如果有的部位达不到要求，或有明显缺陷，但不影响安全或使用功能，则评为差；如果有影响安全和使用功能的项目，则必须修理后再评价。

3.4　建筑节能工程质量验收资料

分部工程的质量验收，除地基与基础工程、主体结构工程分部验收外，建筑节能分部工程应进行专项验收。验收程序与组织同分部工程质量验收。

（1）建筑节能工程的检验批质量验收合格，应符合下列规定：

1）检验批应按主控项目和一般项目验收。

2）主控项目应全部合格。

3）一般项目应合格；当采用计数检验时，应有80％以上的检查点合格，且其余检查点不得有严重缺陷。

4）应具有完整的施工操作依据和质量验收记录。

（2）建筑节能分项工程质量验收合格，应符合下列规定：

1）分项工程所含的检验批均应合格。

2）分项工程所含检验批的质量验收记录应完整。

（3）建筑节能分部工程质量验收合格，应符合下列规定：

1）分项工程应全部合格。

2）质量控制资料应完整。

3）外墙节能构造现场实体检验结果应符合设计要求。

4）严寒、寒冷和夏热冬冷地区的外窗气密性现场实体检测结果应合格。

5）建筑设备工程系统节能性能检测结果应合格。

（4）建筑节能工程验收时应对下列资料核查，并纳入竣工技术档案：

1）设计文件、图纸会审记录、设计变更和洽商。

2）主要材料、设备和构件的质量证明文件、进场检验记录、进场核查记录、进场复验报告、见证试验报告。

3）隐蔽工程验收记录。

4）分项工程质量验收记录；必要时应核查检验批验收记录。

5）建筑围护结构节能构造现场实体检验记录。

6）严寒、寒冷和夏热冬冷地区外窗气密性现场检测报告。

7）风管及系统严密性检验记录。

8）现场组装的组合式空调机组的漏风量测试记录。

9）设备单机试运转及调试记录。

10）系统联合试运转及调试记录。

11）系统节能性能检验报告。

12）其他对工程质量有影响的重要技术资料。

（5）建筑节能分项工程和检验批的验收应单独填写验收记录，节能工程验收资料应单独组卷。

3.5 室内环境质量验收资料

（1）民用建筑工程根据控制室内环境污染的不同要求，划分为以下两类：

1）Ⅰ类民用建筑工程：住宅、医院、老年建筑、幼儿园、学校教室等民用建筑工程。

2）Ⅱ类民用建筑工程：办公楼、商店、旅馆、文化娱乐场所、书店、图书馆、展览馆、体育馆、公共交通等候室、餐厅、理发店等民用建筑工程。

（2）民用建筑工程及室内装修工程的室内环境质量验收，应在工程完工至少7d以后、工程交付使用前进行。

（3）民用建筑工程验收时，必须进行室内环境污染物浓度检测。其限量应符合《民用建筑工程室内环境污染控制标准》GB 50325—2020 的规定，如表3.5-1所示。

民用建筑工程室内环境污染物浓度限量 表3.5-1

污染物	Ⅰ类民用建筑工程	Ⅱ类民用建筑工程
氡（Bq/m³）	≤150	≤150
游离甲醛（mg/m³）	≤0.07	≤0.08
苯（mg/m³）	≤0.06	≤0.09
氨（mg/m³）	≤0.15	≤0.20
TVOC（mg/m³）	≤0.45	≤0.50

注：1. 污染物浓度测量值，除氡外均指室内污染物浓度测量值扣除同步测定的室外上风向空气中污染物浓度测量值（本底值）后的测量值。

2. 污染物浓度测量值的极限值判定，采用全数值比较法。

（4）检测数量的规定：

1）民用建筑工程验收时，应抽检有代表性的房间室内环境污染物浓度，检测数量不得少于5%，并不得少于3间。房间总数少于3间时，应全数检测。

2）民用建筑工程验收时，凡进行了样板间室内环境污染物浓度测试结果合格的，抽检数量减半，并不得少于3间。

3）民用建筑工程验收时，室内环境污染物浓度检测点按房间面积设置，且应符合《民用建筑工程室内环境污染控制标准》GB 50325—2020 的规定，如表3.5-2 所示。

室内环境污染物浓度检测点数设置 表 3.5-2

房间使用面积(m²)	检测点数(个)
<50	1
≥50,<100	2
≥100,<500	不少于3
≥500,<1000	不少于5
≥1000	≥1000m² 的部分,每增加 1000m² 增设 1,增加面积不足 1000m² 时按加增加 1000m² 计算

4）当房间内有2个及以上检测点时，应采用对角线、斜线、梅花状均衡布点，并取各点检测结果的平均值作为该房间的检测值。

（5）检测结果的判定与处理：

1）当室内环境污染物浓度的全部检测结果符合表3.5-2 要求时，可判定该工程室内环境质量合格。

2）当室内环境污染物浓度检测结果不符合相关要求时，应查找原因并采取措施进行处理。采取措施进行处理后的工程，可对不合格项进行再次检测。再次检测时，抽检量应增加1倍，并应包含同类型房间及原不合格房间。再次检测结果全部符合本规范的规定时，应判定为室内环境质量合格。

3）室内环境质量验收不合格的民用建筑工程，严禁投入使用。

3.6 结构实体检验

（1）对涉及混凝土结构安全的有代表性的部位应进行结构实体检验。结构实体检验应包括混凝土强度、钢筋保护层厚度、结构位置与尺寸偏差以及合同约定的项目。结构实体检验应由监理单位组织施工单位实施，并见证实施过程。施工单位应制定结构实体检验专项方案，并经监理单位审核批准后实施。除结构位置与尺寸偏差外的结构实体检验项目，应由具有相应资质的检测机构完成。

（2）结构实体混凝土强度应按不同强度等级分别检验，检验方法宜采用同条件养护试件方法；当未取得同条件养护试件强度或同条件养护试件强度不符合要求时，可采用回弹-取芯法进行检验。

1）同条件养护试件的取样和留置应符合下列规定：

①同条件养护试件所对应的结构构件或结构部位，应由施工、监理等各方共同选定，且同条件养护试件的取样宜均匀分布于工程施工周期内。

②同条件养护试件应在混凝土浇筑入模处见证取样。

③ 同条件养护试件应留置在靠近相应结构构件的适当位置，并应采取相同的养护方法。

④ 同一强度等级的同条件养护试件不宜少于 10 组，且不应少于 3 组。每连续两层楼取样不应少于 1 组；每 2000m³ 取样不得少于一组。对同一强度等级的同条件养护试件，其强度值应除以 0.88 后按现行国家标准《混凝土强度检验评定标准》GB/T 50107 的有关规定进行评定，评定结果符合要求时可判定结构实体混凝土强度合格。

2）结构实体混凝土回弹-取芯法强度检验应符合下列规定：

① 同一混凝土强度等级的柱、梁、墙、板，抽取构件最小数量应符合表 3.6-1 的规定，并应均匀分布。

回弹构件抽取最小数量　　　　　　　　　　表 3.6-1

构件总数量	最小抽样数量
20 以下	全数
20～150	20
151～280	26
281～500	40
501～1200	64
1201～3200	100

② 不宜抽取截面高度小于 300mm 的梁和边长小于 300mm 的柱。

③ 对同一强度等级的构件，当符合下列规定时，结构实体混凝土强度可判为合格：三个芯样的抗压强度算术平均值不小于设计要求的混凝土强度等级值的 88%；三个芯样抗压强度的最小值不小于设计要求的混凝土强度等级值的 80%。

3）混凝土强度检验时的等效养护龄期可取日平均温度逐日累计达到 600℃·d 时所对应的龄期，且不应小于 14d。日平均温度为 0℃ 及以下的龄期不计入。冬期施工时，等效养护龄期计算时温度可取结构构件实际养护温度，也可根据结构件的实际养护条件，按照同条件养护试件强度与在标准养护条件下 28d 龄期试件强度相等的原则由监理、施工等各方共同确定。

（3）钢筋保护层厚度检验应符合下列规定：

梁类、板类构件纵向受力钢筋的保护层厚度应分别进行验收，并应符合下列规定：

1）当全部钢筋保护层厚度检验的合格率为 90% 及以上时，可判为合格。

2）当全部钢筋保护层厚度检验的合格率小于 90% 但不小于 80% 时，可再抽取相同数量的构件进行检验；当按两次抽样总和计算的合格率为 90% 及以上时，仍可判为合格。

3）每次抽样检验结果中不合格点的最大偏差均不应大于规范规定允许偏差的 1.5 倍。

（4）结构位置与尺寸偏差检验应符合下列规定：

1）结构实体位置与尺寸偏差检验构件的选取应均匀分布，并应符合下列规定：

① 梁、柱应抽取构件数量的 1%，且不应少于 3 个构件。

② 墙、板应按有代表性的自然间抽取 1%，且不应少于 3 间。

③ 层高应按有代表性的自然间抽取 1%，且不应少于 3 间。

2）对选定的构件，检验项目及检验方法应符合表 3.6-2 的规定。

结构实体位置与尺寸偏差检验项目及检验方法 表 3.6-2

项目	检验方法
柱截面尺寸	选取柱的一边量测柱中部、下部及其他部位，取 3 点平均值
柱垂直度	沿两个方向分别量测，取较大值
墙厚	墙身中部量测 3 点，取平均值；测点间距不应小于 1m
梁高	量测一侧边跨中及两个距离支座 0.1m 处，取 3 点平均值；量测值可取腹板高度加上此处楼板的实测厚度
板厚	悬挑板取距离支座 0.1m 处，沿宽度方向取包括中心位置在内的随机 3 点取平均值；其他楼板，在同一对角线上量测中间及距离两端各 0.1m 处，取 3 点平均值
层高	与板厚测点相同，量测板顶至上层楼板板底净高，层高量测值为净高与板厚之和，取 3 点平均值

3）墙厚、板厚、层高的检验可采用非破损或局部破损的方法，也可采用非破损方法并用局部破损方法进行校准。当采用非破损方法检验时，所使用的检测仪器应经过计量检验，检测操作应符合国家现行相关标准的规定。

4）结构实体位置与尺寸偏差项目应分别进行验收，并应符合下列规定：

① 当检验项目的合格率为 80% 及以上时，可判为合格。

② 当检验项目的合格率小于 80% 但不小于 70% 时，可再抽取相同数量的构件进行检验；当按两次抽样总和计算的合格率为 80% 及以上时，仍可判为合格。

3.7 消防工程竣工验收资料

大型人员密集场所和对具备相应情形的特殊建设工程，建设单位必须向消防机构申请消防设计审核、并且在工程竣工后，向出具消防设计审核意见的消防机构申请消防验收。

其他工程，建设单位应当在工程竣工验收合格之日起 7 日内，报消防机构备案。

由消防验收的，消防机构在受理申请之日起 20 日内组织消防验收，并出具验收意见。未经消防验收，擅自投入使用的，由消防机构责令停止使用，并处罚款。组织整改后向消防机构申请复查。

4 单位工程竣工质量验收资料管理

>>>

单位工程竣工质量验收是《建筑工程施工质量验收统一标准》GB 50300—2013 的主要内容之一。在各专业验收规范中没有单位工程验收的有关内容。单位工程竣工验收是施工质量控制的最后一个环节，是对施工过程质量控制成果的全面检查，是从终端把关方面进行质量控制，也是对工程质量的总体综合评价。未经验收或验收不合格的工程，不得交付使用。对单位工程质量的验收，总体上讲还是一个统计性的审核和综合性的评价。

4.1 所含分部工程的质量资料

一个单位工程质量要合格，它所包含的分部（子分部）工程的质量均应验收合格，这是基本条件。体现了单位工程质量逐步从检验批、分项到分部（子分部）、到单位（子单位）工程验收的建筑工程施工质量过程控制的原则，突出了工程质量的特点。

总承包单位应在单位工程验收前进行认真准备，将所有分部、子分部工程质量验收记录及时进行收集整理，按有关规定要求，依序装订成册。在检查及整理中，应注意以下三点：

（1）检查各分部工程所含的子分部工程资料是否齐全。

（2）检查核对各分部、子分部工程质量验收记录表的质量评价是否完善，有分部、子分部工程质量的综合评价，有质量控制资料的评价，有分部工程规定的有关安全及功能的检测和抽测项目的检测记录，以及分部、子分部观感质量的评价等。

（3）检查分部、子分部工程质量验收记录表的验收人员是否是规定的有相应资质的技术人员，并进行了评价和签认。

4.2 质量控制资料

总承包单位应将各分部、子分部工程应有的质量控制资料进行核查，包括图纸会审及变更记录、定位测量放线记录、原材料、构配件等质量证书、按规定进行检验的检测报告、隐蔽工程验收记录、施工中有关试验的测试、检验以及抽样检测项目的检测报告等，由总监理工程师进行核查确认，可按单位工程所包含的分部、子分部分别核查、也可综合检查。目的是强调建筑结构、设备性能、使用功能方面主要技术性能的检验。

4.3 单位（子单位）工程所含的分部工程有关安全和功能的检测资料

通常情况下可按以下两个层次进行判定该项资料的完整性：

（1）该有的资料应当齐全。在《单位（子单位）工程安全和功能检验资料核查及主要功能抽查记录》中，应该有的资料项目有 7 大项。如果单位工程是低层住宅（五层以下），电梯项目可能不存在，这样该有的资料项目就只有 6 项；如果是普通经济型住宅，可能通风与空调、智能建筑这两个大项都不存在，这样该有的资料项目就只有 4～5 项。如没有智能建筑要求，就可以没有系统试运行记录、系统电源及接地检测报告资料；没有电梯就可以没有电梯运行记录、电梯安全装置检测报告的资料等。

（2）资料中应该证明工程安全和功能的数据必须具备，如果其重要数据没有或不完备，这项资料就是无效的，也证明不了该工程安全和功能的性能，也不能算资料完整。如室内环境检测报告，只列出游离甲醛、苯、氨、TVOC 含量，没有放射性指标检测的确切数据及结论，这种资料就是无效的。

4.4　观感质量评定记录

观感质量评价是工程的一项重要评价工作，是全面评价一个分部、子分部、单位工程的外观及使用功能质量，促进施工过程的管理、成品保护、提高社会效益和环境效益的手段。观感质量检查绝不是单纯的外观检查，而是实地对工程的一个全面综合检查。

观感质量的验收方法和内容与分部、子分部工程观感质量验收方法一样，只是范围不同罢了；一些在分部、子分部通过观感评定的项目，在单位工程观感质量评定中已看不见了，单位工程观感质量评价是更宏观一些的。观感质量综合评价结果一般为"好、一般、差"三种结论。

观感质量验收检查时应将建筑工程外观全部看到的，对建筑的重要部位、项目及有代表性的房间、部位、设备、项目都应检查到。对其评价时，可逐点评价再综合评价，也可逐项给予评价，也可按大的方面综合评价。

4.5　竣工备案资料

建设工程竣工验收合格后 15d 内，建设单位应当将工程竣工验收报告和规划、消防、环保等部门出具的认可文件或准许使用文件报建设行政主管部门办理竣工备案；质量监督机构在竣工验收合格之日起 5d 内，向备案机关提交质量监督报告。备案所需文件如下：

（1）工程竣工验收报告。

（2）工程施工许可证或开工报告。

（3）施工图设计文件审查合格书。

（4）勘察、设计单位的质量检查报告。

（5）监理单位的质量评估报告。

（6）施工单位的工程竣工报告。

（7）规划、消防、环保、城建档案等部门对单位工程出具的认可文件或验收意见书。

（8）施工单位签署的工程质量保修书。

（9）商品住宅的《住宅质量保证书》和《住宅使用说明书》。

（10）备案机构要求应提供的其他有关文件资料。

（11）法律、规章规定的必须提供的其他文件。

建设单位应当在建设工程竣工验收合格后 15 日内按照要求设置永久性标牌。未按照要求设置的，不得办理竣工备案。

5 建筑工程质量验收的程序和组织

>>>

5.1 检验批质量验收

由专业监理工程师组织施工单位项目专业质量检查员、专业施工员等进行验收。验收前，施工单位应完成自检，对存在的问题自行整改处理，然后申请专业监理工程师组织验收。

专业监理工程师及时组织有关人员到施工现场，对该项工程的质量进行验收。由于监理人员或建设单位的现场质量检查人员，在施工过程中是进行旁站、平行或巡回检查，根据自身对工程质量的了解程度，对检验批的质量，可采取抽样检查的方法、宏观检查的方法、对关键重点部位检查的方法、对质量怀疑点检查的方法进行必要的检查，确认其工程质量符合标准规定，监理或建设单位要签字认可。否则，不得进行下道工序的施工。

5.2 分项工程质量验收

由专业监理工程师组织施工单位项目专业技术负责人等进行验收。验收程序是先由施工单位的项目专业质量检查员、项目专业技术负责任人组织对检验批、分项工程的自检评定，符合设计要求和规范规定的质量要求后，项目专业质量检查员、项目专业技术负责人，分别在检验批和分项工程质量检验记录表相关栏目签字，然后提交由专业监理工程师进行验收。

5.3 分部工程质量验收

由总监理工程师（建设单位项目负责人）组织施工单位项目负责人和项目技术负责人等进行验收；勘察、设计单位项目负责人和施工单位技术、质量部门负责人应参加地基与基础分部工程的验收；设计单位项目负责人和施工单位技术、质量部门负责人应参加主体结构、节能分部工程的验收。

5.4 分包工程质量验收

单位工程中的分包工程完工后，分包单位应对所承包的工程项目进行自检，并应按《建筑工程施工质量验收统一标准》GB 50300—2013标准规定的程序进行验收。

验收时，总包单位应派人参加。分包单位应将所分包工程的质量控制资料整理完整，并移交给总包单位。

5.5 建筑工程无障碍设施验收

自 2017 年 1 月 1 日起，兰州市所有在建工程在竣工验收前无障碍设施必须实行专项验收；专项验收工作由建设、设计、监理、施工等参建各方参加；专项验收合格后，参建各方负责人签字并加盖公章，纳入竣工监督验收申报资料，报质量监督机构；工程竣工验收时，施工单位的竣工报告和监理单位的工程质量评估报告中，应对无障碍设施专项验收情况进行专题说明；未进行专项验收或专项验收不合格的单位工程，不得组织竣工验收；兰州市各级监督机构在竣工验收监督时必须检查专项验收情况，核查相关资料。

详见《无障碍设施施工验收及维护规范》GB 50642—2011。

5.6 工程竣工预验收（初验）

工程竣工预验收也称工程（含专项工程）竣工初验。工程预验收是工程完工后、正式竣工验收前进行的一项重要工作。单位工程完成后，施工单位应首先依据验收规范、设计图纸、施工合同等组织有关人员进行自检，对检查发现的问题进行整改合格后向监理报验。

项目监理机构应审查施工单位提交的单位工程竣工验收报审表及竣工资料，根据现行国家标准《建筑工程施工质量验收统一标准》GB 50300 和《建设工程监理规范》GB/T 50319 的要求对工程进行竣工预验收，存在问题的，应要求施工单位及时整改，合格后，总监理工程师应签认单位工程竣工验收报审表。

工程竣工预验收合格后，项目监理机构应编写工程质量评估报告，并应经总监理工程师和工程监理单位技术负责人审核签字后报建设单位，施工单位向建设单位提交工程竣工报告和完整的质量控制资料，申请建设单位组织竣工验收。

工程竣工预验收由总监理工程师组织，各专业监理工程师参加，施工单位由项目经理、项目技术负责人等参加，其他各单位人员可不参加。工程预验收除参加人员与竣工验收不同外，其方法、程序、要求等均应与工程竣工验收相同。

住宅工程应当在工程竣工验收前先组织分户验收。

5.7 单位工程竣工验收

单位工程完工后，施工单位应组织有关人员进行自检。总监理工程师应组织各专业监理工程师对工程质量进行竣工预验收。存在施工质量问题时，应由施工单位整改。整改完毕后，由施工单位向建设单位提交工程竣工报告，申请工程竣工验收。建设单位收到工程竣工报告后，应由建设单位项目负责人组织监理、施工、设计、勘察等单位项目负责人进行单位工程竣工验收。

建设单位应当自收到施工单位工程竣工报告之日起 20 日内，对符合竣工验收条件的工程按照规定程序组织工程竣工验收，并提前 7 个工作日将验收时间、地点、验收组名单等信息书面通知负责监督该工程的建设工程质量安全监督机构。

单位工程竣工验收合格，且具备法律、法规规定的其他条件后，方可交付使用。

6 工程资料整理、组卷与归档

➤➤➤

6.1 工程资料收集、整理与组卷

（1）工程准备阶段文件和工程竣工文件应由建设单位负责收集、整理与组卷。

（2）监理资料应由监理单位负责收集、整理与组卷。

（3）施工资料应由施工单位负责收集、整理与组卷。建筑工程项目实行总承包管理的，各分包单位应将本单位形成的工程施工资料整理、立卷后及时移交总包单位，总包单位应负责汇总各分包单位形成的工程资料。

（4）竣工图应由建设单位负责组织，由施工、设计等相关单位负责编制。

具体要求见甘肃省地方标准《建筑工程资料管理规程》DB62/T25-3016—2016 第4.3.1 和第4.3.2 条规定。

6.2 工程资料验收、移交与归档

（1）工程竣工验收前，勘察、设计、监理、施工单位的技术负责人应对本单位形成的工程资料进行核查；建设单位应按国家规范规定和档案管理的有关要求，对各单位汇总的资料进行验收，使其完整、准确。

（2）列入城建档案管理机构档案接收范围的工程，应在竣工验收前由城建档案管理机构对工程档案进行预验收。

（3）工程资料移交、归档应符合国家现行法律、法规和标准规定；当无规定时，应按合同约定移交、归档。

（4）施工、监理单位应向建设单位移交施工、监理资料。

（5）工程资料移交时应及时办理相关移交手续，填写工程资料移交书、移交目录。

（6）列入城建档案管理机构接收范围的工程，建设单位在竣工验收后 3 个月内，向城建档案馆报送一套完整的竣工资料。

具体要求见甘肃省地方标准《建筑工程资料管理规程》DB62/T25-3016—2016 第4.4条规定。

7 建筑工程表格填写范例及说明

>>>

7.1 施工管理资料（C1）

工程开工报告

建设单位名称	×××有限公司				
单位(子单位)工程名称	××××××工程	结构类型	框架剪力墙	建筑面积(m²)/规模	××
施工单位	×××有限公司			项目经理	×××
工程地点	××市××区×××号	工程造价	×××元	中标日期	××年××月××日
施工合同签订日期	××年××月××日	申请开工日期	××年××月××日	计划竣工日期	××年××月××日
开工已具备的条件	施工许可证	已办理。编号：×××			
	施工设计文件	图纸已审查、已会审			
	施工组织设计	施工组织设计已审批			
	施工现场三通一平	水、电、道路已通，场地已平整，满足开工要求			
	施工设备及劳动力	施工设备及劳动力已落实			
	施工测量定位放线	已测量并复核			
	其他	简述工程概况			
	施工单位	监理单位		建设单位	
	申报意见： 同意开工 （签章） ××年××月××日	审核意见： 同意开工 （签章） ××年××月××日		审批意见： 同意开工 （签章） ××年××月××日	

资料员（签字）：

施工现场质量管理检查记录

工程名称	×××××工程	施工许可证(开工证)		编号:×××	
建设单位	×××有限公司	项目负责人		×××	
设计单位	×××设计院	项目负责人		×××	
勘察单位	×××勘察院	项目负责人		×××	
监理单位	×××有限公司	总监理工程师		×××	
施工单位	×××有限公司	项目经理	×××	项目技术负责人	×××

序号	项 目	内 容
1	现场质量管理制度	现场质量管理制度齐全
2	质量责任制	现场质量责任制制定、齐全
3	主要专业工种操作上岗证书	主要专业工种操作上岗证书齐全有效
4	专业承包单位资质管理制度	分包方资质齐全有效,满足施工要求;对分包方单位的管理制度已建立
5	施工图审查情况	已通过审查:有施工图设计文件审查意见、施工图设计文件审查意见答复、施工图审查批准书齐全
6	地质勘察资料	地质勘察报告完整有效
7	施工组织设计编制及审批	施工组织设计已编制、审批,签字盖章齐全
8	施工技术标准	采用的现行相关国家标准、行业标准、地方标准、企业标准等齐全有效
9	工程质量检验制度	工程质量检验制度齐全
10	混凝土搅拌站及计量设置	计量设施合格有效;商品混凝土、砂浆供应单位资质齐全有效,合同已签订
11	现场材料、设备存放与管理制度	按材料、设备性能要求制定了各管理措施、制度。按施工总平面图布置

检查结论:

　　　　施工现场质量管理制度完整、齐全,符合要求。

　　总监理工程师(建设单位项目负责人):×××

　　　　　　　　　　　　　　　　　　　　　　　　　××年××月××日

　　资料员（签字）:

34

施工现场质量管理检查记录填写说明

现场质量管理检查应包括下列内容：

（1）项目部质量管理体系的健全程度，管理人员分工和质量责任制的落实，定期检查相关制度。

（2）主要专业工种作业人员上岗证书是否齐全。

（3）图纸是否会审，地质勘察资料是否齐全。

（4）与设计图纸配套的施工技术标准、规程、规范是否配置齐全。

（5）施工图设计文件审查，施工组织设计、施工方案编写与审批情况。

（6）施工设施和机械设备管理制度，计量设备配套情况。

（7）原材料检验检测制度是否制定，搅拌站及计量设备是否合格有效，预拌混凝土、预拌砂浆供应单位资质是否齐全有效。

（8）分包管理制度和工程质量检查验收制度是否制定。

（9）分包单位资质是否齐全有效。

施工质量检测计划

计划：　　　审核：　　　　　　　　　　　　　　　　　　　　×× 年 ×× 月 ×× 日

单位工程名称	××× 工程				
原材料检测					
分项工程	检验项目	检验批次	自检(次)	外检(次)	合格率(%)
钢筋	钢筋原材	15	0	15	100
主体结构防水	卷材	2	0	2	100
填充墙砌体	多孔砖	3	0	3	100
填充墙砌体	水泥	6	0	6	100
填充墙砌体	砂子	5	0	5	100
分部工程(主体结构)					
分项工程	检验项目	检验批次	自检(次)	外检(次)	合格率(%)
钢筋	电渣压力焊	30	0	30	100
钢筋	机械连接接头	20	0	20	100
混凝土	混凝土抗压强度	50	0	50	100
填充墙砌体	砂浆抗压强度	25	0	25	100

资料员（签字）：

36

单位（子单位）工程见证取样送检检测单位资质审核记录

单位(子单位)工程名称		××市××××住宅楼	
建设单位	×××有限公司	项目负责人	×××
施工单位	×××有限公司	项目经理	×××
监理单位	×××监理有限公司	总监理工程师	×××

<table>
<tr><td rowspan="18">试验检测单位</td><td>单位名称</td><td colspan="4">×××试验检测有限责任公司</td></tr>
<tr><td>检测资质证书编号</td><td colspan="2">×××××××××</td><td>计量认证编号</td><td>×××</td></tr>
<tr><td>技术负责人</td><td colspan="2">×××</td><td>负责人</td><td>×××</td></tr>
<tr><td colspan="5">资质类别及业务范围：

建筑工程检测甲级、市政工程检测甲级、岩土工程监测甲级、地基基础和主体结构检测甲级、钢结构工程检测甲级、建筑工程安装检测甲级、建筑节能检测甲级、建筑工程室内环境质量检测乙级、水利工程检测乙级、公路(桥梁)工程检测乙级、建筑结构安全性鉴定乙级等(写国家认可的)</td></tr>
<tr><td>上年度年检结论</td><td colspan="4">合　格</td></tr>
<tr><td colspan="5">本工程试验检测人员</td></tr>
<tr><td>姓名</td><td>职称</td><td>检测资格证号</td><td>有效期</td><td>取送样证号</td><td>有效期</td></tr>
</table>

姓名	职称	检测资格证号	有效期	取送样证号	有效期
×××	工程师或助理工程师	××××××	×××	××××	×××
×××	工程师或助理工程师	××××××	×××	××××	×××
×××	工程师或助理工程师	××××××	×××	××××	×××
×××	工程师或助理工程师	××××××	×××	××××	×××

技术负责人：×××　　　　　　负　责　人：×××　　　　　　　　　　（公章）

××年××月××日

施工单位复核意见	检测单位资质符合要求。　　　　　　项目技术负责人：××× 　　　　　　　　　　　　　　　　项目经理：××× 　　　　　　　　　　　　　　　　　　　　××年××月××日
监理（建设）单位审查意见	☑符合要求　　　　　　　监理工程师：××× □不符合要求　　　　　　（建设单位项目技术负责人） 　　　　　　　　　　　　　　　　　　　　××年××月××日

资料员（签字）：

7.2 施工技术资料（C2）

危险性较大的分部分项工程施工方案专家论证表

工程名称	×××		
施工总承包单位	×××有限公司	项目负责人	×××
专业承包单位	×××地基基础有限责任公司	项目负责人	×××
分项工程名称	基坑土方开挖及基坑支护		

专家一览表

姓　名	性　别	年　龄	工作单位	职　务	职　称	专　业
汪××	男	55	×××省建科院	×××	高工	土木工程
马××	女	52	×××省土木院	×××	高工	建筑学
张××	男	50	×××省规划设计院	×××	高工	勘察技术与工程
高××	男	53	×××工程公司	×××	高工	土木工程
李××	男	52	×××省土木院	×××	高工	工程测量

专家论证意见：

1. 该工程东西长 280～350m，南北宽 205～290m，东西分四个台阶，基坑深 7.30～19.70m。基坑周边环境和场地岩土工程地质状况较简单，场地标高 1543.70～1555.84m，基坑底标高 1536.30～1536.60m；岩土地层有填土层、粉土层和卵石层，地下水位 1519.35～1520.84m，基坑开挖深度范围内无地下水，施工单位依据设计文件和相关标准制定的基坑土方开挖及基坑支护专项方案，基本合理、可行，方案文本内容基本齐全，建议进一步完善后组织实施。

2. 补充相关图纸，如：基坑与周边环境平面图、基坑与周边建（构）筑物检测点布置图、施工构造图、土钉（锚杆、索）布置图、桩位布置图等。

3. 明确施工参数，如：土钉直径、各剖面土钉（锚杆、索）长度、锚杆（索）张拉值、锁定值。

4. 明确土方开挖的分区、分片、分层以及运输路线等。

5. 完善整个场地防排水系统的规划及实施措施，以及防暴雨措施。

……

××年××月××日

签字栏	组　长：×××
	专家：×××

资料员（签字）：

设计图纸会审（纪要）记录

单位（子单位）工程名称		××××××工程	
会审地点	现场会议室	专业名称	建筑

序号	图 号	需修改的内容	修改内容的意见
1	JS-01	1. 建筑说明中地下室底板构造做法中垫层为100mm厚的C15混凝土，防水保护层为50mm厚的C20细石混凝土，但在结构筏板图中说明垫层为100mm厚的C20混凝土，在结构构造详图中为C20，请明确以哪个为准？ 2. 内地台以下隔墙采用蒸压灰砂砖，是否指±0.00mm以下？蒸压灰砂砖能否改成烧结空心砖？ 3. 建筑总说明第7条管道井墙厚与结构总说明11.2条不一致，以哪个为准？ 4. 地下车库底板面层混凝土厚度为200mm，构造做法中只有最薄处60mm厚。 5. 底板防水卷材为4mm厚SBSⅡ型，请明确桩头是否做防水。 6. 地下室坡道在建筑总说明中（无结构底板）构造做法与详图中给出的做法不同，应以哪个为准？ 7. 地下夹层顶板上铺贴55mm厚的聚对亚苯基防火保温板，是否为下贴，如果上贴，地面做法请明确？地下室外墙保温层为30mm厚的挤塑聚苯乙烯聚苯板，请明确地下室外墙及顶板保温的防火等级	1. 垫层为100mm厚的C20混凝土，防水保护层为50mm厚的C20细石混凝土。 2. 内地台以下指±0.00m以下，蒸压灰砂砖改成烧结空心砖。 3. 管道井墙厚以建筑总说明为准。 4. 地下车库底板建筑面层厚度为200mm，找坡最薄处60mm厚。 5. 桩头防水为水泥基渗透结晶型涂料防水层，具体做法详见设计变更节点图。 6. 以建筑总说明中的做法施工。 7. 地下夹层顶板下贴55mm厚的聚对亚苯基防火保温板，防火等级为A级，地下室外墙保护层为30mm厚的挤塑聚苯乙烯聚苯板，防火等级不要求。后浇带部位用120mm的砖墙保护

建设单位	监理单位	设计单位	施工单位
签字： ××× （公章）	签字： ××× （公章）	签字： ××× （公章）	签字： ××× （公章）

注：1. 图纸会审记录应根据专业（建筑、结构、给水排水及供暖、电气、通风空调、智能系统等）汇总、整理。

2. 设计单位应由专业设计负责人签字，其他相关单位应由项目技术负责人或相关专业负责人签认。

资料员（签字）：   年　月　日

设计变更联系单

单位(子单位)工程名称	××××××工程	日　期	××年××月××日
变更提出单位	××××有限公司	专业名称	建筑

序号	图　号	变更内容
1	JS-25	1. 根据结构变更,原电梯机房间剪力墙是否取消,取消后是否改为200mm厚的蒸压加气混凝土砌块砌筑,请建设单位联系设计单位予以变更。 　　…… 　　以下空白

建设单位	监理单位	设计单位	施工单位
项目负责人:	项目负责人:	专业设计负责人:	专业技术负责人:
×××	×××	×××	×××
(公章)	(公章)	(公章)	(公章)
××年××月××日	××年××月××日	××年××月××日	××年××月××日

注:1. 涉及图表修改的必须注明应修改图纸的图号。

　　2. 不可将不同专业的工程洽商办理在同一份洽商上。

　　3. "专业名称"栏应按专业填写,如建筑、结构、给水排水、电气、通风空调等。

资料员(签字):

沉降观测记录

单位（子单位）工程名称		××××工程		
施工单位	×××有限公司		项目经理	×××
分包单位	/		分包项目经理	/
观测人 陈××	复核人 张××	项目经理	仪器名称	DS3水准仪

沉降量（本次观测标高(m)：一、每次沉降量(mm)：二、累计沉降量(mm)：三）

次数	施工部位	点号1 (一)(二)(三)	点号2 (一)(二)(三)	点号3 (一)(二)(三)	点号4 (一)(二)(三)	点号5 (一)(二)(三)	点号6 (一)(二)(三)	点号7 (一)(二)(三)	点号8 (一)(二)(三)	点号9 (一)(二)(三)	点号10	点号11	专业监理工程师
1	2016年8月1日 一层	1549.001	1549.000	1549.002	1549.001	1549.001	1549.000	1549.002	1549.001	1549.000			×××
2	2016年8月20日 三层	1549.001　0　0	1548.999　1　1	1549.002　0　0	1549.000　1　1	1549.000　1　1	1549.000　0　0	1549.001　1　1	1549.001　0　0	1548.999　1　1			×××
3	2016年9月12日 五层	1549.000　1　1	1548.999　0　1	1549.001　1　1	1549.000　0　1	1549.000　0　1	1548.999　1　1	1549.001　0　1	1549.000　1　1	1548.999　0　1			×××
4	2016年10月5日 七层	1549.000　0　1	1548.998　1　2	1549.001　0　1	1548.999　1　2	1548.999　1　2	1548.999　0　1	1549.000　1　2	1549.000　0　1	1548.998　1　2			×××
5	2016年10月21日 九层	1548.999　1　2	1548.997　1　3	1548.999　2　3	1548.999　0　2	1548.998　1　3	1548.998　1　2	1548.999　1　3	1548.999　1　2	1548.997　2　3			×××

备注：
（一）每次观测标高（m）　（二）每次沉降量（mm）　（三）累计沉降量（mm）

1. 沉降观测点设置在一层外墙、柱±0.50m处，相当于绝对标高1549.000；
2. ±0.000＝1548.500；
3. 观测点布置图详见附页。

观测点示意图

施工单位检查结果	专业工长（施工员）：××× 项目经理：×××	监理（建设）单位验收结论	监理工程师：××× （建设单位项目技术专业负责人）
	项目技术负责人：××× 专业工员（施工员）：××× ××年××月××日		××年××月××日

资料员（签字）：

41

沉降观测记录填写说明

1. 编写依据

(1)《建筑变形测量规范》JGJ 8—2016。

(2)《工程测量标准》GB 50026—2020。

2. 填写要点

(1) 沉降观测点应布置在建（构）筑物的下列部位：

1) 建筑的四角、核心筒四角、大转角处及沿外墙每 10～15m 处或每隔 2～3 根柱基上。

2) 高低层建筑、新旧建筑、纵横墙等交接处的两侧。

3) 建筑裂缝、后浇带和沉降缝两侧、基础埋深相差悬殊处、人工地基与天然地基接壤处、不同结构的分界处及填挖方分界处。

4) 对于宽度大于等于 15m 或小于 15m 而地质复杂以及膨胀土地区的建筑，应在承重内隔墙中部设内墙点，并在室内地面中心及四周设地面点。

5) 邻近堆置重物处、受振动有显著影响的部位及基础下的暗浜（沟）处。

6) 框架结构建筑的每个或部分柱基上或沿纵横轴线上。

7) 筏形基础、箱形基础底板或接近基础的结构部分的四角处及其中部位置。

8) 重型设备基础和动力设备基础的四角、基础形式或埋深改变处以及地质条件变化处两侧。

9) 对于电视塔、烟囱、水塔、油罐、炼油塔、高炉等高耸建筑，应设在沿周边与基础轴线相交的对称位置上，点数不少于 4 个。

(2) 沉降观测的周期和观测时间应按下列要求并结合实际情况确定：

1) 普通建筑可在基础完工后或地下室砌筑完成后开始观测，大型、高层建筑可在基础垫层或基础底部完成后开始观测。

2) 观测次数与间隔时间应视地基与增加荷载的情况而定。民用高层建筑可每加高 1～2 层观测 1 次，工业建筑可按回填基坑、安装柱子和屋架、砌筑墙体、设备安装等不同施工阶段分别进行观测。若建筑施工均匀增高，应至少在增加荷载的 25%、50%、75% 和 100% 时各测 1 次。

3) 施工过程中若暂停工，在停工时及重新开工时应各观测 1 次。停工期间可每隔 2～3 个月观测 1 次。

4) 建筑使用阶段的观测次数，应视地基土类型和沉降速率大小而定。除有特殊要求外，可在第 1 年观测 3～4 次，第 2 年观测 2～3 次，第 3 年后每年观测 1 次，直至稳定为止。

5) 在观测过程中，若有基础附近地面荷载突然增减、基础四周大量积水、长时间连续降雨等情况，均应及时增加观测次数。当建筑突然发生大量沉降、不均匀沉降或严重裂缝时，应立即进行逐日或 2～3d 观测 1 次的连续观测。

6) 建筑沉降是否进入稳定阶段，应由沉降量与时间关系曲线判定。当最后 100d 的沉降速率小于 0.01～0.04mm/d 时可认为已进入稳定阶段。具体取值宜根据各地区地基土的压缩性能确定。

建筑物垂直高度、标高、全高测量记录

单位(子单位)工程名称				××××工程				
分部(子分部)工程名称				主体结构 (混凝土结构)		测量部位		二层3.80m ①～⑯/Ⓐ～Ⓠ轴
施工单位				××××有限公司		项目经理		×××

1	测量点位编号			①	②		③		④		
	内控标高点 偏差(mm)	层高	±10	−3	1		−2		−3		
		全高	±30	−1	3		−1		−2		

2	测量点位编号			⚠①	⚠②		⚠③		⚠④		
	外控标高点 偏差(mm)	层高	±10	1	−1		−3		2		
		全高	±30	2	−2		−1		3		

3	测量点位编号			①	②	③	④	⑤	⑥	⑦	⑧
4	大角垂直度 偏差(mm)	全高	20	3	4	3	3	4	5	4	5
5	电梯井垂直 度偏差(mm)	层高	10	2	6	1	2	5	2	4	3
		全高	20	2	6	1	2	5	2	4	3

测量点示意图:

　　　　　　详见附图

说明:
　　附图中□表示内控点、△表示外控点、○表示大角、电梯井垂直度测量点位

施工单位测量结论:

经检查建筑物层高、全高、大角垂直度、电梯井垂直度偏差值均符合规范要求

实测人:×××
专业质量检查员:×××
项目技术负责人:×××
项目经理:×××
　　　　　　　　　××年××月××日

监理单位复核意见:

☑符合要求,同意验收

□不符合要求,不同意验收

　　　　　　　　监理工程师:×××
　　　　　　　　　××年××月××日

资料员(签字):

工序工种交接检查记录

单位(子单位)工程名称		××××工程		
分部(子分部)工程名称		主体结构(混凝土结构)		
施工单位		××××有限公司	项目经理	×××
分包单位		××××有限公司	分包项目经理	×××
交接工序名称		钢筋安装	部　位	一层①～⑯/Ⓐ～Ⓠ轴 ±0.000～2.900m墙柱
下道工序名称		模板安装		
自检情况	经班组长检查,钢筋的牌号、规格、数量、钢筋连接方式均符合设计及验收规范要求,钢筋绑扎间距均匀,无漏绑、跳绑现象,绑扎到位,自检合格(此内容为手填)		班组长:××× 施工员:×××	
专职检查情况	经检查,钢筋的牌号、规格、数量、受力钢筋的安装位置、钢筋连接方式等均符合设计及验收规范要求; 绑扎钢筋骨架长(±10):3　−5　−6　8　−8　⚠11　合格率为83%; 绑扎钢筋骨架宽、高(±5):−2　3　4　△6　4　−3　3　合格率为86%; 纵向受力钢筋间距(±10):5　−3　⚠11　−2　7　8　−1　7　合格率为87%; 纵向受力钢筋、箍筋保护层厚度,墙(±3):2　−1　3　2 合格率为100%;柱(±5):−3　4　−2　△6　4　−1　3　−2　5　−4　合格率为90%; 箍筋、横向钢筋间距(±20):−10　11　13　−14　16　−12　合格率为100% (此内容为手填)		班组长:××× 施工员:××× 专业质量检查员:××× ××年××月××日	
交接检查情况	**本道工序班组意见**	**下道工序班组意见**		**监理单位意见**
	本道工序已完成,验收通过,申请进入下道工序。(此内容为手填) 班组长:××× 施工员:××× 　　　　　　××年××月××日	同意交接。 　　(此内容为手填) 班组长:××× 施工员:××× 　　　××年××月××日		验收合格。 　　(此内容为手填) 监理工程师:××× 　　　××年××月××日

资料员(签字):

7.3 施工物资出厂证明、进场检测报告及见证取样记录（C4）

钢材合格证、复试报告单汇总记录

C4-1

单位(子单位)工程名称		××××工程				
施工单位		××××有限公司		项目经理		×××
序号	品种、规格	生产厂家	进场批量	合格证编号	报告单编号	报告日期
1	HRB400Eφ32	××××有限公司	35.44t	201511010050	2016-00866	2016.7.3
2	HRB400Eφ25	××××有限公司	46.578t	201605150262	2016-00867	2016.7.3
3	HRB400Eφ22	××××有限公司	43.506t	201605080001	2016-00868	2016.7.3
4	HRB400Eφ12	××××有限公司	33.57t	201605150051	2016-00869	2016.7.3
5	HRB400Eφ10	××××有限公司	30.756t	DZ16103278	2016-00870	2016.7.3
6	HRB400Eφ10	××××有限公司	18.964t	DZ16103034	2016-01009	2016.7.13
7	HRB400Eφ22	××××有限公司	20.52t	201605090011	2016-01008	2016.7.13
8	HRB400Eφ25	××××有限公司	28.834t	201605110265	2016-01007	2016.7.13
9	HRB400Eφ20	××××有限公司	33.345t	201508300151	JGC2016-00545	2016.7.18
10	HRB400Eφ25	××××有限公司	39.924t	201511190055	JGC2016-00546	2016.7.18
11	HRB400Eφ14	××××有限公司	34.305t	201606160020	JGC2016-00547	2016.7.18
12	HRB400Eφ12	××××有限公司	33.57t	201605210052	JGC2016-00548	2016.7.18
记录人		×××		项目技术负责人		×××

资料员（签字）：

钢材合格证、复试报告单汇总记录填写说明

1. 填写依据

(1)《混凝土结构工程施工质量验收规范》GB 50204—2015；

(2)《钢筋混凝土用钢 第2部分：热轧带肋钢筋》GB 1499.2—2018。

2. 填写要点

(1) 凡是在工程中使用的主要建筑材料（包括钢材、水泥、砖、砂、石、混凝土外加剂、防水材料、电缆、管材、阀门等），均应根据出厂合格证和复试报告的内容填写相应的汇总表。

(2) 原材料汇总表必须及时按不同品种分别填写。试验报告与相应的合格证必须一一对应，并应内容齐全，只有出厂合格证或只有试验报告的，只填写相应的内容，缺项的部分用"/"划去。

(3) 施工单位汇总后，监理工程师应对照出厂合格证和试验报告，对汇总表中的内容一一复核审查，对有缺少的内容应在"材料报验单"审核结论中说明；对齐全的，在审查结论中填写"出厂合格证及试验报告齐全，符合要求"等类似的结论。

(4) 在同一牌号、炉罐号、规格、交货状态下，热轧带肋钢筋、光圆钢筋、低碳热轧圆盘条、冷轧带肋钢筋每60t，冷轧钢筋10t，抽一组。允许有同一牌号、冶炼、浇筑方法不同的炉罐号组成混合批，但每批不应多于6个炉罐号，各炉罐号含碳量之差不大于0.02%，含锰量之差不大于0.15%。不足一个验收批数量时，仍按一个验收批计。其中冷轧带肋钢筋直条成捆供应的550级钢筋的力学性能和工艺性能，不大于10t为一批进行验收。

(5) 成型钢筋进场：同一厂家、同一类型、同一钢筋来源的成型钢筋，不超过30t为一批。

(6) 对有抗震设防要求的结构，其纵向受力钢筋的性能应满足设计要求；当设计无具体要求时，对按一、二、三级抗震等级设计的框架和斜撑构件（含梯段）中的纵向受力普通钢筋应采用 HRB335E、HRB400E、HRB500E、HRBF335E、HRBF400E 或 HRBF500E 钢筋，其强度和最大力下总伸长率的实测值应符合下列规定：

1) 钢筋的抗拉强度实测值与屈服强度实测值的比值不应小于1.25。

2) 钢筋的屈服强度实测值与屈服强度标准值的比值不应大于1.30。

3) 钢筋最大力下总伸长率不应小于9%。

(7) 盘圆钢筋调直后应进行力学性能和重量偏差检验，其强度应符合国家现行有关标准规定。当采用无延伸功能的机械设备调直的钢筋，可不做重量偏差检验。

46

钢筋（材）连接见证取样送检汇总记录

单位(子单位)工程名称			×××工程			
施工单位		×××公司		项目经理		×××
委托单位		×××公司		委托人		×××
检测单位		×××检测有限责任公司		负责人		××× ×××
序号	品种、规格	代表数量	连接方式	送检组数	报告单编号	报告日期
1	HRB400Eφ16	22.356t	单面搭接焊	1	钢2014-SW3-001	2016-04-10
2	HRB400Eφ12	6.634t	绑扎连接	1	钢2014-SW3-002	2016-04-10
3	HPB300φ8	14.040t	绑扎连接	1	钢2014-SW3-003	2016-04-10
4	HRB400Eφ22	6.114t	直螺纹套筒	1	钢2014-SW3-004	2016-04-28
5	HRB400Eφ20	6.224t	直螺纹套筒	1	钢2014-SW3-005	2016-04-28
6	HRB400Eφ18	5.040t	单面搭接焊	1	钢2014-SW3-006	2016-04-28
7	HRB400Eφ16	10.240t	单面搭接焊	1	钢2014-SW3-007	2016-04-28
记录人		×××		项目技术负责人		×××

资料员（签字）：

钢筋（材）连接相关要求及其汇总记录填写说明

填写要点：

（1）钢材连接检测报告是检测单位对钢材连接（焊接和机械连接）试件的机械性能（抗拉强度、弯曲）进行测试后，出具的检测报告。钢筋必须经试验合格后再进行连接。电焊条、焊丝和焊剂的品种、牌号、规格应符合设计要求和规范规定，并有出厂质量证明文件。

（2）对接头的每一验收批，必须在工程结构中随机截取 3 个接头试件做抗拉强度试验，按设计要求的接头等级进行评定。当 3 个接头试件的抗拉强度均符合相应等级的强度要求时，该验收批应评定为合格。如果有 1 个试件的抗拉强度不符合要求，应再取 6 个试件进行复检。复检中如仍有 1 个试件的抗拉强度不符合要求，则该验收批应评定为不合格。现场检验连续 10 个检验批抽样试件抗拉强度试验一次合格率 100％时，验收批接头数量可扩大 1 倍。

钢材检测取样记录单和委托单

建设单位	×××房地产开发有限公司	编　号	2015-7-70
委托单位	×××房地产开发有限公司	取样日期	2015.4.15
工程名称	×××工程	进场日期	2015.4.15
施工单位	×××公司	出厂日期	2014.6.4
监理单位	×××监理公司	钢材名称	热轧带肋钢筋
生产厂家	×××钢铁股份有限公司	公称尺寸	25mm
使用部位	主体	牌　号	HRB400E
见证人及证书号	/	进场数量	54.496t
取样人及证书号	××× 甘建教(取样)138176	合格证代表数量	68.192t
结构类型	剪力墙结构	产品证书号及 炉批号	2024465(N370578)
取样地点	现场	抽取方式	外观检查合格后 随机抽取7根
结构抗震等级或 抗震设防烈度	一级	钢筋是否用于 纵向受力	是
产品执行标准	《钢筋混凝土用钢 第2部分:热扎带肋钢筋》 GB1499.2—2018标准	/	/
送样单位 (签章)	送样人:××× 日　期:2015.4.15	检测单位 (签章)	收样人:××× 日　期:×××
检测参数	拉伸、弯曲、最大拉力下的总伸长率、重量偏差		
备注	报告6份		

钢筋（材）及连接试件检测取样记录单和委托单填写说明

填写要点：

根据《建设工程质量检测管理办法》（建设部令第 141 号）的质量检测业务内容，见证取样检测包括钢筋力学性能检验，钢筋（含焊接与机械连接）力学性能检验的检测数量、取样方法等要求见表 7.3-1：

钢筋（含焊接与机械连接）力学性能检验　　　　　　　　　　　　　表 7.3-1

样品名称	检测参数	送样数量	取样方法和批量	备注	需要工作日
热轧带肋钢筋、热轧光圆钢筋	屈服强度、抗拉强度、断后伸长率、弯曲性能和重量偏差	每批抽取 5 个试件，先进行 5 个试件的重量偏差检验，再取其中 2 个试件做拉伸试验检验屈服强度、抗拉强度、伸长率，再取其中 2 个试件进行弯曲性能检验	任选两根钢筋，在每根中间分别切取 500mm、400mm 的样品两个，分别用于拉伸和弯曲试验。以同一牌号、同一厂家、同一炉罐号、同一规格、同一进场时间的不大于 60t 的钢筋为一批，抽取一组试件，超过 60t 的部分，每增加 40t（或不足 40t）的余数，增加一个拉伸试验试样和一个弯曲试验试样	若有某项试验结果不合格，应从同一批中再任取双倍数量的试样进行该不合格项目的复验	
冷轧带肋钢筋	屈服强度、抗拉强度、断后伸长率、弯曲性能等	拉伸试验每盘 1 个；弯曲试验每批 2 个	试样在每（任）一盘中的任意一端截去 500mm 后切取，拉伸 500mm，冷弯 400mm。以同一牌号、同一厂家、同一炉罐号、同一规格、同一进场时间的不大于 10t 的钢筋为一批，拉伸试样应逐盘抽样		2d
闪光对焊	拉伸试验、弯曲试验	拉伸、弯曲试件各 3 个	从每批接头中随机切取 6 个试件，试件尺寸不小于（8d＋240）mm，以同一焊工完成的 300 个同级别、同直径钢筋焊接接头为同一批，若一周累计不足 300 个接头，按一批计	若试验结果不合要求，应再取双倍数量的试件对不合格项目复验	
电弧焊	拉伸试验	一组 3 个	从成品接头中每批随机切取 3 个接头作为试件。双面焊试件尺寸不小于（8d＋240）mm，在工厂焊接条件下，以 300 个同接头形式、同钢筋级别的接头为一批；在现场安装条件下，每一至二楼层中以 300 个同接头形式、同钢筋级别的接头为一批。不足 300 个时，按一批计	若试验结果不合要求，应再取双倍数量的试件对不合格项目复验	

样品名称	检测参数	送样数量	取样方法和批量	备注	需要工作日
电渣压力焊	拉伸试验	一组3个	从每批接头中随机切取3个接头作为试件,试件尺寸不小于(8d＋240)mm,在一般构筑物中,以300个同级别钢筋接头作为一批;在现浇钢筋混凝土多层结构中,以每一楼或施工区域中300个同级别钢筋接头作为一批,不足者按一批计	若试验结果不合要求,应再取双倍数量的试件对不合格项目复验	
气压焊	拉伸试验	一组3个	从每批接头中随机切取3个(或6个)接头作为试件,试件尺寸不小于(8d＋240)mm,在一般构筑物中,以300个同级别钢筋接头作为一批;在现浇钢筋混凝土房屋结构中,以同一楼层中300个接头作为一批,不足者按一批计		2d
预埋件钢筋、T形接头	拉伸试验	一组3个	从每批接头中随机切取3个接头作为试件,试件的钢筋长度应不小于200mm,T形接头的长度和宽度均应不小于60mm。同类型以300个接头作为一批;一周内连续焊接的可累计,不足者按一批计		
钢筋机械连接接头(钢筋锥螺纹、直螺纹接头、带肋钢筋套筒挤压连接接头)	单项拉伸试验	一组3个	从每批中随机切取3个试件试验,同一施工条件下,采用同一批材料的同等级、同形式、同规格接头以500个为一批,不足者按一批计		

焊条（焊剂）合格证、钢筋（材）连接套筒合格证及其型式检验报告单汇总记录

单位(子单位)工程名称			×××工程			
施工单位		×××公司		项目经理		×××
序号	品种、规格	生产厂家	进场批量	合格证编号	报告单编号	报告日期
1	8-40 HJ431A	××有限公司	33t	N02021071	/	2014.2.18
2	直螺纹套筒 $\phi25$	××有限公司	500个	1402	GL011026-6	2014.6.3
记录人		×××		项目技术负责人		×××

资料员（签字）：

水泥合格证、复试报告单汇总记录

单位(子单位)工程名称				××××工程				
施工单位				××××有限公司			项目经理	×××
序号	品种	强度等级	生产厂家	生产日期	进场批量	合格证编号	报告单编号	报告日期
1	复硅	42.5级	×××有限公司	2017.3.16	30t	BC012	SN2017-025	2017.3.21
2	复硅	42.5级	×××有限公司	2017.4.12	25t	HR73043	SN2017-082	2017.4.19
3	复硅	42.5级	×××有限公司	2017.4.24	25t	HR73057	SN2017-108	2017.5.1
4	复硅	42.5级	×××有限公司	2017.4.28	25t	HR73067	SN2017-115	2017.5.9
5	复硅	42.5级	×××有限公司	2017.5.24	25t	LH033	SN2017-160	2017.5.28
记录人			×××			项目技术负责人		×××

资料员（签字）：

水泥合格证、复试报告单汇总记录填写说明

填写要点：

（1）凡是在工程中使用的主要建筑材料（包括钢材、水泥、砖、砂、石、混凝土外加剂、防水材料、电缆、管材、阀门等），均应根据出厂合格证和复试报告的内容填写相应的汇总表。

（2）原材料汇总表必须及时按不同品种分别填写。试验报告与相应的合格证必须一一对应，并应内容齐全，只有出厂合格证或只有试验报告的，只填写相应的内容，缺项的部分用"/"划去。

（3）施工单位汇总后，监理工程师应对照出厂合格证和试验报告，对汇总表中的内容一一复核审查，对有缺少的内容应在审核结论中说明；对齐全的，在审查结论中填写"出厂合格证及试验报告齐全，符合要求"等类似的结论。

（4）水泥试验批次按以下确定：每个批次抽样复试不少于一次，按同一生产厂家、等级、品种、批号且连续进场的水泥，袋装不超过 200t 为一批，散装不超过 500t 为一批。

C4-12

单位(子单位)工程名称		×××工程					
施工单位		×××公司			项目经理		×××
委托单位		×××公司			委托人		×××
检测单位		×××试验检测有限责任公司			负责人		××× ×××
序号	品种	强度等级	进场批量	送检数量	进场日期	报告单编号	报告日期
1	P·C	32.5级	23t	12kg	2014.10.10	2014-033-7A	2014-10-14
2	P·C	32.5级	23t	12kg	2014.10.10	2014-033-7A	2014-11-08
3	P·C	32.5级	80t	12kg	2014.11.10	2014-033-12A	2014-11-19
记录人		×××				项目技术 负责人	×××

资料员（签字）：

水泥见证取样送检汇总记录填写说明

填写要点：

（1）同一厂家、同一品种、同一等级、同一批号且连续进场的水泥，袋装不超过 200t 为一批，随机地从不少于 20 袋中各取等量水泥；散装不超过 500t 为一批，随机地从不少于 3 个罐车中个取等量水泥。每批抽样不少于一次。

（2）取样应有代表性，可连续取，也可以从 20 个以上不同部位取等量样品，总量不少于 12kg。取得的水泥样品应充分混合均匀。

（3）当在使用过程中对水泥质量有怀疑或水泥出厂超过三个月（快硬硅酸盐水泥超过一个月）时，应按上述方法取样进行复验，并按复验结果使用、管理。

（4）结果判定及处理：

1）经检验水泥技术指标满足相关标准要求时，应判定为合格品。

2）凡初凝时间、安定性、氧化镁、三氧化硫中的任一项不符合标准规定时，均为废品。

3）凡初凝时间、细度、不溶物和烧失量中的任一项不符合标准规定，或混合料掺加量超过最大限量，或强度低于商品强度等级规定的指标时，均为不合格品。

4）水泥包装标志中水泥品种、强度等级、生产者名称和出厂编号、日期不全者也属于不合格品。

水泥检测取样记录单和委托单

建设单位	×××公司	编号	×××
委托单位	×××公司	取样日期	××年××月××日
工程名称	×××工程	使用部位	主体砌体
施工单位	×××公司	品种及代号	P·C
监理单位	×××监理公司	强度等级	32.5
生产厂家	××××公司	代表数量	25t
见证人及证书号	/	样品数量	12kg
取样人及证书号	××× 甘建教(取样)138176	产品证书号及出厂编号	D017
取样地点	现场	牌号	/
产品执行标准	现行国家标准 《通用硅酸盐水泥》GB 175	产品包装类型	袋装
送样单位 (签章)	送样人:××× 日期:×××	检测单位 (签章)	收样人:××× 日期:×××
检测参数	细度、凝结时间、强度、安定性		
备注	报告6份		

<h1>粗、细骨料试验报告单汇总记录</h1>

单位(子单位)工程名称			××××工程		
施工单位		××××有限公司		项目经理	×××
序号	品种、规格	进场批量	生产厂家(产地)	报告单编号	报告日期
1	洗砂	200m³	永登	SX2017-053	2017.4.5
记录人		×××		项目技术负责人	×××

资料员（签字）：

58

外加剂出厂合格证及复试报告汇总记录

单位(子单位)工程名称			×××工程			
施工单位		×××有限责任公司			项目经理	×××
序号	品种、规格	生产厂家	进场批量	合格证编号	报告单编号	报告日期
1	缓凝高效减水剂	×××公司	200t	2016-002	HWJ2016-G-002	2016.4.12
2	WG-CMA 三膨胀源抗裂剂	×××公司	200t	WG/QR-58-01	HWJ2016-GJ-1	2016.4.12
记录人		×××		项目技术负责人		×××

资料员（签字）：

外加剂见证取样送检汇总记录

单位(子单位)工程名称				×××工程			
施工单位	×××有限公司					项目经理	×××
委托单位	×××有限公司					委托人	×××
检测单位	×××检测公司					负责人	×××
序号	品种	生产厂家	生产日期	数量	送检数量	报告单编号	报告日期
1	缓凝高效减水剂	×××公司	2016.3.15	200t	5kg	HWJ2016-G-002	2016.4.12
2	WG-CMA三膨胀源抗裂剂	×××公司	2016.3.16	200t	16kg	HWJ2016-GJ-1	2016.4.27
记录人	×××					项目技术负责人	×××

资料员（签字）：

外加剂见证取样送检汇总记录填写说明

1. 填写依据

《混凝土外加剂》GB 8076—2008；《混凝土膨胀剂》GB/T 23439—2017；《砂浆、混凝土防水剂》JC 474—2008；《喷射混凝土用速凝剂》JC 477—2005；《混凝土防冻剂》JC 475—2004。

2. 填写要点

(1) 普通减水剂、高效减水剂、早强减水剂、缓凝减水剂、缓凝高效减水剂、引气减水剂、泵送剂、早强剂、缓凝剂和引气剂，生产厂应根据产量和生产设备条件，将产品分批编号，掺量大于1%（含1%）同品种的外加剂，每一批号为100t，掺量小于1%的外加剂，每一批号为50t，不足100t或50t的也可按一个批量计，同一批号的产品必须是混合均匀的。每批取样量不少于0.2t水泥所用的外加剂量。每一批号取得的试样应充分混匀，分为两等份，一份按《混凝土外加剂》GB 8076—2008标准规定方法进行试验，另一份要密封保存半年，以备有疑问时交国家指定的检验机构进行复验或仲裁（如生产）。

(2) 混凝土膨胀剂，抽样应有代表性，可以连接取样，也可以从20个以上的不同部位取等量样品，每批抽样总量不小于10kg，每批取得的样品应充分混合均匀，分为两等份，一份为检验样，另一份为封存样，密封保存180d。

(3) 砂浆、混凝土防水剂，年产500t以上的，每50t为一批；年产500t以下的，每30t为一批；不足50t或者30t的，也按一个批量计。同批的产品必须是混合均匀的，每批取样量不少于0.2t水泥所需的防水剂量，每批取得的试样应充分混合均匀。

(4) 混凝土防冻剂，同一品种防冻剂，每50t为一批，不足50t也可作为一批，每批取样量不少于0.15t水泥所需要的防冻剂量（以其最大掺量计），每批取得的试样应充分混匀。

(5) 混凝土速凝剂，每20t为一批，不足20t也可作为一批，每一批应从16个不同点取样，每个点取样250kg，共取400g，将试样充分混匀，每批取得的试样应充分混匀。

砖（砌块）合格证、复试报告汇总记录

单位(子单位)工程名称				××××工程			
施工单位			××××有限公司			项目经理	×××
序号	品种、规格	进场数量	生产厂家	合格证编号	使用部位	报告单编号	报告日期
1	承重混凝土多孔砖 180mm×90mm×85mm	10万块	×××有限公司	X16-0748	地下室填充墙	SZ2017-047	2017.3.31
2	横孔连锁 混凝土空心砖 280mm×240mm×200mm	3万块	×××有限公司	JCJ2016-0116	地下室填充墙	SZ2017-048	2017.3.31
3	横孔连锁 混凝土空心砖 260mm×180mm×200mm	3万块	×××有限公司	JCJ2016-0119	地下室填充墙	SZ2017-055	2017.3.31
记录人			×××			项目技术负责人	×××

资料员（签字）：

砖、砌块或其他见证取样送检汇总记录

C4-25

单位(子单位)工程名称			×××工程			
施工单位	×××公司			项目经理		×××
委托单位	×××公司			委托人		×××
检测单位	×××试验检测有限责任公司			负责人		×××
序号	品种、规格	进场批量	送检组数	使用部位	报告单编号	报告日期
1	轻集料混凝土小型空心砌块	1万块	1组	填充墙	2017-011	2017-10-11
2	烧结多孔砖 240mm×115mm ×90mm	10万块	1组	填充墙	砖2014-011-37	2014-10-13
3	烧结多孔砖 190mm×140mm ×90mm	10万块	1组	填充墙	砖2015-04-22	2015-04-22
4	烧结多孔砖 190mm×90mm ×90mm	10万块	1组	填充墙	ZWJ2015-7-1	2015-05-02
记录人		×××			项目技术负责人	×××

资料员（签字）：

63

烧结多孔砖检测取样记录单和委托单

建设单位	×××公司	编号	2015-7-1
委托单位	×××公司	材料名称	烧结多孔砖
工程名称	×××工程	取样日期	2015.4.18
施工单位	×××公司	进场日期	2015.4.15
监理单位	×××监理公司	使用部位	主体填充墙
生产厂家	×××砖厂	产品标记	/
见证人及证书号	/	产品合格证书号	0004467
取样人及证书号	××× 甘建教(取样)138176	代表数量	10万块
取样地点	现场	样品数量	50块
产品执行标准	《烧结空心砖和空心砌块》 GB/T 13545—2014	规格及牌号	MU10 190mm×140mm×90mm
产品状态	样品完好	产品包装类型	/
送样单位 (签章)	送样人:××× 日期:×××	检测单位 (签章)	收样人:××× 日期:×××
检测参数	/		
备注	报告6份		

64

防水材料合格证、复试报告单汇总记录

单位(子单位)工程名称			××××工程					
施工单位		××××有限公司				项目经理		×××
序号	品种、规格	进场批量	生产厂家	合格证编号	使用部位	报告单编号	报告日期
1	高聚物改性沥青防水卷材 NⅠ PET2.0	6000m²	×××有限公司	防水15023	地下室	FS2015-057	2015.11.14
2	高聚物改性沥青防水卷材 NⅠ PET2.0	7000m²	×××有限公司	防水15023	地下室	FS2016-003	2016.3.3
记录人		×××			项目技术负责人		×××

资料员（签字）：

防水材料见证取样送检汇总记录

单位(子单位)工程名称			×××工程				
施工单位	×××公司				项目经理		×××
委托单位	×××公司				委托人		×××
检测单位	×××试验检测有限责任公司				负责人		×××
序号	品种、规格	进场批量	生产厂家	送检组数	使用部位	报告单编号	报告日期
1	3mm厚弹性体沥青防水卷材	3000m²	×××公司	3组	地下室	FJC2014-7-3	2014.05.31
记录人		×××				项目技术负责人	×××

资料员（签字）：

66

防水材料检测取样记录单和委托单

建设单位	×××公司	编号	2015-7-1
委托单位	×××公司	取样日期	2015.11.16
工程名称	×××工程	进场日期	2015.11.16
施工单位	×××公司	产品名称	BAC自粘性改性沥青防水卷材
监理单位	×××监理公司		
生产厂家	×××公司	型号规格	PYⅠPE 2.0
见证人及证书号	/	使用部位	屋面
取样人及证书号	××× 甘建教(取样)138176	代表数量	2000m²
取样地点	施工现场	样品数量	2m²
产品执行标准	《自粘聚合物改性沥青防水卷材》 GB 23441—2009	产品合格证号	JWC2015-0086
送样单位 (签章)	送样人:××× 日期:×××	检测单位 (签章)	收样人:××× 日期:×××
检测参数	/		
备注	报告共6份		

67

预拌混凝土出厂合格证

供　方	×××构建公司		需　方		×××公司	
使用单位工程名称	×××工程		使用分部(子分部)工程名称		主体结构(混凝土结构)	
合格证编号	2015-598	合同编号	×××	浇筑部位	1.8～5.80m 剪力墙、梁板梯；0.7～1.8m 剪力墙、梁板梯	
混凝土标记	C40	其他技术要求	P8	配合比编号	HPB2014-G-586	
供货日期	2015-04-2			供应数量(m³)	603	
原材料名称	水泥	砂	石	掺合料	外加剂 QJ	
品种及规格	380kg	781kg	1035kg	69kg	11.0kg(减水剂)；32.2kg(抗裂剂)	
试验编号	SWJ2016-G-200a	XGJ2016-G-382	CGJ2016-G-401	FMJ2016-GJ-30	HWJ2016-G-002；HWJ2016-GJ-1	
放射性核素放射性比活度	(设计)无	氯离子总含量		0.15％	碱集料反应	/	C3A 含量	(设计)无

	试验编号	强度值	试验编号	强度值	试验编号	强度值
每组抗压强度值(MPa)	HKY2016-G-4991	46.4	HKY2016-G-5014	45.2		

抗压强度统计评定							其他性能试验		
组数	平均值	最小值	标准差	评定方法	评定结论	备注	试验编号	指标	试验结论
2	55.0MPa	53.8MPa	/	非统计方法	合格		/	/	/

技术负责人：×××	企业质量管理部门负责人：×××	填表人：×××	综合评定结论：合格	生产企业(盖章)

××年××月××日

68

预拌混凝土发货单（副本）

单位(子单位)工程名称		×××工程		发货单编号		180-4站
分部(子分部)工程名称		主体结构(混凝土结构)		合同编号		×××
供　方		×××构建公司	需　方		×××公司	
混凝土标记	C35		浇筑部位	13层Ⅱ段梁板、梯	本车供应量方量(m³)	7
配合比编号	HPB2015-G-002	设计坍落度(mm)	160±30	出厂坍落度(mm)	160±30	其他技术要求　P8
供货日期	2015-04-26	出站时间	4：49	车号　59816		运距(km)　12
以下内容在施工现场填写						
到场时间	5：28	设计坍落度(mm)	180	开始浇筑时间	5：46	完成浇筑时间　5：59
目测拌合物性能	黏聚性、保水性、流动性良好		供货量偏差	0	其他内容	/
签字栏	需方验收签字		见证人员签字		供方签字	
	裴××		潘××		王××	

注：有供应单位保存，混凝土出厂合格证后补。

预拌混凝土发货单（正本）

单位(子单位)工程名称		×××工程		发货单编号		180-4站
分部(子分部)工程名称		主体结构(混凝土结构)		合同编号		×××
供　方		×××构建公司	需　方		×××公司	
混凝土标记	C35		浇筑部位	13层Ⅱ段梁板、梯	本车供应量方量(m³)	7
配合比编号	HPB2015-G-002	设计坍落度(mm)	160±30	出厂坍落度(mm)	160±30	其他技术要求　P8
供货日期	2015-04-26	出站时间	4：49	车号　59816		运距(km)　12
以下内容在施工现场填写						
到场时间	5：28	设计坍落度(mm)	180	开始浇筑时间	5：46	完成浇筑时间　5：59
目测拌合物性能	黏聚性、保水性、流动性良好		供货量偏差	0	其他内容	/
签字栏	需方验收签字		见证人员签字		供方签字	
	裴××		潘××		王××	

7.4 施工记录文件（C5）

7.4.1 技术复核记录

工程定位（标高）测量记录

C5-1

单位(子单位)工程名称			×××××工程		
分部(子分部)工程名称		地基与基础(基础)		测量部位	①～⑰/Ⓐ～Ⓔ轴
施工单位		×××××有限公司	项目经理		×××
施工图号			×××		
绝对标高基准点	$E_1=1517.061$ $E_2=1516.788$ $E_3=1516.746$		平面位置(坐标)基准点		$E_1(X=4461046.204,Y=589218.035)$ $E_2(X=4461142.906,Y=589241.653)$ $E_3(X=4460985.787,Y=589224.07)$
工程平面位置坐标点	见示意图		规划设计±0.000处标高		1517.384

定位示意图：

说明：

1. E_1、E_2、E_3为已知测绘成果点，L_1、L_2、L_3、L_4是×××××工程建筑物平面位置大角坐标点。

2. 以E_1、E_2、E_3为依据，E_1设站，架设全站仪，后视点E_2，再后视点E_3校核坐标是否正确，再依次定出建筑物的L_1、L_2、L_3、L_4大角坐标点。

3. 本工程使用的测量仪器是全站仪，型号为R-202NE，出厂编号为885077

	专业工长(施工员)	×××	测量员	×××
施工单位检查结果	项目技术负责人：××× 项目经理：×××			××年××月××日

资料员（签字）：

工程定位（测量）复核记录

单位(子单位)工程名称	××××工程		
施工单位	×××××有限公司	项目经理	×××
施工图号	×××	施工单位测量员	×××

定位复核示意图：

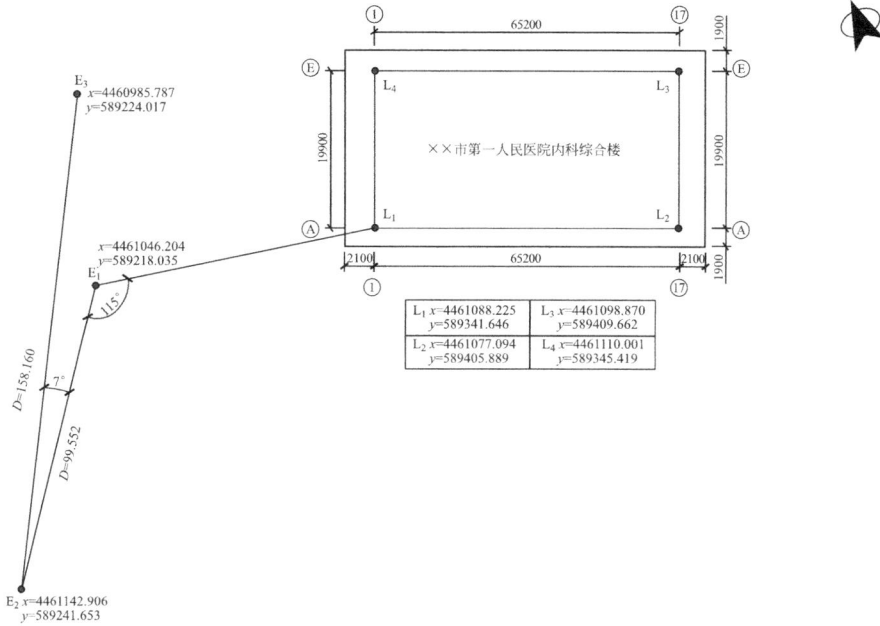

说明：

1. E_1、E_2、E_3 为已知测绘成果点，L_1、L_2、L_3、L_4 是××××工程建筑物平面位置大角坐标点。

2. 以 E_1、E_2、E_3 为依据，E_1 设站，架设全站仪，后视点 E_2，再后视点 E_3 校核坐标是否正确，然后对 L_1、L_2、L_3、L_4 大角坐标点一一进行复核，结果符合设计及相关规范要求。

3. 本工程使用的测量仪器是全站仪，型号为 R-202NE，出厂编号为 885077。

4. 参加复核人员：建设单位(张××、刘××)，监理单位(马××、牛××、孟××)，施工单位(牛××、胡××、王××、宋××)。

5. 测量依据《工程测量规范》GB 50026—2020。

6. 本工程±0.000 的绝对标高为 1517.384m

施工单位	监理单位	建设单位	规划单位
项目技术负责人：××× 项目经理：××× （公章） ××年××月××日	总监理工程师：××× （公章） ××年××月××日	项目负责人：××× （公章） ××年××月××日	验收人：××× （公章） ××年××月××日

资料员（签字）：

71

轴线、标高复核记录

单位(子单位)工程名称		×××××工程			
分部(子分部)工程名称		主体结构(混凝土结构)			
施工单位		×××××公司		项目经理	×××
分包单位		/		分包项目经理	/
施工图编号	S2-03	复核项目	轴线、标高	复核部位	一层Ⅰ段⑬～⑱/ⓖ～ⓜ轴(5.070m)板

轴线、标高示意图及说明:

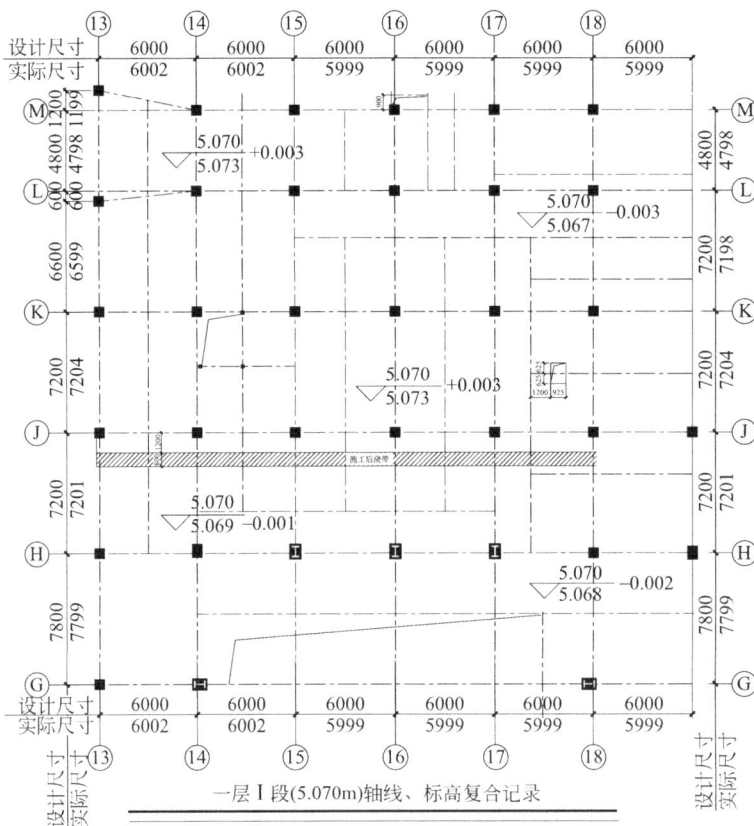

设计尺寸 / 实际尺寸

⑬ 6000/6002 ⑭ 6000/6002 ⑮ 6000/5999 ⑯ 6000/5999 ⑰ 6000/5999 ⑱ 6000/5999

5.070/5.073 +0.003
5.070/5.067 −0.003
5.070/5.073 +0.003
5.070/5.069 −0.001
5.070/5.068 −0.002

施工后浇带

一层Ⅰ段(5.070m)轴线、标高复合记录

说明:
1. 实测标高最大偏差值±3mm,轴线最大偏差4mm。
2. 轴线、标高复核符合《混凝土结构工程施工质量验收规范》GB 50204—2015有关规定

标注方法	设计尺寸□ 轴线标注:_____ 偏差.可只测量主轴线; 实际尺寸□	设计标高□ 标高标注:_____ 偏差 实际标高□

施工单位检查结果	专业工长(施工员)	×××	技术员	×××
	符合设计及施工质量验收规范要求。	专业质量检查员:××× 项目技术负责人:××× ××年××月××日		

资料员（签字）:

（混凝土灌注桩）桩顶标高及桩位偏差复核记录

单位(子单位)工程名称			×××××工程						
分部(子分部)工程名称			地基与基础(基础)						
施工单位			×××××公司		项目经理		×××		
分包单位			/		分包项目经理		/		
施工图号			L1520JG01-03		复核部位		⑬～⑱/Ⓐ～Ⓓ轴井桩		

桩号	桩顶标高				桩位偏差					
	设计标高(m)	允许偏差(mm)	实测标高(m)	实测偏差(mm)	允许偏差(mm)	实测偏差(mm)			
						东	西	南	北
1	−2.600	−50,+30	−2.601	1	70	12		4	
2	−2.600	−50,+30	−2.601	1	70	7			11
3	−4.800	−50,+30	−4.802	2	70		9	6	
4	−3.900	−50,+30	−3.901	1	70	11			3
5	−3.900	−50,+30	−3.902	2	70	15		6	
6	−3.900	−50,+30	−3.899	−1	70		5		10
7	−3.900	−50,+30	−3.899	−1	70	8		5	
8	−3.900	−50,+30	−3.902	2	70		10		5
9	−3.900	−50,+30	−3.899	−1	70	7			14
10	−3.600	−50,+30	−3.601	1	70	5			11

桩位示意图	

施工单位检查结果	符合设计及施工质量验收规范要求。 专业工长(施工员)：××× 项目技术负责人：×××　　　　　　　××年××月××日
监理(建设单位)验收结论	 监理工程师：××× (建设单位项目技术负责人)　　　　　　××年××月××日

资料员（签字）：

73

模板复核记录

单位(子单位)工程名称		×××××工程			
分部(子分部)工程名称		主体结构(混凝土结构)			
施工单位	××××有限公司		项目经理	×××	
分包单位	××××有限公司		分包项目经理	×××	
施工图编号	S2-03		复核部位	一层①～⑩/Ⓐ～Ⓛ轴 (2.900～5.800m)墙、柱	
复核内容	复核情况				
模板设计情况	剪力墙模板采用全钢大模板,支撑系统采用支腿,框架柱模板采用竹胶合板,支撑系统采用钢管扣件				
轴线位移(mm)	4	1	3	2	1	2
标高偏差(mm)	/	/	/	/	/	/
宽度偏差(mm)	—4	3	2	3	—2	—1
高度偏差(mm)	2	2	1	2	1	2
垂直度偏差(mm)	1	3	2	4	—2	1
支撑系统承载力、刚度、稳定性	支撑系统承载力符合规范要求,具有足够的刚度和稳定性				
梁板起拱	/	/	/	/	/	/

说明	1. 剪力墙模板采用全钢大模板,框架柱模板采用竹胶合板; 2. 模板接缝严密; 3. 模板表面清理干净、涂刷隔离剂; 4. 支模系统具有足够的承载能力、刚度和稳定性; 5. 模板的垂直度符合要求; 6. 模板安装轴线位移、标高、截面尺寸等偏差符合规范《混凝土结构工程施工质量验收规范》GB 50204—2015 的规定

施工单位检查结果	专业工长(施工员)	×××	技术员	×××
	符合设计及《混凝土结构工程施工质量验收规范》GB 50204—2015 要求。	专业质量检查员:××× 项目技术负责人:××× ××年××月××日		

资料员（签字）:

预埋件、预留孔洞复核记录

单位(子单位)工程名称		×××××工程		
分部(子分部)工程名称		地基与基础(混凝土基础)		
施工单位		×××	项目经理	×××
分包单位		×××	分包项目经理	×××
施工图编号	A20-01-01	复核部位	二层顶板	

	用途	/
预埋件	部位(轴线、墙、楼面等)	/
	代号	/
	数量	/
	图(变更)号	/
	标高偏差(mm)	/
	位置偏差(mm)	/
	牢固情况	/
预留孔洞	用途	通风道(卫生间)、烟道(操作间)
	部位(轴线、墙、楼面等)	①～⑥/Ⓐ～Ⓒ轴、⑦～⑩/Ⓓ～Ⓕ轴、楼面
	图(变更)号	A20-01-03
	断面尺寸(长×宽×高)	350mm×300mm、300mm×250mm
	数量	3个、4个
	尺寸偏差(mm)	2/2、5/2、4/2、1/2、4/2、3/3、1/3
	标高偏差(mm)	/
	位置偏差(mm)	1/0、2/2、4/3、1/3、3/3、5/5、2/2

施工单位检查结果	专业工长(施工员)	×××	技术员	×××
	符合设计及施工 质量验收规范要求。	专业质量检查员：××× 项目技术负责人：××× ××年××月××日		

资料员（签字）：

75

皮数杆复核记录

单位(子单位)工程名称		××××××工程		
分部(子分部)工程名称		主体结构(砌体结构)		
施工单位		××××有限公司	项目经理	×××
图(变更)号	A20-01-01	层高　2.90m	部位	一层①～⑩/Ⓐ～Ⓝ轴

			皮数杆示意图：
标高	窗洞下口	0.900m	
	窗洞上口	2.400m	
	梁(圈梁、过梁等)底	2.100m	
	门洞上口	2.100m	
砖(砌块)规格		190mm×90mm×90mm、200mm×300mm×600mm	
墙体各部位灰缝厚度		多孔砖灰缝10mm、加气块灰缝15mm	
墙体高度		2.40m	
拉结筋位置		第一道500mm,其余沿墙高每600mm设一道	

皮数杆设置平面位置：

皮数杆设置平面图见附页

皮数杆示意图：

外墙无窗墙皮数杆　　　外墙有窗墙皮数杆

说明：

1. 外墙厚300mm,无窗墙:底砌2皮多孔砖190mm×90mm×90mm,上砌9皮混凝土加气块600mm×300mm×200mm,1皮多孔砖190mm×90mm×90mm,1皮斜蹬砖。有窗墙:底砌2皮多孔砖190mm×90mm×90mm,上砌9皮混凝土加气块600mm×300mm×200mm,1皮多孔砖190mm×90mm×90mm,1皮斜蹬砖。窗台高度:20mm＋90mm＋10mm＋90mm＋(15＋200)mm×3＝855mm。

2. 灰缝饱满均匀。

3. 均符合《砌体结构工程施工质量验收规范》GB 50203—2011的规定。

施工单位	符合设计和施工质量验收规范要求。	专业质量检查员:××× 专业工长(施工员):××× 项目技术负责人:××× ××年××月××日

资料员（签字）：

混凝土、砂浆施工配合比复核记录

单位(子单位)工程名称	×××××工程		
分部(子分部)工程名称	地基与基础 (砌体结构)	工程部位	××
施工单位	×××公司	项目经理	×××
分包单位	×××公司	分包项目经理	×××
施工图 (变更)号	××	设计配合比编号 SPB2015-4-2a	设计强度等级 和其他技术 要求 M5

设计配合比							
材料名称 用量 项目	水泥	砂	石子	水	/	外加剂	稠度(cm)
kg/m³	220	1550	/	300	/	/	/
理论重量比	1.00	7.05	/	1.36	/	/	/
每盘用量 kg	100	705	/	136	/	/	/
说　明	/						
现场砂、石料含水率 及调整情况	现场测得砂含水率为2.0%						

施工配合比							
材料名称 用量 项目	水泥	砂	石子	水	/	外加剂	稠度(cm)
kg/m³	220	1581	/	269	/	/	/
理论重量比	1.00	7.19	/	1.22	/	/	/
每盘用量 kg	100	719	/	122	/	/	/
说　明	/						

施工单位 检查结果	专业工长(施工员)	×××	技术员	×××
	专业质量检查员：××× 项目技术负责人：××× 　　　　　　　　　　×× 年 ×× 月 ×× 日			

资料员（签字）：

7.4.2 隐蔽验收记录

隐蔽验收记录表

单位(子单位)工程名称	××××工程		
分部(子分部)工程名称	地基与基础(基础)		
施工单位	××××公司	项目经理	×××
分包单位	××××公司	分包项目经理	×××
施工图编号	×××	验收部位	⑬～⑱/Ⓐ～Ⓜ轴承台垫层

隐蔽工程的内容、施工要点及简图：

说明：

1. 基础混凝土垫层为 100mm 厚的 C20 混凝土。

2. 施工符合设计图纸要求。

简图：

1. 按施工图纸及规范要求施工；
2. 基底清理干净、无积水、无淤泥、无垃圾等杂物；
3. 承台每边宽出100mm。

施工单位检查结果	符合设计及施工质量验收规范要求。	专业质量检查员：××× 施工员：××× 项目技术负责人：××× ××年××月××日
监理(建设)单位验收结论	☑符合要求，同意隐蔽 □不符合要求，不同意隐蔽	监理工程师：××× (建设单位项目专业技术负责人) ××年××月××日

资料员（签字）：

隐蔽验收记录表

单位(子单位)工程名称	×××××工程		
分部(子分部)工程名称	地基与基础(基础)		
施工单位	×××××公司	项目经理	×××
分包单位	×××××公司	分包项目经理	×××
施工图编号	×××	验收部位	②～⑲/Ⓐ～Ⓑ轴地下车库外墙卷材防水

隐蔽工程的内容、施工要点及简图：

说明：
1. 基层阴阳角做成圆弧，并在转角处、变形缝、穿墙管等部位铺贴卷材加强层，加强层宽度不小于 500mm；
2. 卷材搭接宽度 100mm，卷材粘贴牢固，密封严密，无扭曲、折皱、翘边、起泡等缺陷；
3. 卷材符合设计及规范要求，合格证号：JCW2017-308；复试单编号：FJC2018-2；
4. 符合设计及《地下防水工程质量验收规范》GB 50208—2011 要求

施工单位检查结果	符合设计及施工质量验收规范要求。 专业质量检查员：××× 项目技术负责人：××× 项目经理：××× ××年××月××日
监理(建设)单位验收结论	☑符合要求,同意隐蔽 ☐不符合要求,不同意隐蔽 监理工程师：××× (建设单位项目技术专业负责人) ××年××月××日

资料员（签字）：

隐蔽验收记录表

单位(子单位)工程名称	×××××工程		
分部(子分部)工程名称	建筑节能(围护系统节能)		
施工单位	×××××有限公司	项目经理	×××
分包单位	×××××有限公司	分包项目经理	×××
施工图编号	×××	验收部位	东立面墙 ①～⑤/Ⓐ～Ⓕ轴

隐蔽工程的内容、施工要点及简图：

说明：

1. 所用材料品种、质量、性能符合设计要求。

2. 保温层与墙体以及各构造层之间粘结牢固，无脱落、空鼓及裂缝。

3. 外墙保温施工符合设计及规范要求。

简图：

外墙保温剖面详图

外墙阴角处保温

外墙阳角处保温

洞口网格布加强图(二)

洞口网格布加强图(一)

转角处岩棉板交错咬合

施工单位检查结果	符合要求。	专业质量检查员：××× 专业施工员：××× 项目技术负责人：×××
监理(建设)单位验收结论	☑符合要求，同意隐蔽 □不符合要求，不同意隐蔽	监理工程师：××× (建设单位项目技术负责人)

资料员（签字）：　　　　　　　　　　　　　　　　　　　　　　××年××月××日

地基验槽（坑）记录

单位(子单位)工程名称		××××工程	
施工单位	××××公司	项目经理	×××
分包单位	××××公司	分包项目经理	×××
施工图号	S1-01	钎探结果	符合设计要求

简图及文字说明：

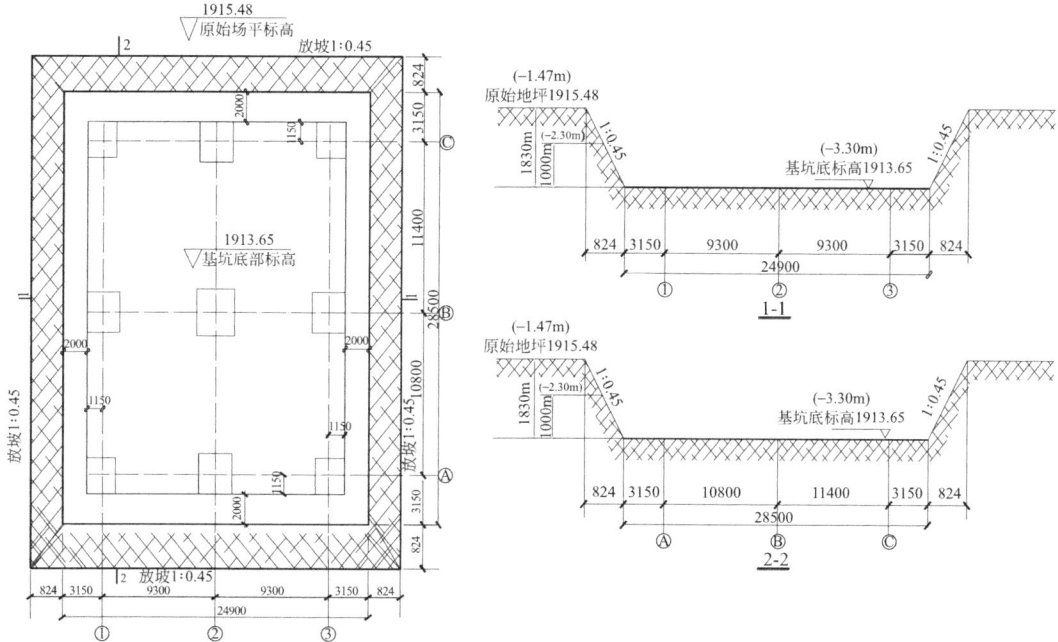

说明：
1. 基坑开挖采用机械开挖,放坡系数为1：0.45,边坡支护采用土钉墙支护。
2. 基坑持力层为卵石层,坑壁自上而下土质分别为黏性土、粉质土等地质土层与岩土工程勘察报告相吻合。
3. 基坑开挖尺寸及标高符合设计和施工要求,基坑底标高为−3.30m,开挖至−3.30m,预留300mm进行人工清底。
4. 基坑底在地下水位1m以上,无坑、无洞穴,基底清理干净,无杂物;地基承载力符合要求,报告编号为:×××。
5. 符合《建筑地基基础工程施工质量验收标准》GB 50202—2018相关规定

验收意见	经验槽,地基坐落在可靠的卵石层上,与勘察报告相符,同意地基验槽		
施工单位	勘察单位	设计单位	建设（监理）单位
质量检查员:××× 项目技术负责人:××× 项目经理:××× （章） ××年××月××日	项目负责人:××× （章） ××年××月××日	项目负责人:××× （章） ××年××月××日	总监理工程师:××× （建设单位项目负责人） （章） ××年××月××日

资料员（签字）：

81

地基验槽（坑）记录填写说明

填写要点：

（1）建筑物基槽开挖后，必须进行验槽。基底的土质必须符合设计要求。地基土的承载力、稳定性以及主要物理力学指标应与设计要求相符。

（2）地基验槽应检查的内容：

1）核对基坑的位置、平面尺寸、标高是否与设计要求相符。

2）核对基坑土质和地下水情况是否与地质勘察报告相吻合。

3）审查地基钎探记录，检查空穴、古墓、古井、防空掩体及地下埋设物的位置、深度、性状是否需要处理以及处理的范围及深度。

4）审查桩基施工记录，检查沉桩过程对地基的影响，桩及支护的类型、数量、位置和桩体质量、桩基承载力检测报告。

（3）施工验槽如遇到下列情况，需要进行专门的施工勘察：

1）工程地质条件复杂，详勘阶段难以查清。

2）开挖基槽发现土质、土层结构与勘察资料不符。

3）施工中边坡失稳，需要查明原因，进行观察处理时。

4）施工中土受扰动，需查明其性状及工程性质时。

5）为地基处理，需进一步提供勘察资料时。

基础（回填土）隐蔽验收记录

单位(子单位)工程名称		×××××工程		
分部(子分部)工程名称		地基与基础(土方)	验收部位	房心回填 (−1.70～−1.50m)
施工单位		×××××公司	项目经理	×××
分包单位		/	分包项目经理	/
验收项目		素土	灰土	砂、砂石(混凝土)
回填深度(m)		1.6m	/	/
夯实工具		蛙式打夯机	/	/
分层厚度		200mm	/	/
回填土质		素土	/	/
留槎方式		错槎留置	/	/
压实系数		≥0.94	/	/
干土质 量密度	报告编号	TGS2016-35	/	/
	核查结论	合格	/	/

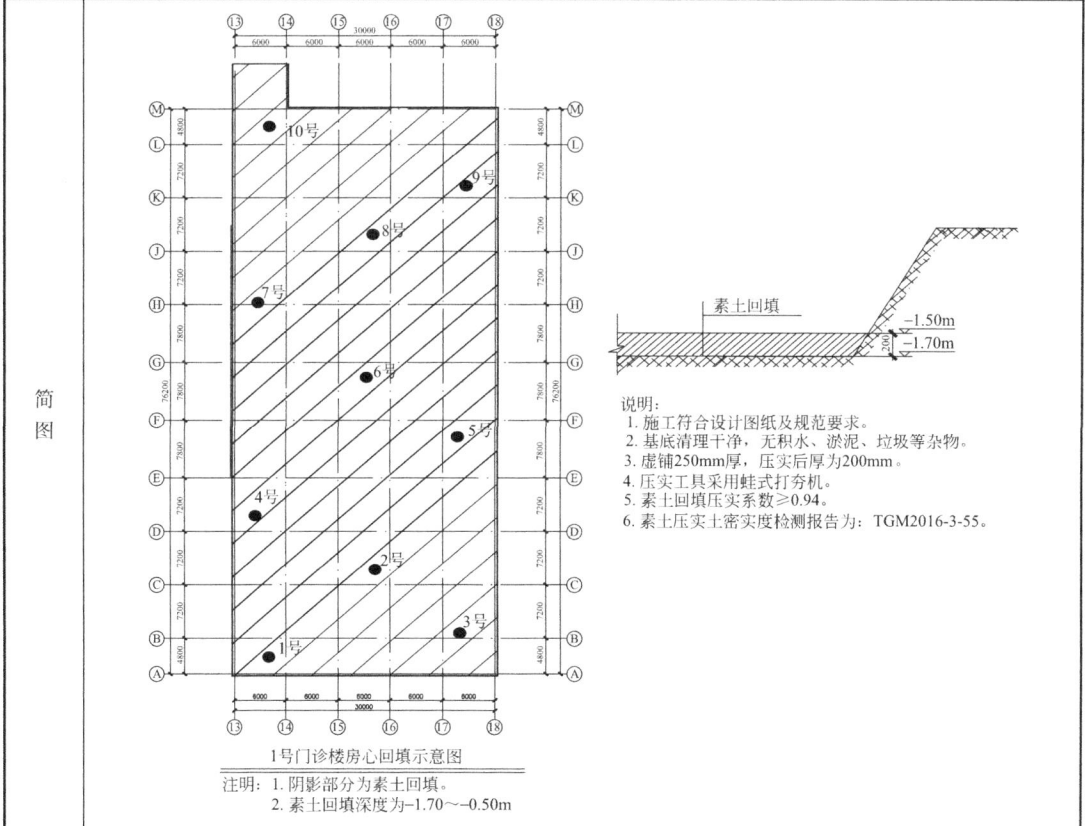

说明:
1. 施工符合设计图纸及规范要求。
2. 基底清理干净，无积水、淤泥、垃圾等杂物。
3. 虚铺250mm厚，压实后厚为200mm。
4. 压实工具采用蛙式打夯机。
5. 素土回填压实系数≥0.94。
6. 素土压实土密实度检测报告为：TGM2016-3-55。

1号门诊楼房心回填示意图

注明: 1. 阴影部分为素土回填。
2. 素土回填深度为−1.70～−0.50m

简图				
验收 意见	符合设计及施工质量 验收规范要求	施工单位		监理(建设)单位
		专业质量检查员:××× 专业工长(施工员):××× 项目技术负责人:××× 　　　×××年××月××日		监理工程师:××× (建设单位项目技术负责人) 　　　×××年××月××日

资料员（签字）:

钢筋隐蔽验收记录

单位(子单位)工程名称		××××工程		
分部(子分部)工程名称		主体结构(混凝土结构)	验收部位	①-1～①-16/①-A～①-L轴　A段 25.900～28.800m
施工单位	×××××公司		项目经理	×××
分包单位	×××××公司		分包项目经理	×××
施工图(变更)编号	××		构件名称	1号楼八层剪力墙、柱
混凝土设计强度等级	C40(墙、柱)		焊工合格证号	刘红 FL00055
钢筋复试单编号	Φ6.5:GCL2014-3-4、Φ8:GCL2014-3-5、Φ10:GCL2014-3-6、Φ12:GCL2014-3-7、Φ14:GCL2014-3-8、Φ16:JGC2014-00072、Φ18:JGC2014-00073、Φ20:GCL2014-3-9、Φ22:GCL2014-3-10			

隐蔽内容及简图：

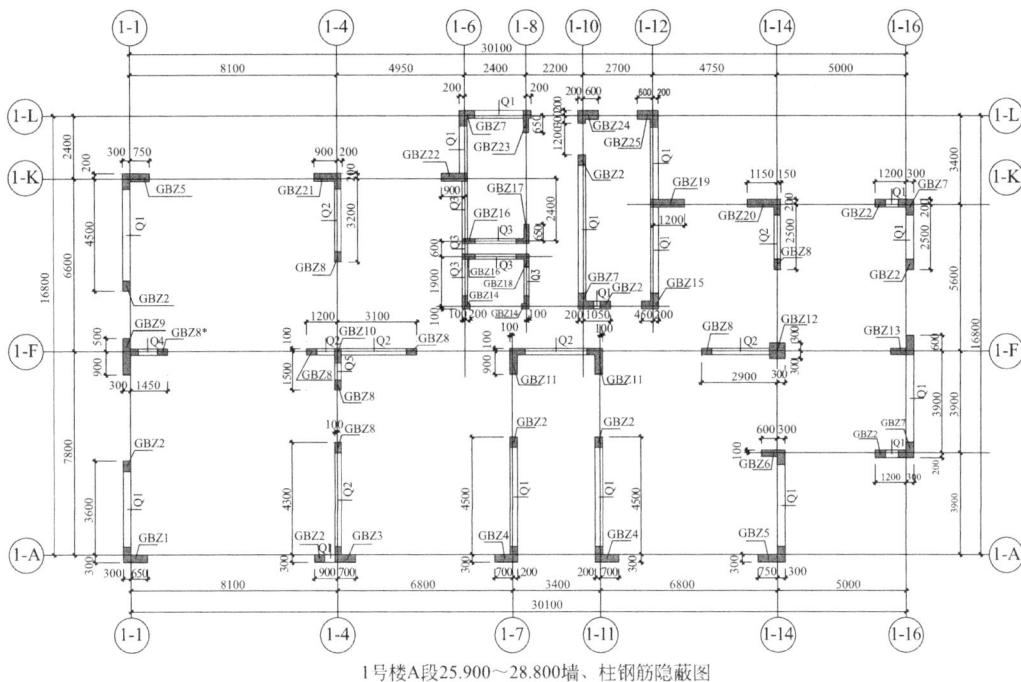

1号楼A段25.900～28.800墙、柱钢筋隐蔽图

1. 按施工图纸、会审纪要施工。
2. 剪力墙保护层厚度为15mm，柱保护层厚度为20mm，用塑料垫块控制。
3. 剪力墙、柱钢筋接头采用直螺纹机械连接，接头复试报告编号:Φ16:JHG2014-00381、Φ18:JHG2014-00382、Φ20:JHG2014-00383、Φ22:JHG2014-00384。
4. 钢筋经复试合格，Φ为 HPB300，Φ为 HRB400，Φ为 HRB400E。
5. 剪力墙墙身拉筋Φ6.5@600，梅花状布置

施工单位验收结论	完成检查项目全部内容，符合设计 和《混凝土结构工程施工质量验收规范》 GB50204—2015 相关规定。	项目经理:××× 项目技术负责人:××× 项目专业质量检查员:×××
监理(建设)单位 验收结论		监理工程师:××× (建设单位项目专业技术负责人)

资料员（签字）：　　　　　　　　　　　　　　　　　　　　××年××月××日

钢筋隐蔽验收记录

单位(子单位)工程名称		××××工程	
分部(子分部)工程名称	主体结构(混凝土结构)	验收部位	①-1～①-16/①-A～①-1轴　A段 25.900～28.800m
施工单位	××××公司	项目经理	×××
分包单位	××××公司	分包项目经理	×××
施工图(变更)编号	××	构件名称	1号楼八层剪力墙、柱
混凝土设计强度等级	C40(墙、柱)	焊工合格证号	刘红 FL00055
钢筋复试单编号	Φ6.5：GCL2014-3-4；Φ8：GCL2014-3-5；Φ10：GCL2014-3-6；Φ12：GCL2014-3-7；Φ14：GCL2014-3-8；Φ16：JGC2014-00072；Φ18：JGC2014-00073；Φ20：GCL2014-3-9；Φ22：GCL2014-3-10		

隐蔽内容及简图：

1号楼A段　剪力墙暗柱表(四)

截面					
编号	GBZ21	GBZ22	GBZ23	GBZ24	GBZ25
标高	25.900～28.800	25.900～28.800	25.900～28.800	25.900～28.800	25.900～28.800
纵筋	18Φ16	14Φ16	14Φ14	16Φ20	18Φ16
箍筋	Φ8@150	Φ8@150	Φ8@150	Φ12@100	Φ10@150

注：[4Φ20＋16Φ18]方括号中的配筋表示端柱角筋为4根Φ20，各边中部的总配筋为16根Φ18。

剪力墙身表

编号	标高	墙厚	水平分布筋	垂直分布筋	拉筋
Q1	25.900～28.800	300	Φ10@200	Φ10@200	Φ6.5@600
Q2	25.900～28.800	250	Φ10@200	Φ10@200	Φ6.5@600
Q3	25.900～28.800	200	Φ8@150	Φ10@200	Φ6.5@600
Q4	25.900～28.800	250	Φ10@200	Φ14@100	Φ6.5@600
Q5	25.900～28.800	250	Φ12@200	Φ10@200	Φ6.5@600

1. 按施工图纸、会审纪要施工。

2. 剪力墙保护层厚度为15mm，柱保护层厚度为20mm，用塑料垫块控制。

3. 剪力墙、柱钢筋接头采用直螺纹机械连接，接头复试报告编号：Φ16：JHG2014-00381、Φ18：JHG2014-00382、Φ20：JHG2014-00383、Φ22：JHG2014-00384。

4. 钢筋经复试合格，Φ为 HPB300，Φ为 HRB400，Φ为 HRB400E。

5. 剪力墙墙身拉筋Φ6.5@600，梅花状布置

施工单位验收结论	完成检查项目全部内容，符合设计 和《混凝土结构工程施工质量验收规范》 GB 50204—2015 相关规定。	项目经理：××× 项目技术负责人：××× 项目专业质量检查员：×××
监理(建设)单位 验收结论		监理工程师：××× (建设单位项目专业技术负责人)

资料员（签字）：　　　　　　　　　　　　　　　　　　　　　　　××年××月××日

混凝土后浇带隐蔽验收记录

单位(子单位)工程名称		×××××工程		
分部(子分部)工程名称		地基与基础(基础)	部位	4.45m梁板后浇带
施工单位		×××××公司	项目经理	×××
分包单位		×××××公司	分包项目经理	×××

隐蔽内容及简图：

楼板、混凝土墙后浇带

梁后浇带

说明：1. 混凝土后浇带符合设计及规范要求；

2. 钢筋表面清理干净、无锈蚀；

3. 混凝土采用膨胀混凝土浇筑，强度等级为C35P6，配合比编号为HPB2015-GY-409；

4. 钢筋复式单编号：HRB400Eϕ10；GCL2015-4-90；HRB400Eϕ16；GCL2015-WM4-24

简图及文字说明			
施工单位检查结果	符合设计及施工质量验收规范要求。	专业质量检查员：××× 专业施工员：××× 项目技术负责人：××× ××年××月××日	
监理(建设)单位验收结论	☑符合要求,同意隐蔽 □不符合要求,不同意隐蔽	监理工程师：××× (建设单位项目技术负责人) ××年××月××日	

资料员（签字）：

砌体拉结筋隐蔽验收记录

单位(子单位)工程名称		××××× 工程	
分部(子单位)工程名称		主体结构(砌体结构)	
施工单位	××××公司	项目经理	×××
分包单位	××××公司	分包项目经理	×××
施工图(变更)号	×××	验收部位	1号楼　八层墙体拉结筋 25.900～28.800m ①-1～①-3/①-A～①-N轴

简图与说明：

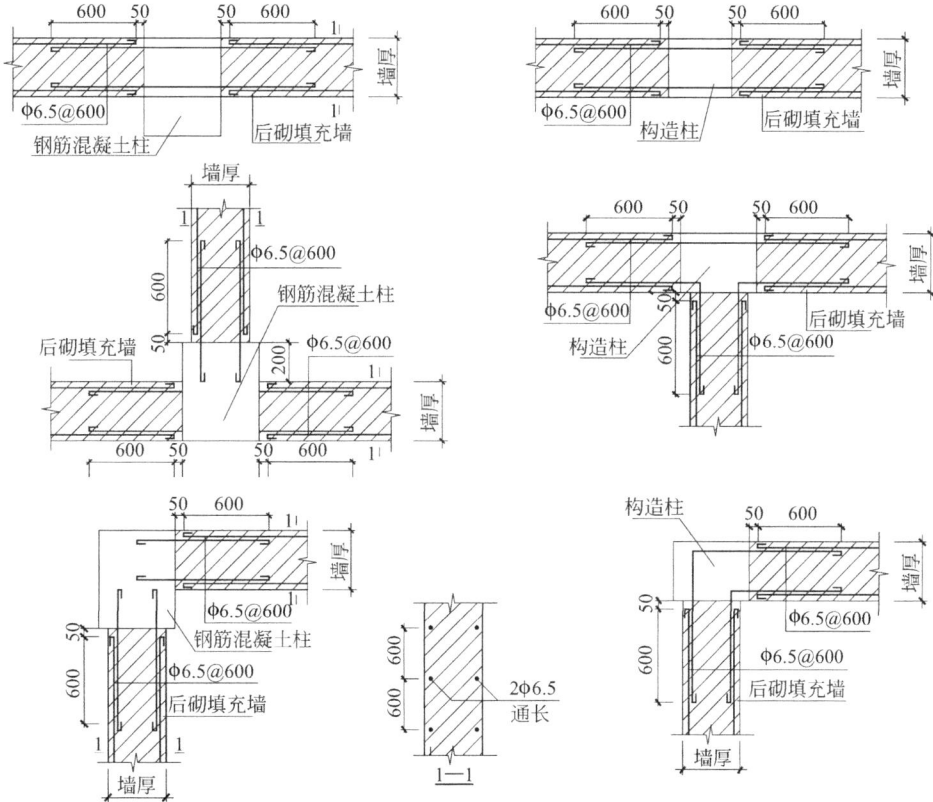

说明：
1. 按施工图纸及会审纪要施工。
2. 墙体拉结筋为通长设置,采用绑扎连接。
3. 200mm厚墙设2根拉结筋;300mm厚墙设3根拉结筋。
4. 钢筋经复试合格,图中Φ为HPB300

施工单位 检查结果	完成检查项目全部内容,符合设计 和《混凝土结构工程施工质量验收规范》 GB50204—2015相关要求。	项目经理:××× 项目技术负责人:××× 项目专业质量检查员:×××
监理(建设)单位验收结论	符合要求,同意隐蔽,同意进入下道工序。	监理工程师:××× (建设单位项目专业技术负责人)

资料员（签字）：　　　　　　　　　　　　　　　　　　　　　　　　××年××月××日

87

预埋件隐蔽验收记录

单位(子单位)工程名称		×××工程		
分部(子分部)工程名称		主体结构(混凝土结构)	验收部位	5.8m二层梁板
施工单位		×××	项目经理	×××
分包单位		×××	分包项目经理	×××
预埋件	用途	固定幕墙竖框		
	部位(轴线、墙、柱、墙面等)	××		
	代号	××		
	数量	7		
	图(变更)号	×××		
	标高偏差(mm)	1、2、−2、2、−1、0、−1、2、0、−1		
	位置偏差(mm)	2/2、−1/2、−2/3、0/2、3/1、−2/1、1/2、−1/3、0/2、1/2		
	固定情况	焊接在框架梁主筋上		
图示		略		
说明			复核意见	合格
施工单位检查结果		符合设计及规范要求。	专业质量检查员：××× 项目技术负责人：××× ××年××月××日	
监理(建设)单位验收结论		☑符合要求，同意隐蔽 □不符合要求，不同意隐蔽	监理工程师：××× (建设单位项目技术负责人) ××年××月××日	

资料员（签字）：

88

建筑地面、墙面防水（防潮）隐蔽验收记录

单位(子单位)工程名称		×××××工程		
分部(子分部)工程名称		建筑装饰装修(建筑地面)	部位	一层①～⑤/Ⓐ～Ⓗ轴卫生间
施工单位		×××××有限公司	项目经理	×××
分包单位		×××××有限责任公司	分包项目经理	×××
防水(防潮)材料合格证号	20140801	防水材料复试单号		CF2014-060
验收项目	验收情况		验收人	
地面、墙面基层处理	基层打磨、清理干净		施工员：××× 专业质量检查员：××× 监理工程师：××× ××年××月××日	
地面、墙面洞口处理	洞口加套管，套管四周用1∶3水泥砂浆抹成圆弧状			
转角、防水细部处理	转角、防水细部均用1∶3水泥砂浆抹成圆弧状			
水泥砂浆找平	30mm厚1∶3水泥砂浆找平			
防水(防潮)层材料名称及施工方法	水性聚氨酯(丙烯酸酯)防水涂料，四周翻起600mm高		施工员：××× 专业质量检查员：××× 监理工程师：××× ××年××月××日	
防水(防潮)层施工厚度(mm)、道数	厚1.5，3道			
防水、洞口、转角细部处理	防水、洞口、转角处增设防水附加层			
蓄水试验	经24h蓄水试验，无渗漏		施工员：××× 专业质量检查员：××× 监理工程师：××× ××年××月××日	
水泥砂浆保护层	30mm厚1∶3水泥砂浆保护层			

资料员（签字）：

建筑屋面隐蔽验收记录

单位(子单位)工程名称		××××工程		
分部(子分部)工程名称		屋面		
施工单位		×××××有限公司	项目经理	×××
分包单位		×××××有限公司	分包项目经理	×××
防水材料合格证		20170307	防水材料复试单号	13-2017-00010
验收项目		验收情况	验收人	
隔气层	材料种类 施工方法	冷底子油涂刷一道	施工员：××× 专业质量检查员：××× 监理工程师：××× ××年××月××日	
	基层处理	基层清理干净		
	雨水口位置	符合设计及施工规范要求		
保温层	材料种类	聚苯乙烯防火保温板	施工员：××× 专业质量检查员：××× 监理工程师：××× ××年××月××日	
	厚度(mm)	70		
找坡层	材料种类	水泥珍珠岩现场浇制	施工员：××× 专业质量检查员：××× 监理工程师：××× ××年××月××日	
	坡度(%)	2%		
	砂浆设计强度等级	25厚1∶3水泥砂浆		
	分格、厚度(mm)	分格不大于600,最薄处厚40		
防水层	材料种类 施工方法	Ⅰ型SBS改性沥青防水卷材	施工员：××× 专业质量检查员：××× 监理工程师：××× ××年××月××日	
	厚度(mm)、道数	3mm厚,2道		
	细部处理	出屋面管根、女儿墙、雨水口及阴阳角等部位增设防水附加层		
细石混凝土保护层	混凝土设计强度等级	C20细石补偿收缩混凝土	施工员：××× 专业质量检查员：××× 监理工程师：××× ××年××月××日	
	钢筋规格间距	内配双向φ6.5@150		
	分格、厚度(mm)	按纵横小于6m设置分格缝,缝中钢筋断开,缝宽20,与女儿墙留缝30,缝内均用接缝密封膏填实密封		

资料员（签字）：

变形缝隐蔽验收记录

单位(子单位)工程名称		×××××工程		
分部(子分部)工程名称		屋面(细部构造)		
施工单位		×××××有限公司	项目经理	×××
分包单位		×××××有限公司	分包项目经理	×××
施工图(变更)图号		2017-025(建筑)	施工执行图集名称及编号	甘02J02
验收内容		验收部位		
		屋面	墙面	地面
缝宽(mm)		500mm	/	/
缝内杂物清理情况		已清理干净,符合要求	/	/
缝内填充材料种类		详见简图	/	/
变形缝内构造简图				
施工单位检查评定结果	符合设计及规范要求。	专业质量检查员:××× 施工员:××× 项目技术负责人:××× ××年××月××日		
监理(建设)单位验收结论	☑符合要求,同意验收 □不符合要求,不同意验收	监理工程师:××× (建设单位项目专业技术负责人) ××年××月××日		

资料员 (签字):

隐蔽验收记录填写说明

1. 填写依据

《混凝土结构工程施工质量验收规范》GB50204—2015

2. 填写要点

（1）隐蔽工程是指下道工序施工后，将上一道工序的部位遮盖，不能直接检查其质量，被遮盖的部位即称为"隐蔽工程"，因此隐蔽工程可能是单一的工序、检验批，也可能是分项工程、分部工程，如混凝土内的钢筋、未抹灰的混凝土结构表面、地基基础等。

（2）例如钢筋隐蔽验收应包括下列主要内容：

1）钢筋隐蔽工程反映钢筋分项工程施工的综合质量，在浇筑混凝土之前验收是为了确保受力钢筋等的加工、连接、钢筋搭接长度、锚固长度、锚固方式及箍筋位置、弯钩弯折角度、平直段长度等内容满足设计要求和本规范的有关规定。

2）根据工程实际情况，钢筋隐蔽工程验收可与钢筋安装检验批验收同时进行。

抽气（风）道检查记录

单位(子单位)工程名称	××××× 工程		
分部(子分部)工程名称	建筑装饰装修(细部)	验收单位	×××× 公司
施工单位	×××× 公司	项目经理	×××
分包单位	×××× 公司	分包项目经理	×××
施工执行图号	×××	检查部位	1 号楼 A-1 户型厨房
在排气口点燃易燃物,分段查看漏烟及抽气(风)情况	未发现漏烟、漏气现象		
安装的位置及尺寸正确、合理	安装的位置尺寸正确、合理		
安装是否牢固、接槎平顺、顺直	安装牢固、接槎平顺、顺直		

检查情况说明:
　　经检查未发现漏烟、漏气现象。安装的位置、尺寸正确合理,安装牢固,接槎平顺、顺直。且符合规范及设计要求

施工单位检查结果	专业工长(施工员)	×××	施工班组长	×××
	符合设计及施工质量验收规范要求。		专业质量检查员:××× 项目技术负责人:××× 项目经理:××× ××年××月××日	

监理(建设)单位验收结论	☑符合要求,同意验收 ☐不符合要求,不同意验收　　　　　监理工程师:××× (建设单位项目专业技术负责人) ××年××月××日

资料员（签字）：

有防水要求的地面蓄水试验记录

单位(子单位)工程名称		××××工程		
分部(子分部)工程名称		建筑装饰装修(地面)		
施工单位	××××公司		项目经理	×××
分包单位	×××		分包项目经理	×××
试验方式	蓄水试验		蓄水时间	24h

试验内容:

    1号楼6~8层卫生间地面,2015年7月18日8:00开始蓄水,2015年7月19日8:00结束

试验结果:

    水面无下降,无渗水,符合设计及规范要求

	专业工长(施工员)	×××	技术员	×××
施工单位检查结果	专业质量检查员:××× 项目技术负责人:××× 项目经理:××× ××年××月××日			
监理(建设)单位验收结论	监理工程师:××× (建设单位项目专业技术负责人) ××年××月××日			

资料员(签字):

屋面淋（蓄）水试验记录表

单位(子单位)工程名称		××××工程		
分部(子分部)工程名称		建筑屋面(卷材防水屋面)	淋(蓄)水时间	2015年10月24日 10～12时
施工单位		××××公司	项目经理	×××
分包单位		×××	分包项目经理	×××

检查内容			检查情况
淋水试验		检查屋面有无渗漏、积水和排水系统是否通畅	屋面淋水2h后，经检查无渗漏、无积水和排水现象，系统畅通，细部构造符合规范要求
蓄水试验		检查屋面有无渗漏、积水和排水系统是否通畅	/

施工单位检查结果	专业工长(施工员)	×××	施工班组长	×××
	合格。		专业质量检查员：××× 项目技术负责人：××× 项目经理：××× ××年××月××日	

监理(建设)单位验收结论	☑符合要求，同意验收 □不符合要求，不同意验收	监理工程师：××× (建设单位项目专业技术负责人)

资料员（签字）：　　　　　　　　　　　　　　　　　　　　　年　月　日

95

7.4.3 其他施工记录

地基钎探记录

单位(子单位)工程名称			××××工程		施工图号	GS-03
施工单位			××××有限公司		项目经理	×××
钎探要求	间距(m)	1.5	深度(m)	1.8	工具及规格	φ25钢钎、大锤
钎探简图及情况			说明: 1. 钎探点按1.5m间距梅花形布置。 2. 地基钎采用2m长钢钎预先划好每30cm的横线,人工打钎,铁锤举高50cm自由下落,将钎杆每打入30cm时,记录一次锤击数。 3. 钎探过程中,未发现洞穴等,持力层为卵石层(以设计为准),与地勘报告相符。 4. 详见钎探附表。 5. 钎探点平面布置图详见附页			
探孔处理方法与结果			1. 打完的钎孔,经过检查孔深与记录无误后,采用灌砂进行处理。 2. 灌砂时,每填入30cm可用钢筋棒捣实一次,灌砂严密。 3. 钎探未发现异常现象			
施工单位			勘察单位		监理(建设)单位	
专业质量检查员:××× 项目技术负责人:××× 项目经理:×××			项目负责人:×××		监理工程师:××× (建设单位项目技术负责人)	

注:附探孔布置图并注明编号及深度   ××年××月××日

资料员(签字):

地基钎探记录（附表）

工程名称	××××工程				检查日期	年 月 日		
套锤重	20kg		自由落距	50cm		钎径		φ25
探点编号	每轮贯入300mm锤击数							备注
	0～30（cm）	30～60（cm）	60～90（cm）	90～120（cm）	120～150（cm）	150～180（cm）	180～210（cm）	
1	10	17	24	29	33	35	41	
2	8	15	21	30	31	34	40	
3	12	16	22	26	29	35	43	
4	10	15	22	26	29	34	42	
5	11	16	21	27	30	35	41	
6	9	15	23	25	31	33	43	
7	10	16	22	26	29	34	44	
8	12	15	20	27	29	32	43	
9	9	14	19	25	30	31	41	
10	10	16	22	26	29	30	40	
11	12	17	20	24	28	26	42	
12	9	15	21	25	30	36	41	
13	13	16	23	26	31	37	43	
14	12	16	20	27	29	35	42	
15	10	17	22	25	30	34	40	
16	13	16	23	27	29	32	41	
17	11	15	24	26	30	35	42	
18	14	16	20	24	31	34	43	
19	13	17	21	25	29	33	41	
20	10	15	20	27	32	36	40	
21	12	16	22	26	31	35	42	
22	11	15	23	27	30	32	43	
23	13	17	21	25	30	34	42	
24	11	16	20	24	31	36	43	
25	12	15	22	25	26	34	42	
26	11	16	21	24	29	32	40	
27	13	15	23	25	28	33	41	
28	12	16	22	24	25	34	42	
29	10	15	20	23	27	35	43	
钎探点布置图：(见附图)						结论		合格
钎探者：×××		质量检查员：×××		施工员：×××			监理工程师：×××	

资料员（签字）：

地基钎探记录填写说明

填写要点：

（1）将标刻度的标准直径钢钎，采用机械或人工的方式，使用标定重量的击锤，垂直击打入地基土层；根据钢钎进入待探测地基土层所需的击锤数，探测土层内隐蔽构造情况或粗略估算土层的容许承载力，这样的土层探测施工工艺称为地基钎探。

（2）作业条件：

1）地基土已挖至设计基坑底标高，表面应平整，轴线及坑宽符合设计图纸要求。

2）根据设计图纸绘制钎探孔位平面布置图。

3）要求钎探前，将所有轴线及基础的定位尺寸线放出，放出后再进行钎孔布置放线。

4）对于筏板基础要全部钎探，其他无基础部位的无需钎探。

5）钎探孔位平面布置放线并撒白灰点。要求最外侧探孔伸出垫层外边线 50cm。

6）注意钎杆上 30cm 的标识横线。

7）钎探孔的排列方式采用梅花形排列方式，间距 1.5m，孔深 1.8m。

8）夜间施工时，应有足够的照明设施，并要合理地安排钎探顺序，防止错打或漏打。

土和灰土挤密桩成孔施工记录表

单位(子单位)工程名称		××××工程				
分部(子分部)工程名称		地基与基础(基础)		施工图号		YT-01
施工单位		××××有限公司		项目经理		×××
分包单位		××××有限公司		分包项目经理		×××
填料配合比	3：7	每次填料	25		每次击数	18

桩位编号	设 计 值		实 测 值			其 他	
	桩深(mm)	桩径(mm)	桩深(mm)	桩径(mm)	桩孔偏差(mm)	施工日期	备 注
6883	11000	400	11500	408	8	2021 年 5 月 9 日	
6953	11000	400	11500	403	3	2021 年 5 月 9 日	
7023	11000	400	11500	411	11	2021 年 5 月 9 日	
7093	11000	400	11500	405	5	2021 年 5 月 9 日	
7165	11000	400	11500	408	8	2021 年 5 月 9 日	
7169	11000	400	11500	401	1	2021 年 5 月 9 日	
7239	11000	400	11500	411	11	2021 年 5 月 9 日	
7241	11000	400	11500	401	1	2021 年 5 月 9 日	
7313	11000	400	11500	407	7	2021 年 5 月 9 日	
7315	11000	400	11500	406	6	2021 年 5 月 9 日	
7319	11000	400	11500	403	9	2021 年 5 月 9 日	

施工单位		监理(建设)单位
分包质量检查员	×××	监理工程师：××× (建设单位项目专业技术负责人)
分包技术负责人	×××	
分包项目经理	×××	
项目技术负责人	×××	

资料员（签字）：　　　　　　　　　　　　　　　　　　　　　　××年××月××日

土和灰土挤密桩成孔施工记录填写说明

填写要点：

（1）灰土挤密桩是利用锤击将钢管打入土中侧向挤密成孔，将管拔出后，在桩孔中分层回填 2：8 或 3：7 灰土夯实而成，与桩间土共同组成复合地基以承受上部荷载。

（2）施工前应在现场进行成孔、夯填工艺和挤密效果试验，以确定分层填料厚度、夯击次数和夯实后干密度等要求。

（3）桩孔直径应根据工程量、挤密效果、施工设备、成孔方法及经济等情况而定，一般选用 300～600mm。

（4）桩距和排距：桩孔一般按等边三角形布置，其间距和排距由设计确定。

（5）桩施工一般采取先将基坑挖好，预留 20～30cm 土层，然后在坑内施工灰土桩。对大型工程可采取分段施工，以免因振动挤压造成相邻孔缩孔或坍孔。成孔后应清底夯实、夯平，夯实次数不少于 8 击，并立即夯填灰土。

（6）桩孔应分层回填夯实，每次回填厚度为 250～400mm，桩顶应高出设计标高 15cm，挖土时将高出的部分铲除。

人工挖孔桩成孔验收记录

单位(子单位)工程名称							×××× 工程		
分部(子分部)工程名称							地基与基础(基础)	施工图号	×××
施工单位							×××× 有限公司	项目经理	×××

桩位编号	实 测 值							检验日期	备注
	直径(m)	深度(m)	进入持力层深度(m)	扩大头直径(m)	扩大头高度(m)	清底情况	地下水位高度(m)		
65 号	0.82	8.53	0.87	1.50	1.94	干净	−8.100	2016.11.10	
53 号	0.84	8.74	0.91	1.55	1.98	干净	−8.100	2016.11.10	
64 号	0.85	8.48	0.92	1.57	2.01	干净	−8.100	2016.11.10	
66 号	0.81	8.56	0.86	1.48	1.92	干净	−8.100	2016.11.10	
71 号	0.83	8.44	0.89	1.52	1.96	干净	−8.100	2016.11.10	
1 号	0.84	8.35	0.91	1.25	1.45	干净	−8.100	2016.11.10	
3 号	0.83	8.37	0.88	1.27	1.48	干净	−8.100	2016.11.10	
21 号	0.84	8.45	0.91	1.22	1.50	干净	−8.100	2016.11.10	
46 号	0.86	8.47	0.94	1.55	1.98	干净	−8.100	2016.11.10	
52 号	0.85	8.82	0.92	1.54	1.96	干净	−8.100	2016.11.10	
75 号	0.84	7.93	0.91	1.20	1.48	干净	−8.100	2016.11.10	
34 号	0.82	8.25	0.87	1.22	1.51	干净	−8.100	2016.11.11	
59 号	0.83	8.49	0.89	1.51	1.92	干净	−8.100	2016.11.11	
60 号	0.80	8.50	0.79	1.24	1.56	干净	−8.100	2016.11.11	

施工单位	勘察单位	设计单位	监理(建设)单位
专业质量检查员:××× 项目施工员:××× 项目技术负责人:××× 项目经理:××× (章) ××年××月××日	项目负责人:××× (章) ××年××月××日	项目负责人: ××× (章) ××年××月××日	总监理工程师:××× (建设单位项目专业技术负责人) (章) ××年××月××日

资料员(签字):

人工挖孔桩成孔验收记录填写说明

填写要点：

（1）灌注桩的成桩质量检查主要包括成孔及清孔、钢筋笼制作及安放、混凝土搅拌及灌注等工序过程的质量检查。

（2）混凝土搅制应对原材料质量与计量、混凝土配合比、坍落度、混凝土强度等级进行检查。

（3）钢筋笼制作应对钢筋规格、焊条规格、品种、焊缝长度、焊缝外观和质量、主筋和箍筋的制作偏差等进行检查。

（4）在灌注混凝土前，应严格按照有关施工质量要求对成孔的中心位置、孔深、孔径、垂直度、孔底沉渣厚度、钢筋笼安放的实际位置等进行认真检查，并填写相应的质量检查记录。

（5）每个桩孔都要进行检查。

机械成孔 （ ） 钢筋混凝土灌注施工质量检查记录

单位(子单位)工程名称						×××工程					
分部(子分部)工程名称						地基与基础(基础)					
施工单位		×××有限公司					项目经理		×××		
分包单位		×××有限责任公司					分包项目经理		×××		

桩位编号	桩径(mm) 机号	开孔时间 成孔时间	孔深(m) 桩长(m)	入持力层深度(m) 泥浆密度	沉渣(mm) 笼长(m)	开始浇筑时间 结束浇筑时间	扩底直径(mm) 垂直度偏差(<1‰)	混凝土盘数 混凝土量(m³)	充盈系数	检验日期	备注
1	800 / 4041-11	2015.11.17. 7.30 / 2015.11.17. 8.35	7.16 / 6.6	1.4 / /	/ 7.0	2015.11.17.11. / 2015.11.17. 11.15	800 / 0.5	/ 3.7	1.10	2015. 11.17	
2	800 / 4041-11	2015.11.17. 8.50 / 2015.11.17. 9.40	7.14 / 6.6	1.4 / /	/ 7.0	2015.11.17. 11.30 / 2015.11.17. 11.50	800 / 0.5	/ 3.7	1.12	2015. 11.17	
3	850 / 4041-11	2015.11.17. 10.20 / 2015.11.17. 11.10	7.22 / 6.7	1.45 / /	/ 7.1	2015.11.17. 12.10 / 2015.11.17. 12.23	850 / 0.8	/ 3.9	1.15	2015. 11.17	
4	850 / 4041-11	2015.11.17. 11.30 / 2015.11.17. 12.25	7.03 / 6.5	1.4 / /	/ 6.9	2015.11.17. 12.30 / 2015.11.17. 12.45	850 / 0.8	/ 3.8	1.15	2015. 11.17	

专业施工单位	总承包单位	监理单位
专业质量检查员：××× 项目技术负责人：××× ××年××月××日	项目负责人：××× ××年××月××日	监理工程师：××× (建设单位项目技术负责人) ××年××月××日

资料员（签字）：

地下室防水效果检查记录

单位(子单位)工程名称		×××工程	
施工单位	×××有限公司	项目经理	×××
分包单位	/	分包项目经理	/
项目	施工质量验收规范的规定	施工单位检查记录	监理(建设)单位验收记录
地下防水工程渗漏水调查	地下室的围护结构内墙和底板	无渗漏现象	无渗漏现象
	地下的结构(地下商场、地铁车站、军事地下库等)的围护结构内墙和底板。背水的顶板(拱板)系重点调查目标	/	/
	地下仓库(金库、书库)	/	/
	当被验收的地下工程有结露现象时,不宜进行渗漏水检测	/	/
房屋建筑地下室渗漏水现象检测	按设防等级及规范要求标准验收	防水等级为一级,符合规范要求	防水等级为一级,符合规范要求
	按规范要求描述湿渍的现象	无湿渍现象	无湿渍现象
	按规范要求描述渗水的现象	无渗水现象	无渗水现象
钢筋混凝土隧道衬砌内表面渗漏水现象检测	按房屋建筑地下室对湿渍的现象检测描述	/	/
	按房屋建筑地下室对渗水的现象检测描述	/	/
	按规范有关规定方法检查明显滴漏和连续渗流	/	/
隧道总渗漏水量的量测	集水井积水量测	/	/
	隧道最低处积水量测	/	/
	有流动水的隧道内设量水堰	/	/

施工单位检查结果	分包项目经理	×××	施工班组长	×××
	符合《地下防水工程质量验收规范》GB 50208—2011相关规定及设计要求。		专业质量检查员:××× 项目技术负责人:××× ××年××月××日	

监理(建设)单位验收结论	☑符合要求,同意验收 □不符合要求,不同意验收	监理工程师:××× (建设单位项目专业技术负责人) ××年××月××日

资料员 (签字):

地下室防水效果检查记录填写说明

填写要点：

（1）地下防水工程质量验收时，施工单位须画出地下工程"背水内表面的结构工程展开图"，且在"背水内表面的结构工程展开图"上详细标示。

（2）检查地下防水工程渗漏水量，应符合地下工程防水等级标准的规定（表 7.4-1）。

地下工程防水等级标准 表 7.4-1

防水等级	防水标准
一级	不允许渗漏，结构表面无湿渍
二级	不允许漏水，结构表面可能有少量湿渍； 房屋建筑地下工程：总湿渍面积不大于总防水面积（包括顶板、墙面、地面）的 1‰；任意 100m² 的防水面积上的湿渍不超过 2 处，单个湿渍的最大面积不大于 0.1m²； 其他地下工程：湿渍总面积不大于总防水面积的 2‰；任意 100m² 的防水面积上的湿渍不超过 3 处，单个湿渍的最大面积不大于 0.2m²；其中，隧道工程平均渗水量不大于 0.05L/(m²·d)
三级	有少量漏水点，不得有线流和漏泥砂； 任意 100m² 的防水面积上的漏水或湿渍点数不超过 7 处，单个漏水点的最大漏水量不大于 2.5L/d，单个湿渍的最大面积不大于 0.3m²
四级	有漏水点，不得有线流和漏泥砂； 整个工程平均漏水量不大于 2L/(m²·d)，任意 100m² 防水面积上的平均漏量不大于 4L/(m²·d)

（3）地下工程渗漏现象检测。

湿渍现象：湿渍主要是由混凝土密实度差异造成毛细现象或由混凝土允许裂缝（宽度小于 0.2mm）产生，在混凝土表面肉眼可见的"明显色泽变化的潮湿斑"。一般在人工通风条件下可消失，即蒸发量大于渗入量的状态。

湿渍的检测方法：检查人员用干手触摸湿斑，无水分浸润感觉。用吸墨纸或报纸贴附，纸不变颜色。检查时，要用粉笔勾画出湿渍范围，然后用钢尺测量高度和宽度，计算面积，标示在"展开图"上。

渗水的现象：渗水量是由于混凝土密实度差异或混凝土有害裂缝（宽度大于 0.2mm）而产生的地下水连续渗入混凝土结构，在背水的混凝土墙壁表面肉眼可观察到明显的流挂水膜范围，在加强人工通风的条件下也不会消失，即渗入量大于蒸发量的状态。

渗水的检测方法：检查人员用干手触摸可感觉到水分浸润，手上会沾有水分。用吸墨纸或报纸贴附，纸会浸润变颜色。检查时，要用粉笔勾画出渗水范围，然后用钢尺测量高度和宽度，计算面积，标示在"展开图"上。

对地下室检测出来的"渗水点"，一般情况下应给予修补堵漏，然后重新验收。

对防水混凝土结构的细部构造渗漏水检测，若发现严重渗水必须分析、查明原因，应准予修补堵漏，然后重新验收。

大体积混凝土测温记录

单位(子单位)工程名称				××××工程						
分部(子分部)工程名称				地基与基础(混凝土基础筏板)						
施工单位				××××公司			项目经理		×××	
测温部位				基础筏板Ⓐ～Ⓓ/①～⑩轴	测温方法	电子测温仪	养护方法		蓄水养护或保温覆盖	
测温时间				大气温度(℃)	入模温度(℃)	保温层内温度(℃)	孔号	实测温度(℃)				内外温差(℃)	裂缝情况
月	日	时	分					上	中	下		
10	11	6	0	10	15		1					
10	11	8	0	12		6		21	26	25	15	无
10	11	10	0	13		8		24	28	26	16	无
10	11	12	0	15		9		27	30	28	18	无
10	11	16	0	14		10		30	34	31	20	无
10	11	20	0	12		13		33	36	32	20	无
10	11	24	0	8		15		36	39	35	21	无
10	12	4	0	7		16		39	43	38	23	无
10	12	8	0	12		17		43	46	41	26	注:蓄水层加厚或保温层加厚
测温员				×××		施工员	×××			项目技术负责人	×××	

资料员（签字）：　　　　　　　　　　　　　　　　　　　　　　　　　　　年　月　日

106

大体积混凝土测温记录填写说明

填写要点：

（1）大体积混凝土施工前，施工单位应编制专项施工方案，施工方案报监理方批准后实施。

（2）混凝土的强度、抗渗等级必须符合设计要求。

（3）大体积混凝土使用的各种原材料、掺合料、外加剂均应具有产品合格证和性能检验报告；其品种、规格、性能必须符合现行国家标准和地方相关标准规定，同时应符合施工设计要求。

（4）为避免大体积混凝土因水泥化热引起的混凝土内外温差过大而导致混凝土出现裂缝，在大体积混凝土养护期间要进行测温工作，以便一旦混凝土内外温差超过规定，可迅速采取解决措施。

（5）大体积混凝土施工，应对大气温度，入模温度、各测温孔温度（上、中、下）和裂缝情况进行记录。

（6）温度（差）控制要求：

1）混凝土中心温度与表面温度的差值不大于25℃。

2）混凝土表面温度（表面以下100mm）与混凝土表面50mm处的温度的差值不大于25℃。

3）混凝土降温速度不大于2℃/d。

4）撤出保温层时，混凝土表面与大气温度的差值不大于20℃。

（7）混凝土浇筑后1～4d内每隔4h测温并记录一次；5～7d每隔8h测温并记录一次；7～14d测温结束，每隔12h测温并记录一次测温记录。时间自混凝土浇筑完毕且强度达到1.2MPa开始，延续至混凝土表面温度降至与环境温度之差在20℃以内，且温度曲线变化（升、降）趋势正常，无异常裂缝产生即可停止测温。

首次使用混凝土开盘鉴定记录

单位(子单位)工程名称			×××工程		
分部(子分部)工程名称			主体结构(混凝土结构)	施工部位	一层Ⅰ段①～㉕/Ⓐ～Ⓖ轴墙、柱
施工单位			×××公司	项目经理	×××
分包单位			/	分包项目经理	/
配合比编号			HPB2016-LX-004	设计强度等级和其他技术要求	C30

材料名称	水泥	砂	石	水	粉煤灰	减水剂	/	
每盘用料(kg)	310	850	1038	152	73	8.8	/	/
调整后每盘用料(kg)	砂含水率(%):7.0				砂含石率(%):6.0			
	310	909	976	93	73	8.8	/	/

鉴定结果	鉴定项目	坍落度(mm)	混凝土试块抗压强度(MPa)	原材料与申请单是否符合
	设计	140～180	R7=27.4 R28=36.6	相符
	实测	175	R7=29.9 R28=39.6	相符

鉴定结论：

经将原材料按配合比进行检验，符合开盘要求

试验员	施工员	项目技术负责人	监理工程师(建设单位项目技术负责人)
×××	×××	×××	×××

资料员（签字）：   年 月 日

首次使用混凝土开盘鉴定记录填写说明

填写要点：

（1）用于承重结构及抗渗防水工程使用的混凝土，开盘鉴定是指第一次使用的配合比，第一盘搅拌时的鉴定。

（2）采用预拌混凝土的，应对首次使用的混凝土配合比在混凝土出厂前，由混凝土供应单位自行组织相关人员进行开盘鉴定，以认定试验室签发的混凝土配合比的组成材料是否与实际施工所用材料相符，以及混凝土拌合物性能是否满足设计要求和施工需求。开始生产时应至少留置一组标准养护试件，作为验证配合比的依据。

（3）施工单位名称要与合同中的名称一致。

（4）工程名称及部位要与施工图纸中图或合同中名称一致。

（5）强度等级、坍落度按设计要求填写。

（6）配合比编号、试配单位、水灰比均要填写。

（7）拌合物坍落度是现场测量的数据。

（8）参加开盘鉴定各单位代表签字或盖章。

混凝土浇筑申请单

单位(子单位)工程名称		×××工程	强度等级和其他技术要求	C40
分部(子分部)工程名称		地基与基础(基础)	计划浇筑日期	××年××月××日
施工单位		×××公司	项目经理	×××
分包单位		×××公司	分包项目经理	×××
构件名称	筏板	浇筑部位 ①～㉕/Ⓐ～Ⓖ轴	计划浇筑量	980m³
具备条件				
混凝土配合比复核(鉴定)		HPB2016-LX-004	模板验收	已验收
隐蔽验收单		已报验	测温措施	电子测温
材料		材料复试合格、已报验	养护措施	蓄水养护
现场搅拌(预拌)		预拌混凝土	机械配置	配置齐全
振捣机具		插入式振捣棒	计划施工缝留置位置	⑨～⑩轴间留有后浇带
水暖电预埋预留		已预埋	施工水、电	满足施工要求
备注: 现已具备混凝土浇筑条件,申请浇筑				
施工员		×××	作业班长	×××
施工单位 验收结果		符合设计及施工质量验收规范要求。	专业质量检查员:××× 项目技术负责人:××× ××年××月××日	
监理(建设) 单位验收意见		☑符合要求,同意浇筑 □不符合要求,不同意浇筑	监理工程师:××× (建设单位项目技术负责人) ××年××月××日	

资料员 (签字):

混凝土结构水平构件底模拆模申请单

单位(子单位)工程名称			×××工程		
分部(子分部)工程名称			主体结构(混凝土结构)	设计强度等级	C30
施工单位			×××公司	项目经理	×××
分包单位			×××公司	分包项目经理	×××
构件名称	梁板梯	拆模部位	23.10m ①～㉕/Ⓐ～Ⓖ轴	计划拆模日期	××年××月××日
混凝土浇筑日期		××年××月××日	龄期		7天

已(应)具备条件	
应达到设计强度等级的75%、22.5MPa;同条件试件实际达到设计强度83%、25.1MPa	
同条件试件实际达到设计强度等级值(%)	83%

梁板跨度	板	跨度≤2m□ 2M<跨度≤8m☑ 跨度>8m□
	梁	跨度≤8m☑ 跨度>8m□

强度报告编号	2016-09
养护情况	浇水养护
混凝土外观检查	混凝土表面无损伤,无露筋、蜂窝麻面等现象
其他	

申请意见	根据同条件试块强度报告,已达到设计强度等级值的83%,现申请拆模。 申请人(施工员):××× ××年××月××日	批准意见	☑同意拆除底模及支撑 □不同意拆除底模及支撑 专业质量检查员:××× 项目技术负责人:××× 企业技术(质量)部门负责人:××× ××年××月××日

资料员（签字）：

混凝土结构水平构件底模拆模申请单填写说明

填写要点：

（1）在拆除现浇混凝土结构板、梁、悬臂构件等底模前，项目模板责任施工员应进行拆模申请，报项目专业技术负责人审批，通过后方可拆模，形成《混凝土拆模申请单》。

（2）梁、板模板拆除应具备的条件：底板及其支架拆除的混凝土强度符合设计要求；当设计无具体要求时，混凝土强度应符合表7.4-2规定。

底板拆模时的混凝土强度要求 表 7.4-2

构件类型	构件跨度（m）	达到设计的混凝土立方体抗压强度标准值的百分率（%）
板	≤2	≥50
	>2，≤8	≥75
	>8	≥100
梁、拱、壳	≤8	≥75
	>8	≥100
悬臂构件	/	≥100

（3）墙柱模板拆除应具备的条件：

1）常温下，墙柱侧模应在构件不变形、棱角不因拆模而损坏的情况下拆除。

2）冬期施工侧模拆除，要求混凝土强度达到1MPa可松动螺栓，待混凝土强度达到抗冻临界强度方可拆模，且拆除模板后立即覆盖。

同条件养护试件等效养护龄期测温记录（600℃·d）

单位(子单位)工程名称	×××工程							
建设单位	×××							
施工单位	×××公司					监理单位	×××公司	
对应结构构件或结构部位	地下一层①～㉞/Ⓐ～Ⓖ轴剪力墙柱					试件留置组数	1组	
年	月	日	6：00	12：00	16：00	22：00	日平均温度（℃）	累计等效养护龄期（℃·d）	备注
2017	5	30	12	26	28	14	20	319	
2017	5	31	13	27	29	15	21	340	
2017	6	1	13	20	21	14	17	357	
2017	6	2	14	23	27	16	20	377	
2017	6	3	16.5	27	29	17.5	22.5	399.5	
2017	6	4	17	28	29	18	23	422.5	
2017	6	5	17	29	31	19	24	446.5	
2017	6	6	17.5	29	30	19.5	24	470.5	
2017	6	7	16	29	30	19	23.5	494	
2017	6	8	16	28	29	19	23	517	
2017	6	9	16	27	30	19	23	540	
2017	6	10	16	30	31	19	24	564	
2017	6	11	15	26	29	18	22	586	
2017	6	12	15	28	30	19	23	609	

测温：（签字）　　　　　　　　　　　记录：（签字）

资料员（签字）：

同条件养护试件等效养护龄期测温记录填写说明

填写要点：

（1）混凝土强度检验时的等效养护龄期可取日平均温度逐日累计达到 600℃·d 时所对应的龄期，且不应小于 14d。

（2）日平均温度为 0℃时，不计入等效养护龄期。

（3）平均养护温度宜取每天 4 次，是每 6h 一次实测温度的平均值。

（4）冬期施工时，等效养护龄期计算时温度可取结构构件实际养护温度。

（5）对于设计规定标准养护试件验收龄期大于 28d 的大体积混凝土，混凝土实体强度检验的等效养护应按相应比例延长。

114

混凝土、砌体砂浆用料过磅记录

单位(子单位)工程名称			×××工程					
分部(子分部)工程名称			主体结构(砌体工程)					
施工单位			×××有限公司			项目经理	×××	
掺合物名称			/		配合比编号	SPB2015-2-9		
设计强度等级和 其他技术要求			M5.0水泥混合砂浆		使用部位及 计算工作量	八层①~㉕/Ⓐ~Ⓖ轴 填充墙,工作量:50m³		
材料名称		水泥	砂(中砂)	砂(细砂)	水	外加剂	掺合料	
设计每盘用料(kg)		50	317	/	56	0.05	/	
调整后每盘用料(kg)		50	610	/	50	0.05	/	

计量记录(kg)

盘号	水泥	洗砂(中砂) 毛重	洗砂(中砂) 净重	石(细砂) 毛重	石(细砂) 净重	水	外加剂	掺合剂	盘号	水泥	洗砂(中砂) 毛重	洗砂(中砂) 净重	石(细砂) 毛重	石(细砂) 净重	水	外加剂	掺合剂
1	50	404	304	/	/	50	0.05	/									
2		406	306	/	/	50	0.05	/									
3	50	405	305	/	/	50	0.05	/									
4		404	304	/	/	50	0.05	/									
5	50	404	304	/	/	50	0.05	/									
6		406	306	/	/	50	0.05	/									
7	50	404	304	/	/	50	0.05	/									
8		407	307	/	/	50	0.05	/									
9	50	404	304	/	/	50	0.05	/									
10		408	308	/	/	50	0.05	/									
11	50	404	304	/	/	50	0.05	/									
12		404	304	/	/	50	0.05	/									
13	50	408	308	/	/	50	0.05	/									
14		405	305	/	/	50	0.05	/									
15	50	407	307	/	/	50	0.05	/									
16		403	303	/	/	50	0.05	/									

当班实际完成工作量	3.2m³			过磅人:×××		搅拌人:×××	

资料员(签字):　　　　　　　　　　　　　　　　　　　　××年××月××日

砌筑砂浆饱满度检查记录

C5-35

单位(子单位)工程名称	×××工程	结构类型、层数	剪力墙结构,地下1层,地上32层
分部(子分部)工程名称	主体结构(砌体结构)	检验部位	八层①~㉕/Ⓐ~Ⓖ轴填充墙
施工单位	×××公司	项目经理	×××
分包单位	×××公司	分包项目经理	×××

操作姓名	实测(%)			平均值(%)	实测(%)			平均值(%)	实测(%)			平均值(%)
×××	85	87	86	86	88	87	86	87	82	85	86	85
×××	86	86	87	86	89	83	86	86	82	86	87	85
×××	84	85	86	85	87	89	85	87	83	85	87	85
×××	87	87	87	87	86	85	87	86	83	85	87	85
×××	83	84	85	84	87	86	85	86	82	84	86	84
×××	80	84	88	84	85	86	87	86	87	84	87	86
×××	86	85	84	85	87	85	86	86	84	85	86	85
总组数: 21 组												

施工单位检查结果	专业质量检查员:××× 符合设计及施工质量验收规范要求。 项目技术负责人:×××

资料员(签字): ××年××月××日

砌筑砂浆饱满度检查记录填写说明

填写要点：

（1）砌体水平灰缝的砂浆饱满度不得小于 80％。

抽检数量：每检验批抽查不应少于 5 处。

检验方法：用百格网检查砖底面与砂浆的粘结痕迹面积。每处检测 3 块砖，取平均值。

（2）砌体水平灰缝的砂浆饱满度，应按净面积计算不得低于 90％；竖向灰缝饱满度不得小于 80％，竖缝凹槽部位应用砌筑砂浆填实；不得出现瞎缝、透明缝。

抽检数量：每检验批不应少于 3 处。

检验方法：用专用百格网检测小砌块与砂浆粘结痕迹，每处检测 3 块小砌块，取其平均值。

剪力墙截面尺寸检验记录

单位工程名称		×××工程			
序号	构件部位	设计截面尺寸 墙厚(mm)	允许偏差值 （mm）	实测截面尺寸 墙厚(mm)	是否满足 规范要求
1	一层 ⑨～⑩/Ⓖ轴	400	＋10 －5	402 405 396	☑是 □否
2	五层 ③～④/Ⓖ轴	400	＋10 －5	408 399 402	☑是 □否
3	六层 ⑨～⑩/Ⓐ～Ⓑ轴	400	＋10 －5	406 402 397	☑是 □否
4	七层 ⑨～⑩/Ⓖ轴	300	＋10 －5	306 297 305	☑是 □否
5	八层 ③～④/Ⓖ轴	300	＋10 －5	304 302 301	☑是 □否
6	九层 ③～④/Ⓖ轴	300	＋10 －5	298 299 298	☑是 □否
			＋10 －5		□是 □否
			＋10 －5		□是 □否
			＋10 －5		□是 □否
			＋10 －5		□是 □否
			＋10 －5		□是 □否

质量员：×××　　施工员：×××　　项目技术负责人：×××　　专业监理工程师：×××

资料员（签字）：

混凝土梁截面尺寸检验记录

单位工程名称		×××工程			
序号	构件部位	设计截面尺寸（mm）	允许偏差值（mm）	实测截面尺寸（mm）	是否满足规范要求
1	一层⑨～⑩/ⓒ轴	400×650	+10 -5	404×654 / 401×654 / 396×651	☑是 ☐否
2	二层③/ⓒ～ⓓ轴	400×700	+10 -5	398×701 / 405×697 / 401×705	☑是 ☐否
3	二层⑥～⑦/ⓖ轴	400×750	+10 -5	404×754 / 396×751 / 397×748	☑是 ☐否
4	三层⑪～⑫/ⓖ轴	400×1250	+10 -5	404×1255 / 396×1247 / 400×1254	☑是 ☐否
5	三层⑪/ⓑ～ⓒ轴	400×750	+10 -5	397×748 / 401×747 / 405×752	☑是 ☐否
6	四层③～④/ⓓ轴	800×1500	+10 -5	801×1500 / 795×1504 / 798×1505	☑是 ☐否
7	四层③/ⓑ～ⓒ轴	400×750	+10 -5	404×755 / 401×752 / 397×747	☑是 ☐否
8	五层⑦/ⓖ～ⓗ轴	400×750	+10 -5	404×754 / 398×754 / 395×748	☑是 ☐否
9	七层⑪～⑫/ⓕ轴	400×650	+10 -5	397×655 / 399×654 / 404×655	☑是 ☐否
10	八层④～⑤/ⓖ轴	400×750	+10 -5	401×755 / 397×752 / 404×748	☑是 ☐否
11	九层⑪～⑫/ⓑ轴	400×650	+10 -5	401×655 / 404×647 / 398×655	☑是 ☐否

质量员：×××　施工员：×××　项目技术负责人：×××　专业监理工程师：×××

资料员（签字）：

柱子截面尺寸检验记录

单位工程名称			×××工程					
序号	构件部位	截面尺寸(mm)			垂直度(mm)			是否满足规范要求
		设计尺寸	允许偏差	实测尺寸	允许偏差		垂直度	
1	一层③/⑧轴	800×800	+10 −5	804×801 798×796 798×805	层高≤6 层高＞6	10 12	5 5	☑是 □否
2	二层⑩/⑪轴	800×800	+10 −5	796×805 804×806 805×798	层高≤6 层高＞6	10 12	2 7	☑是 □否
3	三层⑤/⑥轴	800×1000	+10 −5	804×1006 799×1007 798×998	层高≤6 层高＞6	10 12	7 1	☑是 □否
4	六层③/⑥轴	700×700	+10 −5	701×705 698×699 706×696	层高≤6 层高＞6	10 12	6 3	☑是 □否
5	六层⑨/⑥轴	800×800	+10 −5	801×806 800×802 799×802	层高≤6 层高＞6	10 12	4 4	☑是 □否
6	九层②/⑮轴	700×700	+10 −5	709×701 705×700 699×703	层高≤6 层高＞6	10 12	3 7	☑是 □否
7	九层⑩/⑪轴	700×700	+10 −5	701×705 698×696 702×706	层高≤6 层高＞6	10 12	4 0	☑是 □否
8	十层⑪/⑯轴	700×700	+10 −5	705×701 698×702 699×706	层高≤6 层高＞6	10 12	7 5	☑是 □否
9	十层⑨/⑪轴	700×800	+10 −5	709×801 700×798 706×804	层高≤6 层高＞6	10 12	6 2	☑是 □否

质量员：×××　　施工员：×××　　项目技术负责人：×××　　专业监理工程师：×××

资料员（签字）：

120

层高检验记录

单位工程名称		××××××			
序号	构件部位	设计尺寸 （mm）	允许偏差值 （mm）	实测尺寸 （mm）	是否满足 规范要求
1	一层⑪～⑫/Ⓐ～Ⓑ轴	4430	+10 −5	4429 4427 4426	☑是 ☐否
2	三层①～②/Ⓕ～Ⓖ轴	4080	+10 −5	4082 4086 4080	☑是 ☐否
3	四层③～④/Ⓑ～Ⓒ轴	4080	+10 −5	4076 4082 4081	☑是 ☐否
4	六层⑥～⑦/Ⓖ～⑪轴	3760	+10 −5	3762 3760 3759	☑是 ☐否
5	七层⑨～⑩/Ⓔ～Ⓕ轴	3780	+10 −5	3782 3775 3776	☑是 ☐否
6	九层③～④/Ⓑ～Ⓒ轴	3770	+10 −5	3772 3771 3768	☑是 ☐否

质量员：×××　　施工员：×××　　项目技术负责人：×××　　专业监理工程师：×××

资料员（签字）：

结构实体位置与尺寸偏差检验记录填写说明

填写要点：

1. 填写依据《混凝土结构工程施工质量验收规范》GB 50204—2015。

2. 结构实体位置与尺寸偏差检验构件的选取应均匀分布，并应符合下列规定：

（1）梁、柱应抽取构件数量的 1%，且不应少于 3 个构件。

（2）墙、板应按有代表性的自然间抽取 1%，且不应少于 3 间。

（3）层高应按有代表性的自然间抽查 1%，且不应少于 3 间。

3. 对选定的构件，检验项目及检验方法应符合表 7.4-3 规定。

结构实体位置与尺寸偏差检验项目及检验方法　　　　表 7.4-3

项目	检验方法
柱截面尺寸	选取柱的一边量测柱中部、下部及其他部位,取 3 点平均值
柱垂直度	沿两个方向分别量测,取较大值
墙厚	墙身中部量测 3 点,取平均值;测点间距不应小于 1m
梁高	量测一侧边跨中及两个距离支座 0.1m 处,取 3 点平均值;量测值可取腹板高度加上此处楼板的实测厚度
板厚	悬挑板取距离支座 0.1m 处,沿宽度方向取包括中心位置在内的随机 3 点取平均值;其他楼板,在同一对角线上量测中间及距离两端各 0.1m 处,取 3 点平均值
层高	与板厚测点相同,量测板顶至上层楼板板底净高,层高量测值为净高与板厚之和,取 3 点平均值

4. 墙厚、板厚、层高的检验可采用非破损或局部破损的方法，也可采用非破损方法并用局部破损方法进行校准。当采用非破损方法检验时，所使用的检测仪器应经过计量检验，检测操作应符合国家现行有关标准的规定。

5. 结构实体位置与尺寸偏差项目应分别进行验收，并应符合下列规定：

（1）当检验项目的合格率为 80% 及以上时，可判为合格。

（2）当检验项目的合格率小于 80% 但不小于 70% 时，可再抽取相同数量的构件进行检验；当按两次抽样总和计算的合格率为 80% 及以上时，仍可判为合格。

7.5 施工试验记录及检测资料

回填土　密实度　检测取样记录单和委托单

建设单位	×××公司	编号	2017-001
委托单位	×××公司	取样日期	××××年××月××日
工程名称	×××工程	回填土种类、土质	3∶7灰土
施工单位	×××公司	压实工具	打夯机
监理单位	×××监理咨询有限公司	回填部位 （层数、标高）	第13层（−5.2～−5.0m）； 第14层（−5.0～−4.8m）； 第15层（−4.8～−4.6m）
见证人及证书号	/	击实报告	击2014-004-1
取样人及证书号	×××　　138176	最大干密度	1.70g/cm³
取样地点	施工现场	最优含水率	18.2%
压实系数设计值	≥0.95	执行标准	《建筑地基基础工程施工质量验收标准》GB 50202—2018
检测参数		压实（挤密）系数,含水率,干密度	
送样单位 （项目章）	送样人：××× 日　期：　××年××月××日	检测单位 （签章）	收样人：××× 日　期：　××年××月××日
测点布置图		略	

123

钢筋（材）及连接试件
见证取样送检汇总记录

单位(子单位)工程名称		×××工程				
施工单位		×××公司		项目经理		×××
委托单位		×××公司		委托人		×××
检测单位		×××试验检测有限责任公司		负责人		×××
序号	品种、规格	代表数量(t)	连接方式	送检组数	委托单编号	报告日期
1	HRB400E ϕ16	160	电渣压力焊	1	2015-7-32	2015-4-13
2	HRB400E ϕ14	1800	电渣压力焊	6	2015-7-33	2015-4-13
3	HRB400E ϕ16	160	电渣压力焊	1	2015-7-34	2015-4-24
4	HRB400E ϕ14	1800	电渣压力焊	6	2015-7-35	2015-4-24
5	HRB400E ϕ16	160	电渣压力焊	1	2015-7-36	2015-5-1
6	HRB400E ϕ14	1800	电渣压力焊	6	2015-7-37	2015-5-1
7	HRB400E ϕ16	160	电渣压力焊	1	2015-7-38	2015-5-8
8	HRB400E ϕ14	1800	电渣压力焊	6	2015-7-39	2015-5-8
记录人		×××		项目技术负责人		×××

资料员（签字）：

124

钢筋（材）、连接试件报告单汇总记录

单位(子单位)工程名称					×××工程			
施工单位			×××公司				项目经理	×××
序号	品种、规格	代表数量（t）	连接形式	连接件、焊条、焊剂合格证编号	使用部位	复试单编号	复试日期
1	HRB400E φ16	工艺检验	单面搭接焊	890000075050	井桩	焊 2014-SW3-001	2014-04-23
2	HRB400E φ16	300	单面搭接焊	890000075050	井桩	焊 2014-SW3-002	2014-04-25
3	HRB400E φ16	300	单面搭接焊	890000075050	井桩	焊 2014-SW3-003	2014-04-25
4	HRB400E φ16	300	单面搭接焊	890000075050	井桩	焊 2014-SW3-004	2014-04-25
5	HRB400E φ25	工艺检验	直螺纹套筒	GL011026-6	筏板	连 2014-SW3-001	2014-06-10
6	HRB400E φ25	300	直螺纹套筒	GL011026-6	筏板	连 2014-SW3-004	2014-06-11
7	HRB400E φ25	280	直螺纹套筒	GL011026-6	筏板	连 2014-SW3-005	2014-06-11
8	HRB400E φ22	工艺检验	直螺纹套筒	GL011026-5	筏板	连 2014-SW3-002	2014-06-10
9	HRB400E φ22	200	直螺纹套筒	GL011026-5	筏板	连 2014-SW3-006	2014-06-11
10	HRB400E φ28	工艺检验	直螺纹套筒	GL011026-7	筏板	连 2014-SW3-003	2014-06-10
11	HRB400E φ28	300	直螺纹套筒	GL011026-7	筏板	连 2014-SW3-007	2014-06-11
12	HRB400E φ28	250	直螺纹套筒	GL011026-7	筏板	连 2014-SW3-008	2014-06-11
13	HRB400E φ16	工艺检验	电渣压力焊	HJ431A	−5.8～−1.8m 剪力墙、柱	焊 2014-SW3-007	2014-06-30
14	HRB400E φ18	工艺检验	电渣压力焊	HJ431A	−5.8～−1.9m 剪力墙、柱	焊 2014-SW3-008	2014-06-30
15	HRB400E φ16	300	电渣压力焊	HJ431A	−5.8～−1.1m 剪力墙、柱	焊 2014-SW3-009	2014-07-01
16	HRB400E φ18	300	电渣压力焊	HJ431A	−5.8～−1.1m 剪力墙、柱	焊 2014-SW3-015	2014-07-01
记录人			×××		项目技术负责人		×××

资料员（签字）：

混凝土配合比设计委托单

建设单位	×××公司	编号	2014-7-8
委托单位	×××公司	委托日期	2014.3.26
工程名称	×××工程	强度等级	C40
施工单位	×××公司	结构类型	剪力墙结构
设计执行标准	《普通混凝土配合比设计规程》JGJ 55—2011		
施工单位(项目部、班组)近期统计,同一品种 混凝土立方体,抗压强度标准差		$\sigma = \times \times$MPa	

混凝土结构构件的基本情况和要求	结构构件名称	筏板、地下室顶板、外墙	部位	地下	
	实心板类构件的最小厚度	100mm	所处环境	地下室外墙、地下室顶板混凝土结构环境类别为五类	
	结构构件钢筋的最小净距	100mm	构件(梁、柱等)截面最小尺寸	××mm	
	选用的粗骨料最大粒径	31.5mm	泵送时运输管的内径	150	mm
	设计或结构自身和环境对混凝土的特殊要求		氯离子含量小于0.1%,自防水混凝土抗渗等级为P8		
满足混凝土施工工艺和使用要求	选用水泥品种、强度等级及其他特殊要求		P·O 42.5		
	选用细骨料要求		中砂		
	选用粗骨料要求		碎石(粒径5~31.5mm)		
	外加剂1		CMA高效抗腐蚀防水剂		
	外加剂2		/		
	外加剂3		/		
	掺合料1		粉煤灰		
	掺合料2		/		
	混凝土输送方式	汽车泵	稠度	坍落度:160±30mm	
				/	
送样单位 (项目章)	送样人:××× 日期:×××		检测单位 (签章)	收样人:××× 日期:×××	
备注	掺入钢筋阻锈剂,水胶比不大于0.45				

混凝土抗压强度检测取样记录和委托单

委托单位	×××公司	编号	2014-7-T5
建设单位	×××公司	强度等级	C40
工程名称	×××工程	成型日期	2014-7-28
施工单位	×××公司	养护条件	标准养护
监理单位	×××监理公司	使用部位	1.8m,①～㉕/Ⓐ～Ⓛ轴梁板梯
混凝土生产单位	×××公司混凝土构件公司	代表批量	98m³
拌合物稠度设计值	坍落度:120～160mm	拌合物稠度实测值	坍落度:150mm
取样人及证书号	××× 138176	见证人及证书号	/
试件组数及用途	3组,2组用于同条件抗压强度试验,1组用于28d抗压强度试验	取样地点	浇筑地点
送样单位 (项目章)	送样人:××× 日期:×××	检测单位 (签章)	收样人:××× 日期:×××
检测参数	抗压强度		
备注	配合比编号:HPB2014-G-586		

标准养护混凝土抗压强度检测报告汇总表

工程名称：×××工程

序号	检测统一编号	施工部位	留置组数	设计强度等级	试块成型日期	龄期	试块强度代表值	备注
1	2014-7-1	井桩 2 号	1	C30	2014-4-27	28d	34.9MPa	
2	2014-7-1	井桩 4 号	1	C30	2014-4-27	28d	35.6MPa	
3	2014-7-2	井桩 1 号	1	C30	2014-4-28	28d	35.1MPa	
4	2014-7-2	井桩 3 号	1	C30	2014-4-28	28d	36.6MPa	
5	2014-7-2	井桩 23 号	1	C30	2014-4-28	28d	33.8MPa	
6	2014-7-2	井桩 38 号	1	C30	2014-4-28	28d	34.6MPa	
签字栏	审核：××× 汇总：××× ××年××月××日							

资料员（签字）：

混凝土试件试验报告单汇总记录填写说明

填写要点：

1. 混凝土试块留置

（1）混凝土抗压强度试件留置组批原则：

1）每拌制 100 盘且不超过 100m³ 的同配合比的混凝土，取样次数不得少于一次。

2）每一工作班拌制的同配合比的混凝土不足 100 盘时，取样次数不得少于一次。

3）当一次连续浇筑超过 1000m³，同一配合比的混凝土每 200m³，取样次数不得少于一次。

4）每一楼层、同一配合比的混凝土，取样次数不得少于一次。

5）每次取样应至少留置一组标准养护试件。

6）同条件养护试件的留置组数应按实际需要确定，供结构构件拆模用。

7）留置适量的结构实体检验用同条件养护试件。

8）冬期施工的混凝土试件的留置，除应符合上述规定外，还应增设不少于两组与结构同条件养护的试件，包括检验混凝土抗冻临界强度。

（2）对于单位工程的不同施工部位，混凝土试件留置组数应在相关的施工方案中予以明确。

（3）混凝土试块的制作和试验应由项目试验员负责，并执行有见证取样送检的规定。

（4）标准养护试件、同条件试件抗压强度结果应符合设计要求、规范规定。

（5）报告中的混凝土强度等级、成型日期、强度值应与施工图、配合比、混凝土运输单、混凝土浇灌申请、检验批质量验收记录的相关内容相符。

2. 结构实体混凝土同条件强度报告注意事项

（1）重要部位的每一强度等级的混凝土，均应留置结构实体同条件混凝土试件。同一强度等级留置数量依据混凝土量和结构重要性确定，但不宜少于 10 组，且最少不应少于 3 组。

（2）试件在浇筑地点制作，并做到完全与结构实体同条件养护，即要求放置在相应结构构件或结构部位的适当位置，要求试压前的养护条件始终与结构一致。

（3）对于单位工程结构实体检验用同条件养护试件的留置部位和组数，应编制《结构实体检验同条件混凝土试件留置计划表》，该计划所针对的结构构件一般为柱、墙、梁。

（4）结构实体检验用同条件试块的制作与试验应由项目试验员负责，并执行有见证取样送检的规定。

（5）项目试验员在试块达到等效养护龄期后及时送检。

砂浆配合比设计委托单

建设单位	×××公司	编号	2017-7
委托单位	×××公司	委托日期	2017-10-15
工程名称	×××工程	强度等级	M5
施工单位	×××公司	砂浆品种	水泥砂浆
监理单位	×××监理公司	结构类型	剪力墙结构
砌体类型	填充墙砌体	设计执行标准	JGJ/T 98—2010
使用部位	主体结构砌体	所处环境	一类
施工单位近期统计同一品种砂浆现场强度标准差		$\sigma = \times\times$MPa	
砌体砂浆的基本情况和满足施工、使用的要求	设计或结构自身和环境对砂浆的特殊要求	无	
	对水泥品种、强度等级的要求及其他特殊要求	P·C 32.5R	
	选用细骨料要求	中砂	
	外加剂1		
	外加剂2		
	外加剂3		
	掺合料1		
	掺合料2		
送样单位（项目章）	送样人：××× 日期：×××	检测单位（签章）	收样人：××× 日期：×××
备注			

砂浆强度试件试验报告单汇总记录

单位(子单位)工程名称		×××工程				
施工单位		×××有限公司		项目经理		×××
序号	使用部位	代表批量	设计强度等级	留置日期	龄期	试验结果
1	一层填充墙	16m³	M5	2017.4.2	28d	6.0MPa
2	二层填充墙	18m³	M5	2017.4.5	28d	5.5MPa
3	三层填充墙	25m³	M5	2017.4.9	28d	6.7MPa
4	四层填充墙	35m³	M5	2017.4.13	28d	6.2MPa
记录人		×××			项目技术负责人	×××

资料员（签字）：

砂浆试块强度统计、评定记录

工程名称	×××工程			强度等级	M5
工程名称	×××工程			养护方法	标准养护
施工单位	×××公司				
统计期	××年××月××日 至××年××月××日			结构部位	1～14层填充墙

试块组数	强度标准值 f_2	平均值 f_{2m}	最小值 f_{2min}	0.85f_2
	（MPa）	（MPa）	（MPa）	（MPa）
14	5.0	6.3	5.9	4.25

每组强度值（MPa）	SKY2015 M10-1	SKY2015 M10-2	SKY2015 M10-3	SKY2015 M10-4	SKY2015 M10-5	SKY2015 M10-6	SKY2015 M10-7	SKY2015 M10-8	SKY2015 M10-9	SKY2015 M10-10	SKY2015 M10-11	SKY2015 M10-12	SKY2015 M10-13
	6.1	5.9	6.3	6.1	6.3	6.7	6.1	6.5	6.6	6.6	6.1	6.7	6.1
	SKY2015 M10-14												
	6.5												

判定式	$f_{2m} \geqslant f_2$	$f_{2min} \geqslant 0.85f_2$
结果	合格	合格

结论：	根据《砌体结构工程施工质量验收规范》GB 50203—2011标准，该验收批砂浆评定为合格

签字栏	统计(试验员)：×××
	审核(项目技术负责人)：×××
	××年××月××日

资料员（签字）：

7.6 施工质量验收资料

7.6.1 分部分项工程质量验收记录

<u>　　钢　　筋　　</u>分项工程质量验收记录

C7-1 __001__

单位(子单位) 工程名称	×××××工程		分部(子分部) 工程名称		主体结构(混凝土结构)	
分项工程数量	1		检验批数量		××	
施工单位	×××××有限公司	项目负责人	×××		项目技术 负责人	×××
分包单位	/	分包单位 项目负责人	/		分包内容	/
序号	检验批名称	检验批容量	部位/区段	施工单位检查结果		监理单位 验收结论
1	一层①～⑩/Ⓐ～Ⓖ轴钢筋加工	××	墙、柱	符合施工质量验收规范要求		符合要求
2	一层①～⑩/Ⓐ～Ⓖ轴钢筋安装	××	墙、柱	符合施工质量验收规范要求		符合要求
3	①～⑩/Ⓐ～Ⓖ轴 2.9m 钢筋加工	××	梁、板、梯	符合施工质量验收规范要求		符合要求
4	①～⑩/Ⓐ～Ⓖ轴 2.9m 钢筋安装	××	梁、板、梯	符合施工质量验收规范要求		符合要求
说明:						
施工单位 检查结果	主控项目和一般项目的质量全部合格, 符合设计及施工质量验收规范要求。		项目专业技术负责人:××× 　　　　　　　　××年××月××日			
监理单位 验收结论	验收合格。		专业监理工程师:××× 　　　　　　　　××年××月××日			

资料员（签字）:

133

<u>　　主体结构　　</u> 分部工程质量验收记录

单位(子单位)工程名称	×××××工程	子分部工程数量	2个	分项工程数量	5个
施工单位	×××有限公司	项目负责人	×××	技术(质量)负责人	×××
分包单位	×××有限公司	分包单位负责人	×××	分包内容	×××

序号	子分部工程名称	分项工程名称	检验批数量	施工单位检查结果	监理单位验收结论
1	混凝土结构	模板	××	资料填写完整、内容符合要求	符合要求
2	混凝土结构	钢筋	××	资料填写完整、内容符合要求	符合要求
3	混凝土结构	混凝土施工	××	资料填写完整、内容符合要求	符合要求
4	混凝土结构	现浇结构	××	资料填写完整、内容符合要求	符合要求
5	砌体结构	填充墙砌体	××	资料填写完整、内容符合要求	符合要求
质量控制资料			资料符合要求、齐全有效		符合要求
安全和功能检验结果			符合设计及规范要求		符合要求
观感质量检验结果			好		
综合验收结论		经检查主体结构分部工程的子分部工程、分项工程、检验批、质量控制资料、安全和功能检验及观感质量的检查均符合设计及施工规范的要求,同意对该工程主体结构分部工程的验收,验收合格			

施工单位××× 项目负责人:××× ××年××月××日	设计单位××× 项目负责人:××× ××年××月××日	施工单位××× 项目负责人:××× ××年××月××日	监理单位××× 总监理工程师:××× ××年××月××日

注:1.地基基础分部工程的验收应由施工、勘察、设计单位项目负责人和总监理工程师参加并签字。

　　2.主体结构、节能分部工程的验收应由施工、设计单位项目负责人和总监理工程师参加并签字。

资料员（签字）:

建筑节能分部工程质量验收表

工程名称	×××××工程	结构类型	剪力墙	层数	地下×层,地上×层
施工单位	×××××有限公司	技术部门负责人	××	质量部门负责人	×××
分包单位	×××公司	分包单位负责人	×××	分包技术负责人	×××

序号	分项工程名称	验收结论	监理工程师签字	备注
1	墙体节能工程	符合要求	×××	
2	幕墙节能工程	符合要求	×××	
3	门窗节能工程	符合要求	×××	
4	屋面节能工程	符合要求	×××	
5	地面节能工程	符合要求	×××	
6	供暖节能工程	符合要求	×××	
7	通风与空调设备节能工程	符合要求	×××	
8	空调与供暖系统冷热源节能工程	符合要求	×××	
9	照明节能工程	符合要求	×××	
10	控制系统节能工程	符合要求	×××	
	质量控制资料	符合要求	×××	
	外墙节能构造现场实体检验	符合要求	×××	
	外窗气密性现场实体检测	符合要求	×××	
	系统节能性能检测	符合要求	×××	
	验收结论	合格	×××	

其他参加验收人员:

验收单位	分包单位:×××	项目经理:×××	××年××月××日
	施工单位:×××	项目经理:×××	××年××月××日
	设计单位:×××	项目负责人:×××	××年××月××日
	监理(建设)单位:×××	总监理工程师:××× (建设单位项目负责人)	××年××月××日

资料员（签字）:

地基与基础分部工程质量控制资料核查记录（一）

单位(子单位)工程名称			×××工程		
施工单位		×××有限公司		项目经理	×××
序号	项目	资料名称	份数	核查意见	核查人
1	地下防水	图纸会审、设计变更、洽商记录		符合要求	专业监理工程师签字
2		原材料出厂合格证及进场检(试)验报告	×	符合要求	×××
3		施工试验报告及见证检测报告	×	符合要求	×××
4		隐蔽验收记录	×	符合要求	×××
5		施工记录及施工方案	×	符合要求	×××
6		检验批、分项工程质量验收记录	×	符合要求	×××
7		工程质量事故及事故调查处理资料	×	符合要求	×××
8		新材料、新工艺施工记录	×	符合要求	×××
1	地基	图纸会审、设计变更、洽商记录	×	符合要求	×××
2		工程定位、放线测量记录	×	符合要求	×××
3		原材料出厂合格证及进场检(试)验报告	×	符合要求	×××
4		施工试验报告及见证检测报告	×	符合要求	×××
5		隐蔽验收记录	×	符合要求	×××
6		施工记录及施工方案	×	符合要求	×××
7		预制构件、预拌混凝土合格证	×	符合要求	×××
8		检验批、分项工程质量验收记录	×	符合要求	×××
9		工程质量事故及事故调查处理资料	×	符合要求	×××
10		地基基础结构检验及抽样检测资料	×	符合要求	×××
11		新材料、新工艺施工记录	×	符合要求	×××
1	基础	图纸会审、设计变更、洽商记录	×	符合要求	×××
2		工程定位、放线测量记录	×	符合要求	×××
3		原材料出厂合格证及进场检(试)验报告	×	符合要求	×××
4		施工试验报告及见证检测报告	×	符合要求	×××
5		隐蔽验收记录	×	符合要求	×××
6		施工记录及施工方案	×	符合要求	×××
7		预制构件、预拌混凝土合格证	×	符合要求	×××
8		检验批、分项工程质量验收记录	×	符合要求	×××
9		工程质量事故及事故调查处理资料	×	符合要求	×××
10		地基基础结构检验及抽样检测资料	×	符合要求	×××
11		新材料、新工艺施工记录	×	符合要求	×××
施工单位	☑符合要求,同意验收 ☐不符合要求,不同意验收		项目技术负责人：××× 企业技术质量管理部门负责人：×××		

资料员（签字）：　　　　　　　　　　　　　　　　　　　××年××月××日

地基与基础分部工程质量控制资料核查记录（二）

单位(子单位)工程名称			×××工程		
施工单位		×××有限公司		项目经理	×××
序号	项目	资料名称	份数	核查意见	核查人
1	土方	图纸会审、设计变更、洽商记录	×	符合要求	专业监理工程师签字
2		工程定位、放线测量记录	×	符合要求	×××
3		施工试验报告及见证检测报告	×	符合要求	×××
4		隐蔽验收记录	×	符合要求	×××
5		施工记录及施工方案	×	符合要求	×××
6		检验批、分项工程质量验收记录	×	符合要求	×××
7		工程质量事故及事故调查处理资料	×	符合要求	×××
1	边坡	图纸会审、设计变更、洽商记录	×	符合要求	×××
2		工程定位、放线测量记录	×	符合要求	×××
3		原材料出厂合格证及进场检(试)验报告	×	符合要求	×××
4		施工试验报告及见证检测报告	×	符合要求	×××
5		隐蔽验收记录	×	符合要求	×××
6		施工记录及施工方案	×	符合要求	×××
7		检验批、分项工程质量验收记录	×	符合要求	×××
8		工程质量事故及事故调查处理资料	×	符合要求	×××
9		新材料、新工艺施工记录	×	符合要求	×××
1	基坑支护	图纸会审、设计变更、洽商记录	×	符合要求	×××
2		工程定位、放线测量记录	×	符合要求	×××
3		原材料出厂合格证及进场检(试)验报告	×	符合要求	×××
4		施工试验报告及见证检测报告	×	符合要求	×××
5		隐蔽验收记录	×	符合要求	×××
6		施工记录及施工方案	×	符合要求	×××
7		检验批、分项工程质量验收记录	×	符合要求	×××
8		工程质量事故及事故调查处理资料	×	符合要求	×××
9		新材料、新工艺施工记录	×	符合要求	×××
施工单位	☑符合要求,同意验收 □不符合要求,不同意验收		项目技术负责人：××× 企业技术质量管理部门负责人：×××		

资料员（签字）：　　　　　　　　　　　　　　　　　　　　××年××月××日

主体分部工程质量控制资料核查记录

单位(子单位)工程名称			×××工程			
施工单位		×××有限公司			项目经理	×××
序号	项目	资料名称		份数	核查意见	核查人
1	主体结构	图纸会审、设计变更、洽商记录		×	符合要求	专业监理工程师签字
2		原材料出厂合格证及进场检(试)验报告		×	符合要求	×××
3		施工试验报告及见证检测报告		×	符合要求	×××
4		隐蔽验收记录		×	符合要求	×××
5		施工记录及施工方案		×	符合要求	×××
6		预制构件、预拌混凝土合格证		×	符合要求	×××
7		主体结构检验及抽样检测资料		×	符合要求	×××
8		检验批、分项工程质量验收记录		×	符合要求	×××
9		工程质量事故及事故调查处理资料		×	符合要求	×××
10		新材料、新工艺施工记录		×	符合要求	×××
施工单位	☑符合要求,同意验收 ☐不符合要求,不同意验收		项目技术负责人:××× 企业技术质量管理部门负责人:×××			

资料员（签字）：　　　　　　　　　　　　　　　　　　　　　　　××年××月××日

138

装饰装修分部工程质量控制资料核查记录

单位(子单位)工程名称			×××工程			
施工单位			×××有限公司		项目经理	×××
序号	项目	资料名称		份数	核查意见	核查人
1	建筑装饰装修	图纸会审、设计变更、洽商记录		×	符合要求	专业监理工程师签字
2		原材料出厂合格证及进场检(试)验报告		×	符合要求	×××
3		施工试验报告及见证检测报告		×	符合要求	×××
4		隐蔽验收记录		×	符合要求	×××
5		预制构件、预拌混凝土合格证		×	符合要求	×××
6		施工记录及施工方案		×	符合要求	×××
7		主体结构检验及抽样检测资料		×	符合要求	×××
8		检验批、分项工程质量验收记录		×	符合要求	×××
9		工程质量事故及事故调查处理资料		×	符合要求	×××
10		新材料、新工艺施工记录		×	符合要求	×××
施工单位	☑符合要求,同意验收 ☐不符合要求,不同意验收		项目技术负责人:××× 企业技术质量管理部门负责人:×××			

资料员(签字):　　　　　　　　　　　　　　　　　　　　　　　××年××月××日

屋面分部工程质量控制资料核查记录

单位(子单位)工程名称			×××工程			
施工单位		×××有限公司			项目经理	×××

序号	项目	资料名称	份数	核查意见	核查人
1	建筑屋面	图纸会审、设计变更、洽商记录	×	符合要求	专业监理工程师签字
2		原材料出厂合格证及进场检(试)验报告	×	符合要求	×××
3		施工试验报告及见证检测报告	×	符合要求	×××
4		隐蔽验收记录	×	符合要求	×××
5		施工记录及施工方案	×	符合要求	×××
6		预制构件、预拌混凝土合格证	×	符合要求	×××
7		主体结构检验及抽样检测资料	×	符合要求	×××
8		检验批、分项工程质量验收记录	×	符合要求	×××
9		工程质量事故及事故调查处理资料	×	符合要求	×××
10		新材料、新工艺施工记录	×	符合要求	×××
施工单位	☑符合要求,同意验收 □不符合要求,不同意验收		项目技术负责人:××× 企业技术质量管理部门负责人:×××		

资料员（签字）：　　　　　　　　　　　　　　　　　　　　　　　　××年××月××日

140

地基与基础分部工程安全和功能检验资料核查及主要功能抽查记录

单位(子单位)工程名称			×××工程			
施工单位		×××有限公司		项目经理	×××	
序号	资料名称		份数	核查意见	抽查结果	核查人
1	地下室防水效果检查记录		×	完整有效	符合要求	×××
2	有防水要求的地面蓄水试验记录		×	完整有效	符合要求	×××
施工单位	☑符合要求,同意验收 □不符合要求,不同意验收			项目技术负责人:××× 企业技术质量管理部门负责人:×××		

资料员（签字）：   ××年××月××日

主体分部工程安全和功能检验资料核查及主要功能抽查记录

单位(子单位)工程名称				×××工程		
施工单位		×××有限公司		项目经理	×××	
序号	资料名称		份数	核查意见	抽查结果	核查人
1	建筑物垂直度、标高、全高测量记录		×	完整有效	符合要求	×××
2	抽气(风)道检查记录		×	完整有效	符合要求	×××
3	建筑物沉降观测测量记录		×	完整有效	符合要求	×××
施工单位	☑符合要求,同意验收 □不符合要求,不同意验收			项目技术负责人:××× 企业技术质量管理部门负责人:×××		

资料员（签字）：　　　　　　　　　　　　　　　　　　　　　　　　　　××年××月××日

142

装修分部工程安全和功能检验资料核查及主要功能抽查记录

单位(子单位)工程名称				×××工程		
施工单位		×××有限公司		项目经理	×××	
序号	资料名称			份数	核查意见	抽查结果	核查人
1	幕墙及外窗气密性、水密性、耐风压检测报告			×	完整有效	符合要求	×××
2	建筑物沉降观测测量记录			×	完整有效	符合要求	×××
3	节能、保温测试记录			×	完整有效	符合要求	×××
4	室内环境检测报告			×	完整有效	符合要求	×××
5	有防水要求的地面蓄水试验记录			×	完整有效	符合要求	×××
施工单位	☑符合要求,同意验收 ☐不符合要求,不同意验收			项目技术负责人:××× 企业技术质量管理部门负责人:×××			

资料员（签字）：   ××年××月××日

143

屋面分部工程安全和功能检验资料核查及主要功能抽查记录

单位(子单位)工程名称		×××工程				
施工单位		×××有限公司		项目经理	×××	
序号	资料名称		份数	核查意见	抽查结果	核查人
1	屋面淋水试验记录		×	完整有效	符合要求	×××
2	屋面蓄水试验记录		×	完整有效	符合要求	×××
3	抽气(风)道检查记录		×	完整有效	符合要求	×××
施工单位	☑符合要求,同意验收 □不符合要求,不同意验收			项目技术负责人:××× 企业技术质量管理部门负责人:×××		

资料员（签字）：　　　　　　　　　　　　　　　　　　　　　　　　××年××月××日

144

混凝土结构工程观感质量验收记录

单位(子单位)工程名称			×××工程										
分部(子分部)工程名称			地基与基础(基础)			验收部位		⑮～㉚/Ⓑ～Ⓜ轴－0.50m梁、板、梯					
施工单位			×××有限公司				项目经理			×××			
分包单位			×××有限公司				分包项目经理			×××			

序号	名称	检查项目	检查记录										检查评价		
			1	2	3	4	5	6	7	8	9	10	好	一般	差
1	漏筋	严重缺陷													
		一般缺陷	○	○	○	○	○	○	○	○	○	○	√		
2	蜂窝	严重缺陷													
		一般缺陷	○	○	○	○	×	○	○	○	○	○	√		
3	孔洞	严重缺陷													
		一般缺陷	○	○	○	○	○	○	○	○	○	○	√		
4	夹渣	严重缺陷													
		一般缺陷	○	○	○	○	○	○	○	○	○	○	√		
5	疏松	严重缺陷													
		一般缺陷	○	○	○	○	○	○	○	○	○	○	√		
6	裂缝	严重缺陷													
		一般缺陷	○	○	○	○	○	○	○	○	○	○	√		
7	连接部位缺陷	严重缺陷													
		一般缺陷	○	○	○	○	○	×	○	○	○	○	√		
8	外形缺陷	严重缺陷													
		一般缺陷	○	○	×	○	○	○	○	○	○	○	√		
9	外表缺陷	严重缺陷													
		一般缺陷	○	○	○	○	○	○	○	○	○	○		√	

观感质量综合评价	好

施工单位检查结论：

☑符合要求，同意验收

□不符合要求，不同意验收

专业质量检查员：×××

项目技术负责人：×××

项目经理：×××

注：检查间（处）记录栏中符合要求画"○"，否则打"×"。

资料员（签字）：

×××年××月××日

7.6.2 检验批质量验收记录

1. 检验批质量验收记录表格填写基本要点

（1）关于验收流程与《现场验收检查原始记录》：

1）检验批施工完成，施工单位自检合格后，由项目专业质量检查员填报《检验批质量验收记录》。按照《建筑工程施工质量验收统一标准》GB 50300—2013 的规定，检验批质量验收由专业监理工程师组织施工单位项目专业质量检查员、专业施工员等进行验收，并依据验收情况形成《现场验收检查原始记录》。

2）《现场验收检查原始记录》必须手填，禁止机打。

3）《检验批质量验收记录》的检查记录必须依据《现场验收检查原始记录》填写，没有《现场验收检查原始记录》，《检验批质量验收记录》视同做假。

（2）检验批名称及编号：

1）检验批名称：按验收规范给定的检验批名称填写。

2）检验批编号：检验批表编号按"建筑工程的分部工程、分项工程划分"（《建筑工程施工质量验收统一标准》GB 50300—2013 的附录 B）规定的分部工程、子分部工程、分项工程的代码、检验批代码（依据专业验收规范）和资料顺序号统一为 11 位数的数码编号，写在表的右上角，前 8 位数字均印在了表上，后 3 位为下划线空格，检查验收时填写检验批的顺序号。其编号规则具体说明如下：

① 第 1、2 位数字是分部工程的代码。

② 第 3、4 位数字是子分部工程的代码。

③ 第 5、6 位数字是分项工程的代码。

④ 第 7、8 位数字是检验批的代码。

⑤ 第 9、10、11 位数字是各检验批验收的顺序号。同一检验批表格适用于不同分部、子分部、分项工程时，表格分别编号，填表时按实际类别填写顺序号加以区别；编号按分部、子分部、分项、检验批序号的顺序排列，如表 7.6-1 所示：

表格分级编号　　　　　　　　　　　　　　表 7.6-1

分部	子分部	分项	检验批	编号
主体结构 02	混凝土结构 01	钢筋 02	钢筋原材 01	02010201
			钢筋加工 02	02010202
			钢筋连接 03	02010203
			钢筋安装 04	02010204

（3）表头的填写：

1）单位（子单位）工程名称填写全称，如为群体工程，则按群体工程名称-单位工程名称形式填写。

2）分部（子分部）工程名称按《建筑工程施工质量验收统一标准》GB 50300—2013划定的分部（子分部）名称填写；如"主体结构分部/混凝土结构子分部"。

3）分项工程名称按《建筑工程施工质量验收统一标准》GB 50300—2013 附录 B 规定

填写：如"模板、钢筋、混凝土、预应力、现浇结构、装配结构分项"。

4）施工单位及项目负责人："施工单位"栏应填写总包单位名称，宜写全称，并与合同上公章名称一致，并应注意各表格填写的名称应相互一致；"项目负责人"栏应填写合同中约定的施工单位具有职业资格的项目经理名称，表头中人名由填表人填写即可，只是标明具体的负责人，不用签字。

5）分包单位及分包单位项目负责人："分包单位"栏应填写总包分包单位名称，即与施工单位签订合同的专业分包单位名称，宜写全称，并与合同上公章名称一致，并应注意各表格填写的名称应相互一致；"分包单位项目负责人"栏填写合同中指定的分包单位项目负责人名称，表头中人名由填表人填写即可，只是标明具体的负责人，不用签字。

6）检验批容量：指本检验批的工程量，按工程实际填写，计量单位按专业验收规范中对检验批容量的规定。

7）检验批部位是指一个分项工程中验收的那个检验批的抽样范围，要按实际情况标注清楚。

8）施工依据：应填写施工执行标准的名称及编号，可以填写所采用的企业标准、地方标准、行业标准或国家标准；要将标准名称及编号填写齐全；可以是技术或施工标准、工艺规程、工法、施工方案等技术文件。

9）验收依据：填写验收依据的标准名称及编号，即验收规范：如《建筑地基基础工程施工质量验收标准》GB 50202—2018、《混凝土结构工程施工质量验收规范》GB 50204—2015、《砌体结构工程施工质量验收规范》GB 50203—2011 等。

（4）"验收项目"栏的填写：

1）分主控项目和一般项目。

2）直接写入：当规范条文文字较少，或条文本身就是表格时，按规范条文写入。

3）简化描述：将质量要求做简化描述填主题词，作为检查提示。

4）按条文顺序排序。

（5）"设计要求及规范规定"栏的填写：

1）直接写入：当条文中质量要求的内容文字较少时，直接明确写入；当为混凝土、砂浆强度符合设计要求时，直接写入设计要求值。

2）写入条文号：当文字较多时，只将条文号写入。

3）写入允许偏差：对定量要求，将允许偏差直接写入。

（6）"最小/实际抽样数量"栏的填写：

1）对于材料、设备及工程试验类规范条文，非抽样项目，直接写入"/"。

2）对于抽样项目但样本为总体时，写入"全/实际数量"，例如"全/10"，"10"指本检验批实际包括的样本总量。

3）对于抽样项目且按工程量抽样时，写入"最小/实际抽样数量"，例如"5/5"，即按工程量计算最小抽样数量为 5，实际抽样数量为 5。

4）本次检验批验收不涉及此验收项目时，此栏写入"/"。

（7）"检查记录"栏填写：

1）对于计量检验项目，采用文字描述方式，说明实际质量验收内容及结论；此类多为材料、设备及工程试验类结果的检查项目。

2）对于计数检验项目，必须依据对应的《检验批验收现场检查原始记录》中验收情况记录，按下列形式填写：

① 抽样检查的项目，填写描述语，例如"抽查5处，合格4处"，或者"抽查5处，全部合格"。

② 全数检查的项目，填写描述语，例如"共5处，检查5处，合格4处"，或者"共5处，检查5处，全部合格"。

3）本次检验批验收不涉及此验收项目时，此栏写入"/"。

（8）对于"明显不合格"情况的填写要求：

1）对于计量检验和计数检验中全数检查的项目，发现明显不合格的个体，此条验收就不合格。

2）对于计数检验中抽样检验的项目，明显不合格的个体可不纳入检验批，但应进行处理，使其满足有关专业验收规范的规定，对处理的情况应予以记录并重新验收。

3）"检查记录"栏填写要求如下：

① 不存在明显不合格的个体的，不做记录。

② 存在明显不合格的个体的，按《检验批验收现场检查原始记录》中验收情况记录填写，例如"一处明显不合格，已整改，复查合格"，或"一处明显不合格，未整改，复查不合格"。

（9）"检查结果"栏填写：

1）采用文字描述方式的验收项目，合格打"√"，不合格打"×"。

2）对于抽样项目且为主控项目，无论定性还是定量描述，全数合格为合格，有1处不合格即为不合格，合格打"√"，不合格打"×"。

3）对于抽样项目且为一般项目，"检查结果"栏填写合格率，例如：定性描述项目所有抽查点全部合格（合格率为100％），此条方为合格；定量描述项目，其中每个项目都必须有80％以上（混凝土保护层为90％）检测点（值）合格，其余20％检测点其最大偏差不得超过各专业施工质量验收规范规定允许偏差的1.5倍（钢结构为1.2倍），就是说有数据的项目，除必须达到规定的数值外，其余可放宽的，最大放宽到1.5倍。

4）本次检验批验收不涉及此验收项目时，此栏写入"/"。

（10）"施工单位检查结果"栏的填写：

施工单位质量检查员按依据的规范、规程判定该检验批质量是否合格，由质量员填写检查结果，填写内容通常为"符合要求""不符合要求"，或"主控项目全部合格，一般项目符合验收规范（规程）要求"等评语。如果检验批中含有混凝土、砂浆试件强度验收等内容，应待试验报告出来后再做判定。施工单位专业质量检查员和专业施工员应签字确认并按实际填写日期。

（11）"监理单位验收结论"栏的填写：

由专业监理工程师填写。填写前，应对"主控项目""一般项目"按照施工质量验收规范的规定逐项抽查验收，独立得出验收结论。认为验收合格，应签注"验收合格"。如果检验批中含有混凝土、砂浆试件强度验收等内容，应待试验报告出来后再做判定。

148

2. 检验批表格填写示例

（1）地基与基础工程：

素土、灰土地基检验批质量验收记录

01-01-01-01-001

单位(子单位) 工程名称		×××工程	分部(子分部) 工程名称	地基与基础/ 地基	分项工程名称		素土、灰土地基	
施工单位		×××公司	项目负责人	×××	检验批容量		1500m²	
分包单位		×××公司	分包单位项目 负责人	×××	检验批部位		①～⑧/Ⓐ～Ⓖ轴地基	
施工依据		《建筑地基基础工程施工质量 验收标准》GB 50202—2018		验收依据		《建筑地基基础工程施工质量验收 标准》GB 50202—2018		
验收项目			设计要求及 规范规定	最小/实际 抽样数量	检查记录			检查结果
主控 项目	1	地基承载力	设计要求	/	试验合格,报告编号:×××			√
	2	配合比	设计要求3∶7灰土	/	符合设计要求,报告编号:×××			√
	3	压实系数	设计要求	/	符合设计及验收规范要求			√
一般 项目	1	石灰粒径(mm)	≤5	/	试验合格,报告编号:×××			√
	2	土料有机质含量(%)	≤5	/	试验合格,报告编号:×××			√
	3	土颗粒粒径(mm)	≤15	/	试验合格,报告编号:×××			√
	4	含水量(与要求的最 优含水量比)(%)	±2	/	试验合格,报告编号:×××			√
	5	分层厚度偏差(与设计 要求比)(mm)	±50	15/15	抽查15处,合格14处			93.3%
施工单位 检查结果		主控项目全部合格,一般项目满足规 范规定要求;检查评定合格。			专业施工员:××× 项目专业质量检查员:××× 　　　　　　　　××年××月××日			
监理单位 验收结论		验收合格。 专业监理工程师:××× 　　　　　　　　××年××月××日						

资料员（签字）：

149

现场验收检查原始记录

单位(子单位)工程名称	×××工程				
检验批名称	素土、灰土地基检验批质量验收记录		检验批编号	01-01-01-01-001	
编号	验收项目	验收部位	验收情况记录		备注
4.2.4	压实系数	①~⑧/Ⓐ~Ⓖ轴地基	符合设计及验收规范的要求		
4.2.4	石灰粒径(mm)	①~⑧/Ⓐ~Ⓖ轴地基	试验合格		
4.2.4	土料有机质含量(%)	①~⑧/Ⓐ~Ⓖ轴地基			
4.2.4	土颗粒粒径(mm)	①~⑧/Ⓐ~Ⓖ轴地基			
4.2.4	含水量(与要求的最优含水量比较)(%)	①~⑧/Ⓐ~Ⓖ轴地基			
4.2.4	分层厚度偏差(与设计要求比较)(mm)	①~⑧/Ⓐ~Ⓖ轴地基	-30,-15,4,16,32,45,-43,-27,-15,-2,14,29,45,-39,-27		

监理校核:　　　　　检查:　　　　　记录:　　　　　验收日期:　　　　　年　月　日

150

土和灰土挤密桩复合地基检验批质量验收记录

01-01-11-01-001

单位(子单位) 工程名称	×××工程	分部(子分部) 工程名称	地基与基础/ 地基	分项工程名称	土和灰土挤密桩复合地基
施工单位	×××公司	项目负责人	×××	检验批容量	120 根
分包单位	/	分包单位项目 负责人	/	检验批部位	006
施工依据	《建筑地基基础工程施工质量验收 标准》GB 50202—2018		验收依据	《建筑地基基础工程施工质量验收标准》 GB 50202—2018	

		验收项目	设计要求及 规范规定	最小/实际 抽样数量	检查记录	检查结果
主控 项目	1	桩体及桩间土干密度	设计要求	/	检验合格,报告编号:××××	√
	2	桩长(mm)	+500	24/24	抽查 24 处,合格 24 处	√
	3	地基承载力	设计要求	/	检验合格,报告编号:××××	√
	4	桩径(mm)	−20	24/24	抽查 24 处,合格 24 处	√
一般 项目	1	土料有机质含量(%)	≤5	/	检验合格,报告编号:××××	√
	2	石灰粒径(mm)	≤5	/	检验合格,报告编号:××××	√
	3	桩位偏差	满堂布桩≤0.4D $D=$___××___ mm	24/24	抽查 24 处,合格 23 处	95.8%
			条基布桩≤0.25D $D=$___××___ mm	24/24	抽查 24 处,合格 21 处	87.5%
	4	垂直度(%)	≤1.5	24/24	抽查 24 处,合格 22 处	91.6%
	5	桩径(mm)	−20	24/24	抽查 24 处,合格 23 处	95.8%

施工单位 检查结果	主控项目全部合格,一般项目满足规范 规定要求;检查评定合格。　　　　专业施工员:××× 　　　　　　　　　　　　　　　　　项目专业质量检查员:××× 　　　　　　　　　　　　　　　　　　　　　　××年××月××日
监理单位 验收结论	验收合格。 　　　　　　　　　　专业监理工程师:××× 　　　　　　　　　　　　　　　　××年××月××日

资料员（签字）：

干作业成孔灌注桩检验批质量验收记录

单位(子单位) 工程名称	×××工程	分部(子分部) 工程名称	地基与基础/ 基础	分项工程名称	干作业成孔灌注桩基础
施工单位	×××公司	项目负责人	×××	检验批容量	10根
分包单位	×××公司	分包单位 项目负责人	×××	检验批部位	××
施工依据	《建筑地基基础工程施工规范》 GB 51004—2015		验收依据	《建筑地基基础工程施工质量验收标准》 GB 50202—2018	

		验收项目	设计要求及 规范规定	最小/实际 抽样数量	检查记录	检查 结果
主控 项目	1	承载力	不小于设计值	/	试验合格,报告编号:×××	√
	2	孔深及孔底土岩性	不小于设计值	/	检查合格,记录编号:×××	√
	3	桩身完整性	/	/	试验合格,报告编号:×××	√
	4	混凝土强度	不小于设计值	/	试验合格,报告编号:×××	√
	5	桩径	本标准表5.1.4	10/10	抽查10根,合格10根	√
一般 项目	1	桩位	本标准表5.1.4	10/10	抽查10根,合格10根	100%
	2	垂直度	本标准表5.1.4	10/10	抽查10根,合格10根	100%
	3	桩顶标高(mm)	−50,+30	10/10	抽查10根,合格10根	100%
	4	混凝土坍落度(mm)	90～150	/	坍落度符合要求	√
	5	钢 筋 笼 质 量	主筋间距(mm)	±10	10/10	抽查10根,合格9根	90%
			长度(mm)	±100	10/10	抽查10根,合格10根	100%
			钢筋材质检验	设计要求	/	质量证明文件齐全有效,试验 合格,报告编号:×××	√
			箍筋间距(mm)	±20	10/10	抽查10根,合格9根	90%
			笼直径(mm)	±10	10/10	抽查10根,合格10根	100%

施工单位 检查结果	主控项目和一般项目全部合格,符合设计及施工质量验收规范要求。 专业施工员:××× 项目专业质量检查员:××× ××年××月××日
监理单位 验收结论	☑同意验收　　　　　　　　　　　□不同意验收,需返工处理再组织验收 □经返工处理后,同意验收 专业监理工程师:××× ××年××月××日

资料员(签字):

现场验收检查原始记录

单位(子单位)工程名称			×××工程		
检验批名称		混凝土灌注桩检验批质量验收记录	检验批编号		01-02-09-02-001
编号	验收项目	验收部位	验收情况记录		备注
5.1.4	桩位(mm)	①～⑫/Ⓐ～Ⓖ轴	50,45,41,45,48,45,41,45,46,45 符合验收规范的要求		
5.7.4	孔深(mm)	①～⑫/Ⓐ～Ⓖ轴	87,34,62,84,12,31,50,69,63,65 符合验收规范的要求		
5.1.4	垂直度(%)	①～⑫/Ⓐ～Ⓖ轴	0.5,1,3.0,5,6,3,5,5 符合验收规范的要求		
5.1.4	桩径(mm)	①～⑫/Ⓐ～Ⓖ轴	＋30,＋45,＋40,＋42,＋35,＋36,＋43,＋35,＋40,＋40 符合验收规范的要求		
5.7.4	主筋间距(mm)	①～⑫/Ⓐ～Ⓖ轴	－2,＋8,＋5,＋5,＋7,－9,－1,－3,＋5,＋7 符合验收规范的要求		
5.7.4	钢筋笼安装长度(mm)	①～⑫/Ⓐ～Ⓖ轴	－100,－63,－35,－16,3,22,41,60,78,97 符合验收规范的要求		
5.7.4	笼直径	①～⑫/Ⓐ～Ⓖ轴	－3,＋4,＋5,＋6,＋7,－8,－1,－3,＋6,＋7 符合验收规范的要求		
5.7.4	桩顶标高(mm)	①～⑫/Ⓐ～Ⓖ轴	－33,－26,－21,－18,－13,－8,－3,2,7,12 符合验收规范的要求		

监理校核：　　　　检查：　　　记录：　　　验收日期：　　　　　　年　月　日

153

基础检验批质量验收记录填写说明

1. 填写依据

《建筑地基基础工程施工质量验收标准》GB 50202—2018。

2. 填写要点

（1）扩展基础、筏形与箱形基础、沉井与沉箱，施工前应对放线尺寸进行复核；桩基工程施工前应对放好的轴线和桩位进行复核。群桩桩位的放样允许偏差应为 20mm，单排桩桩位的放样允许偏差应为 10mm。

（2）灌注桩混凝土强度检验的试件应在施工现场随机抽取。来自同一搅拌站的混凝土，每浇筑 $50m^3$ 必须至少留置 1 组试件；当混凝土浇筑量不足 $50m^3$ 时，每连续浇筑 12h 必须至少留置 1 组试件。对于单柱单桩，每根桩应至少留置 1 组试件。

柱基、基坑、基槽土方开挖工程检验批质量验收记录

01-06-01-01-001

单位(子单位) 工程名称	×××工程	分部(子分部) 工程名称	地基与基 础/土石方	分项工程名称	土方开挖
施工单位	×××公司	项目负责人	×××	检验批容量	挖方面积:1200m² 边坡长度: (150＋50)×2m
分包单位	×××公司	分包单位 项目负责人	×××	检验批部位	××
施工依据	《建筑地基基础工程施工规范》 GB 51004—2015		验收依据	《建筑地基基础工程施工质量 验收标准》GB 50202—2018	

验收项目			设计要求及 规范规定	最小/实际 抽样数量	检查记录	检查 结果
主控 项目	1	标高(mm)	−50,0	12/12	抽查12处,合格12处	√
	2	长度、宽度(mm) (由设计中心 线向两边量)	−50,＋200	20/20	共20处,全部检查, 合格20处	√
	3	坡率	设计值	20/20	抽查20处,合格20处	√
一般 项目	1	表面平整度(mm)	±20	12/12	抽查12处,合格12处	100%
	2	基底土性	设计要求	/	符合要求	√

施工单位 检查结果	主控项目和一般项目全部合格,符合设计及施工质量验收规范要求。 专业施工员:××× 项目专业质量检查员:××× ××年××月××日
监理单位 验收结论	☑同意验收　　　　　　　　　□不同意验收,需返工处理再组织验收 □经返工处理后,同意验收 专业监理工程师:××× ××年××月××日

资料员(签字):

155

单位(子单位) 工程名称	×××工程		
检验批名称	土方开挖检验批 质量验收记录	检验批编号	01-05-01-01-001

编号	验收项目	验收部位	验收情况记录	备注
6.2.4	标高	①～⑩/Ⓐ～Ⓖ轴	−39,−27,−22,−17,−14,−11,−8,−3,0, −47,12,13	
6.2.4	长度、宽度	①～⑩/Ⓐ～Ⓖ轴	119,142,158,174,189,−45,−29,−14,2,18,33, 57,73,88,104,120,135,151,167,182	
6.2.4	边坡设计要求	①～⑩/Ⓐ～Ⓖ轴	符合设计及验收规范的要求	
6.2.4	表面平整度	①～⑩/Ⓐ～Ⓖ轴	19,1,2,4,5,6,7,9,10,11,11,13	
6.2.4	基底土性	①～⑩/Ⓐ～Ⓖ轴	符合设计及验收规范的要求	

监理校核： 检查： 记录： 验收日期： 年 月 日

土方开挖工程检验批质量验收记录填写说明

1. 填写依据

《建筑地基基础工程施工质量验收标准》GB 50202—2018。

2. 填写要点

（1）平整后的场地表面坡率应符合设计要求，设计无要求时，沿排水沟方向的坡率不应小于2%。平整后的场地表面应逐点检查。土石方工程的标高检查点为每100m³ 取1点，且不应少于10点；土石方工程的平面几何尺寸（长度、宽度等）应全数检查；土石方工程的边坡为每20m取1点，且每边不应少于1点。土石方工程的表面平整度检查点为每100m³ 取1点，且不应少于10点。

（2）临时性挖方工程的边坡坡率允许值应符合表7.6-2的规定或经设计计算确定。

临时性挖方工程的边坡坡率允许值　　表 7.6-2

序号	土的类别		边坡坡率（高：宽）
1	砂土	不包括细砂、粉砂	1：1.25～1：1.50
2	黏性土	坚硬	1：0.75～1：1.00
		硬塑、可塑	1：1.00～1：1.25
		软塑	1：1.50 或更缓
3	碎石土	充填坚硬黏土、硬塑黏土	1：0.50～1：1.00
		充填砂土	1：1.00～1：1.50

管沟土方开挖工程检验批质量验收记录

单位(子单位) 工程名称	×××工程	分部(子分部) 工程名称	地基与基础/ 土石方	分项工程名称	土方开挖
施工单位	×××公司	项目负责人	×××	检验批容量	挖方面积:1500m² 边坡长度:(50+30)×2m
分包单位	×××公司	分包单位 项目负责人	×××	检验批部位	××
施工依据	《建筑地基基础工程施工规范》 GB 51004—2015		验收依据	《建筑地基基础工程施工质量验收标准》 GB 50202—2018	

验收项目			设计要求及 规范规定	最小/实际 抽样数量	检查记录	检查结果
主控 项目	1	标高(mm)	−50,0	15/15	抽查15处,合格15处	√
	2	长度、宽度(mm)(由设计中心线向两边量)	0,+100	全/8	共8处,全部检查,合格8处	√
	3	坡率	设计值	8/8	抽查8处,合格8处	√
一般 项目	1	表面平整度(mm)	±20	15/15	抽查15处,合格14处	93.3%
	2	基底土性	设计要求	/	符合要求	√

施工单位 检查结果	主控项目和一般项目全部合格,符合设计及施工质量验收规范要求。 专业施工员:××× 项目专业质量检查员:××× ××年××月××日
监理单位 验收结论	☑同意验收　　　　　　　　　　　□不同意验收,需返工处理再组织验收 □经返工处理后,同意验收 专业监理工程师:××× ××年××月××日

资料员（签字）:

158

柱基、基坑、基槽、管沟、地（路）面基础层填方工程检验批质量验收记录

01-06-04-01-001

单位（子单位） 工程名称	×××工程	分部（子分部） 工程名称	地基与基础/ 土石方	分项工程名称		土方回填
施工单位	×××公司	项目负责人	×××	检验批容量		1600m²
分包单位	×××公司	分包单位 项目负责人	×××	检验批部位		××
施工依据	《建筑地基基础工程施工规范》 GB 51004—2015		验收依据	《建筑地基基础工程施工质量验收标准》 GB 50202—2018		

验收项目			设计要求及 规范规定	最小/实际 抽样数量	检查记录	检查结果
主控 项目	1	标高(mm)	−50.0	16/16	抽查16处,合格16处	√
	2	分层压实系数	不小于设计值	/	试验合格,报告编号:×××	√
一般 项目	1	回填土料	设计要求	/	符合设计要求	√
	2	分层厚度	设计值	20/20	抽查20处,合格20处	100%
	3	含水量	最优含水量±2%	/	试验合格,报告编号:×××	√
	4	表面平整度(mm)	±20	16/16	抽查16处,合格15处	94%
	5	有机质含量	≤5%	/	试验合格,报告编号:×××	√
	6	辗迹重叠长度(mm)	500～1000	20/20	抽查20处,合格19处	95%

施工单位 检查结果	主控项目和一般项目全部合格,符合设计及施工质量验收规范要求。 专业施工员:××× 项目专业质量检查员:××× ××年××月××日
监理单位 验收结论	☑同意验收　　　　　　　　　　　□不同意验收,需返工处理再组织验收 □经返工处理后,同意验收 专业监理工程师:××× ××年××月××日

资料员（签字）：

后浇带检验批质量验收记录

01-08-02-03-001

单位(子单位) 工程名称	×××工程		分部(子分部) 工程名称	地基与基础/ 地下防水	分项工程名称	细部构造防水
施工单位	×××公司		项目负责人	×××	检验批容量	1处
分包单位	×××公司		分包单位项目 负责人	×××	检验批部位	××
施工依据	《地下防水工程质量验收规范》 GB 50208—2011			验收依据	《地下防水工程质量验收规范》 GB 50208—2011	

		验收项目	设计要求及 规范规定	最小/实际 抽样数量	检查记录	检查 结果
主控项目	1	后浇带用遇水膨胀止水条或止水胶、预埋注浆管、外贴式止水带	第5.3.1条	/	质量证明文件齐全,检验合格,报告编号:×××	√
	2	补偿收缩混凝土的原材料及配合比	第5.3.2条	/	质量证明文件齐全,检验合格,报告编号:×××	√
	3	后浇带防水构造	第5.3.3条	全/1	共1处,全部检查,全部合格	√
	4	采用掺膨胀剂的补偿收缩混凝土,其抗压强度、抗渗性能和限制膨胀率	第5.3.4条	/	检验合格,报告编号:×××	√
一般项目	1	补偿收缩混凝土浇筑前,后浇带部位和外贴式止水带应采取保护措施	第5.3.5条	全/1	共1处,全部检查,全部合格	100%
	2	后浇带两侧的接缝表面应先清理干净,再涂刷混凝土界面处理剂或水泥基渗透结晶型防水涂料	第5.3.6条	全/1	共1处,全部检查,全部合格	100%
		后浇混凝土的浇筑时间应符合设计要求	第5.3.6条	全/1	符合设计要求	√
	3	遇水膨胀止水条应具有缓膨胀性能	第5.1.8条	/	检验合格	100%
		止水条埋设位置、方法	第5.1.8条	全/1	共1处,全部检查,全部合格	100%
		止水条采用搭接连接时,搭接宽度	不得小于30mm	全/1	共1处,全部检查,全部合格	100%

160

	验收项目		设计要求及规范规定	最小/实际抽样数量	检查记录	检查结果
一般项目	4	遇水膨胀止水胶施工	第5.1.9条	/	/	/
	5	预埋式注浆管设置	第5.1.10条	/	/	/
	6	外贴式止水带在变形缝与施工缝相交部位和变形缝转角部位设置	第5.2.6条	/	/	/
		外贴式止水带埋设位置和敷设	第5.2.6条	/	/	/
	7	后浇带混凝土应一次浇筑,不得留施工缝	第5.3.8条	/	/	/
		混凝土浇筑后应及时养护,养护时间不得少于28d	第5.3.8条	全/1	共1处,全部检查,全部合格	100%

施工单位检查结果	主控项目和一般项目全部合格,符合设计及施工质量验收规范要求。 专业施工员:××× 项目专业质量检查员:××× ××年××月××日
监理单位验收结论	☑同意验收　　　　　　　　　　□不同意验收,需返工处理再组织验收 □经返工处理后,同意验收 专业监理工程师:××× ××年××月××日

资料员(签字):

（2）主体结构工程：

模板安装检验批质量验收记录

02-01-01-01-001

单位(子单位) 工程名称	×××工程	分部(子分部) 工程名称	主体结构/ 混凝土结构	分项 工程名称	模板
施工单位	×××公司	项目负责人	×××	检验批容量	10间板+20件梁
分包单位	×××公司	分包单位项目 负责人	×××	检验批部位	二层梁板①～⑧/ Ⓐ～Ⓕ轴
施工依据	《混凝土结构工程施工规范》 GB 50666—2011		验收依据	《混凝土结构工程施工质量验收规范》 GB50204—2015	

		验收项目		设计要求及 规范规定	最小/实际 抽样数量	检查记录	检查 结果
主控项目	1	模板及支架材料质量		第4.2.1条	/	符合相关标准要求,质量证明文件齐全	√
	2	现浇混凝土模板及支架安装质量		第4.2.2条	全/30	共30处,全部检查,合格30处	√
	3	后浇带处的模板及支架独立设置		第4.2.3条	全/全	全部检查,全部合格	√
	4	支架竖杆和竖向模板安装在土层上时的要求		第4.2.4条	/	/	/
一般项目	1	模板安装的一般要求		第4.2.5条	全/30	共30处,全部检查,合格29处	96.7%
	2	隔离剂的品种和涂刷方法质量		第4.2.6条	全/30	共30处,全部检查,合格29处 质量证明文件合格	96.7%
	3	模板起拱高度		第4.2.7条	6/6	抽查6处,合格6处	100%
	4	现浇混凝土结构多层连续支模、支架的竖杆、垫板要求		第4.2.8条	/	/	/
	5	固定在模板上的预埋件和预留孔洞		第4.2.9条	/	/	/
	6	预埋件、预留孔洞允许偏差(mm)	预埋板中心线位置	3	/	/	/
			预埋管、预留孔中心线位置	3	6/6	抽查6处,合格5处	83.3%
			插筋 中心线位置	5	/	/	/
			插筋 外露长度	+10.0	/	/	/
			预埋螺栓 中心线位置	2	/	/	/
			预埋螺栓 外露长度	+10.0	/	/	/
			预留洞 中心线位置	10	5/5	共5处,全部检查,合格5处	100%
			预留洞 尺寸	+10.0	5/5	共5处,全部检查,合格5处	100%

验收项目			设计要求及规范规定	最小/实际抽样数量	检查记录	检查结果
一般项目	7 现浇结构模板安装允许偏差（mm）	轴线位置		5	6/6	抽查6处，合格6处	100%
		底模上表面标高		±5	6/6	抽查6处，合格5处	83.3%
		模板内部尺寸	基础	±10	/	/	/
			柱、墙、梁	±5	3/3	抽查3处，合格3处（梁）	100%
		楼梯相邻踏步高差		5	2/2	共2部楼梯，全部检查，全部合格	100%
		柱、墙垂直度	层高≤6m	8	/	/	/
			层高＞6m	10	/	/	/
		相邻模板表面高差		2	3/3	抽查3处，合格3处（板）	100%
		表面平整度		5	3/6	抽查6处，合格5处（板）	83.3%

施工单位检查结果	主控项目全部合格，一般项目满足规范规定要求；检查评定合格。 专业工长：××× 项目专业质量检查员：××× ××年××月××日
监理单位验收结论	验收合格。　　　　　　　专业监理工程师：××× 　　　　　　　　　　　　　　　　　　　　　年　　月　　日

资料员（签字）：

铝合金模板安装检验批质量验收记录

单位(子单位) 工程名称	×××工程		分部(子分部) 工程名称	主体结构/ 混凝土结构	分项 工程名称	模板
施工单位	×××公司		项目负责人	×××	检验批容量	10间板+20件梁
分包单位	×××公司		分包单位项目 负责人	×××	检验批部位	二层梁板①~⑧/ Ⓐ~Ⓕ轴
施工依据	《组合铝合金模板工程技术规程》 JGJ 386—2016			验收依据	《混凝土结构工程施工质量验收规范》 GB 50204—2015	

	验收项目			设计要求及 规范规定	最小/实际 抽样数量	检查记录	检查 结果
主控项目	1	安装现浇结构的上层模板及其支架时,下层楼板应具有承受上层荷载的承载力,或加设支架;上、下层支架的立柱应对准,并铺设垫板		第6.0.2条	全/30	符合相关标准要求及专项施工方案要求	√
	2	涂刷隔离剂时,不得沾污钢筋和混凝土接槎处		第6.0.3条	全/30	全部检查,全部合格	√
	3	可调钢支撑等支架的规格、间距、垂直度、插销直径等是否符合要求		第6.0.4条	全/30	全部检查,全部合格	√
	4	销钉、背楞、对拉螺栓、定位撑条、承接模板和斜撑的预埋螺栓等的数量、位置是否符合要求		第6.0.5条	全/30	符合相关标准要求及专项施工方案要求	√
一般项目	1	模板安装的拼缝应平整、严密、不应漏浆		第6.0.6条	全/30	共30处,全部检查,合格28处	93.3%
	2	模板与混凝土的接触面应清理干净并涂刷隔离剂		第6.0.6条	全/30	共30处,全部检查,全部合格	100%
	3	浇筑混凝土前,模板内的杂物应清理干净		第6.0.6条	全/30	共30处,全部检查,全部合格	100%
	4	模板起拱高度		当设计有要求时按设计要求,设计无要求时按跨度的1‰~3‰ 第5.2.4条	全/30	共30处,全部检查,全部合格	100%
	5	预埋件、预留孔洞允许偏差(mm)	预埋管、预留孔中心线位置	3	6/6	抽查6处,合格5处	83.3%
			预埋螺栓 中心线位置	2	6/6	抽查6处,合格6处	100%
			预埋螺栓 外露长度	+10.0	6/6	抽查6处,合格5处	83.3%
			预留洞 中心线位置	10	5/5	共5处,全部检查,合格5处	100%
			预留洞 尺寸	+10.0	5/5	共5处,全部检查,合格5处	100%

	验收项目			设计要求及规范规定	最小/实际抽样数量	检查记录	检查结果
一般项目	6	模板安装允许偏差（mm）	模板垂直度	5	6/6	抽查6处,合格6处	100%
			梁侧、墙、柱模板平整度	3	6/6	抽查6处,合格5处	83.3%
			墙、柱、梁模板轴线位置	3	6/10	抽查10处,合格9处	90%
			底模上表面标高	±5	6/10	抽查10处,合格9处	90%
			截面内部尺寸 柱、墙、梁	4、−5	6/10	抽查10处,合格10处	100%
			单跨楼板模板的长宽尺寸累计误差	±5	6/8	抽查8处,合格7处	87.5%
			相邻模板表面高低差	1.5	6/10	抽查10处,合格9处	90%
			相邻模板拼接缝隙宽度	≤1.5	6/9	抽查9处,合格8处	88.8%
			梁底模板、模板表面平整度	3	6/6	抽查6处,合格5处	83.3%
	7	早拆模板支撑允许偏差（mm）	支撑立杆垂直度	≤层高的1/300	6/10	抽查10处,合格9处	90%
			上下层竖向支撑的轴线偏差	≤15	6/10	抽查10处,合格10处	100%
施工单位检查结果			主控项目全部合格,一般项目满足规范规定要求;检查评定合格。 专业工长:××× 项目专业质量检查员:××× ××年××月××日				
监理单位验收结论			验收合格。　专业监理工程师:××× ××年××月××日				

资料员（签字）：

现场验收检查原始记录

单位(子单位)工程名称			×××工程	
检验批名称	模板安装检验批质量验收记录		检验批编号	02-01-01-01-001
编号	验收项目	验收部位	验收情况记录	备注
4.2.2	现浇混凝土模板及支架安装质量	二层梁板 ①～⑧/Ⓐ～Ⓕ轴	全数检查,符合专项方案要求及规范相关要求	
4.2.5	模板安装的一般要求	二层梁板 ①～⑧/Ⓐ～Ⓕ轴	全数检查,模板拼缝严密、平整、表面清洁、无杂物	
4.2.6	隔离剂的品种和涂刷方法质量	二层梁板 ①～⑧/Ⓐ～Ⓕ轴	全数检查,钢筋及混凝土接槎处等均未污染	
4.2.7	模板起拱高度(mm)	二层梁板 ①～⑧/Ⓐ～Ⓕ轴	12、8、7、6、9、5	跨度不小于4m的梁板,起拱高度宜为梁板跨度的 1/1000～3/1000
4.2.9	预埋件预埋管、预留孔中心线位置(mm)	二层梁板 ①～⑧/Ⓐ～Ⓕ轴	2、3、0、0、1、1	
4.2.9	预留洞中心线位置(mm)	二层梁板 ①～⑧/Ⓐ～Ⓕ轴	6、4、3、5、2	
4.2.9	预留洞尺寸(mm)	二层梁板 ①～⑧/Ⓐ～Ⓕ轴	8、3、4、2、0	
4.2.10	现浇结构模板安装允许偏差(mm)	二层梁板 ①～⑧/Ⓐ～Ⓕ轴	1、2、2、3、3、3	
4.2.10	底模上表面标高(mm)	二层梁板 ①～⑧/Ⓐ～Ⓕ轴	⑥、-3、-2、-2、-1、0	
4.2.10	梁模板内部尺寸(mm)	二层梁板 ①～⑧/Ⓐ～Ⓕ轴	4、5、-4	
4.2.10	楼梯相邻踏步高差(mm)	二层梁板 ①～⑧/Ⓐ～Ⓕ轴	2、3、3、2、3	
4.2.10	相邻模板表面高差(mm)	二层梁板 ①～⑧/Ⓐ～Ⓕ轴	2、0、1	
4.2.10	模板表面平整度(mm)	二层梁板 ①～⑧/Ⓐ～Ⓕ轴	4、⑥、3、4、4、1	

监理校核:　　　　检查:　　　　记录:　　　　验收日期:　　　年　月　日

注:填写依据为《混凝土结构工程施工质量验收规范》GB 50204—2015。

模板安装检验批质量验收记录填写说明

1. 填写依据

（1）《组合铝合金模板工程技术规程》JGJ 386—2016。

（2）《混凝土结构工程施工质量验收规范》GB 50204—2015。

2. 填写要点

（1）混凝土结构工程采用的材料、构配件、器具及半成品应按进场批次进行检验。属于同一工程项目且同期施工的多个单位工程，对同一厂家生产的同批材料、构配件、器具及半成品，可统一划分检验批进行验收。如：模板安装，可根据柱、梁、板、墙，按楼层或结构伸缩缝进行划分。

（2）模板及支架用材料的技术指标应符合国家现行有关标准的规定。进场时应抽样检验模板和支架材料的外观、规格和尺寸。

检查数量：按国家现行相关标准的规定确定。

检验方法：检查质量证明文件，观察，尺量。

（3）后浇带处的模板及支架应独立设置。

检查数量：全数检查。

检验方法：观察。

（4）支架竖杆和竖向模板安装在土层上时，应符合下列规定：

1）土层应坚实、平整，其承载力或密实度应符合施工方案要求。

2）应有防水、排水措施；对冻胀性土，应有预防冻融措施。

3）支架竖杆下应有底座或垫板。

检查数量：全数检查。

检验方法：观察；检查土层密实度检测报告、土层承载力验算或现场检测报告。

（5）模板安装质量应符合下列规定：

1）模板的接缝应严密。

2）模板内不应有杂物、积水或冰雪等。

3）模板与混凝土的接触面应平整、清洁。

4）用作模板的地坪、胎膜等应平整、清洁，不应有影响构件质量的下沉、裂缝、起砂或起鼓。

5）对清水混凝土及装饰混凝土构件，应使用能达到设计效果的模板。

检查数量：全数检查。

检验方法：观察。

（6）隔离剂的品种和涂刷方法应符合施工方案的要求。隔离剂不得影响结构性能及装饰施工；不得沾污钢筋、预应力筋、预埋件和混凝土接槎处；不得对环境造成污染。

检查数量：全数检查。

检验方法：检查质量证明文件，观察。

（7）模板的起拱应符合现行国家标准《混凝土结构工程施工规范》GB 50666 的规定，并应符合设计及施工方案的要求。

检查数量：在同一检验批内，对梁，跨度大于 18m 时应全数检查，跨度不大于 18m 时应抽查构件数量的 10%，且不应少于 3 件；对板，应按有代表性的自然间抽查 10%，且不应少于 3 间；对大空间结构，板可按纵、横轴线划分检查面，抽查 10%，且不应少于 3 面。

检验方法：水准仪或尺量。

（8）现浇混凝土结构多层连续支模应符合施工方案的规定。上下层模板支架的竖杆宜对准。竖杆下垫板的设置应符合施工方案的要求。

检查数量：全数检查。

检验方法：观察。

（9）预埋件和预留孔洞的位置应满足设计和施工方案的要求。当设计无具体要求时，其允许偏差应符合表 7.6-3 的规定。

检查数量：在同一检验批内，对梁、柱和独立基础，应抽查构件数量的 10%，且不应少于 3 件；对墙和板，应按有代表性的自然间抽查 10%，且不应少于 3 间；对大空间结构墙可按相邻轴线间高度 5m 左右划分检查面，板可按纵、横轴线划分检查面，抽查 10%，且均不应少于 3 面。

检验方法：观察、尺量。

预埋件和预留孔洞的安装允许偏差 表 7.6-3

项目		允许偏差(mm)
预埋板中心线位置		3
预埋管、预留孔中心线位置		3
插筋	中心线位置	5
	外露长度	+10.0
预埋螺栓	中心线位置	2
	外露长度	+10.0
预留洞	中心线位置	10
	尺寸	+10.0

注：检查中心线位置时，沿纵、横两个方向量测，并取其中偏差的较大值。

（10）现浇结构模板安装的允许偏差及检验方法应符合表 7.6-4 的规定。

现浇结构模板安装的允许偏差及检验方法 表 7.6-4

项目		允许偏差(mm)	检验方法
轴线位置		5	尺量
底模上表面标高		±5	水准仪或拉线、尺量
模板内部尺寸	基础	±10	尺量
	柱、墙、梁	±5	尺量
	楼梯相邻踏步高差	5	尺量
垂直度	柱、墙层高≤6m	8	经纬仪或吊线、尺量
	柱、墙层高＞6m	10	经纬仪或吊线、尺量
相邻两块模板表面高差		2	尺量
表面平整度		5	2m 靠尺和塞尺量测

注：检查轴线位置当有纵横两个方向时，沿纵、横两个方向量测，并取其中偏差的较大值。

检查数量：在同一检验批内，对梁、柱和独立基础，应抽查构件数量的10％，且不应少于3件；对墙和板，应按有代表性的自然间抽查10％，且不应少于3间；对大空间结构，墙可按相邻轴线间高度5m左右划分检查面，板可按纵、横轴线划分检查面，抽查10％，且均不应少于3面。

钢筋原材料检验批质量验收记录

02-01-02-01-001

单位(子单位) 工程名称	×××工程	分部(子分部) 工程名称	主体结构/ 混凝土结构	分项工程名称	钢筋
施工单位	×××公司	项目负责人	×××	检验批容量	6批
分包单位	/	分包单位项目 负责人	/	检验批部位	基础或主体
施工依据	《混凝土结构工程施工规范》 GB 50666—2011	验收依据		《混凝土结构工程施工质量验收规范》 GB 50204—2015	

验收项目			设计要求及 规范规定	最小/实际 抽样数量	检查记录	检查 结果
主控项目	1	钢筋力学性能和重量偏差检验	第5.2.1条	/	质量证明文件齐全,试验合格,报告编号: HRB400Eϕ8:××× HRB400Eϕ10:××× HRB400Eϕ16:××× HRB400Eϕ18:××× HRB400Eϕ20:××× HRB400Eϕ22:×××	√
	2	成型钢筋力学性能和重量偏差检验	第5.2.2条	/	质量证明文件齐全,试验合格,报告编号: HRB400Eϕ8:××× HRB400Eϕ10:××× HRB400Eϕ16:××× HRB400Eϕ18:××× HRB400Eϕ20:××× HRB400Eϕ22:×××	√
	3	抗震用钢筋强度实测值	第5.2.3条	/	检验合格,报告编号:×××	√
一般项目	1	钢筋外观质量	第5.2.4条	全/全	全部检查,全部合格	100%
	2	成型钢筋外观质量和尺寸偏差	第5.2.5条	6/6	抽查6处,合格5处	83.3%
	3	钢筋机械连接套筒、锚固板及预埋件外观质量	第5.2.6条	全/全	全部检查,全部合格	100%

施工单位 检查结果	主控项目全部合格,一般项目满足规范规定要求;检查评定合格。 专业施工员:××× 项目专业质量检查员:××× ××年××月××日
监理单位 验收结论	符合要求。 专业监理工程师:××× ××年××月××日

资料员（签字）：

170

现场验收检查原始记录

单位(子单位)工程名称		×××工程		
检验批名称	钢筋原材料检验批质量验收记录	检验批编号		02-01-02-01-001

编号	验收项目	验收部位	验收情况记录	备注
5.2.4	钢筋外观质量	二层梁板①～⑧/Ⓐ～Ⓕ轴	钢筋平直、无损伤,表面无裂纹、油污、颗粒状或片状老锈	
5.2.5	成型钢筋外观质量和尺寸偏差	二层梁板①～⑧/Ⓐ～Ⓕ轴	外观质量符合设计及验收规范的要求,箍筋轮廓尺寸偏差:+5、-3、+4、-2、+4、+3	
5.2.6	钢筋机械连接套筒、锚固板及预埋件外观质量	二层梁板①～⑧/Ⓐ～Ⓕ轴	符合设计及验收规范的要求	

监理校核:　　　　检查:　　　　记录:　　　　验收日期:　　　年　　月　　日

171

钢筋原材检验批质量验收记录填写说明

1. 填写依据

《混凝土结构工程施工质量验收规范》GB 50204—2015。

2. 填写要点

混凝土结构工程采用的材料、构配件、器具及半成品应按进场批次进行检验。属于同一工程项目且同期施工的多个单位工程，对同一厂家生产的同批材料、构配件、器具及半成品，可统一划分检验批进行验收。如：钢筋原材，可按进场批次（时间）、使用部位进行划分。

（1）钢筋进场时，应按国家现行标准的规定抽取试件做屈服强度、抗拉强度、伸长率、弯曲性能和重量偏差检验，检验结果应符合相关标准的规定。

检查数量：按进场批次和产品的抽样检验方案确定。

检验方法：检查质量证明文件和抽样检验报告。

（2）成型钢筋进场时，应抽取试件做屈服强度、抗拉强度、伸长率和重量偏差检验，检验结果应符合国家现行相关标准的规定。

对由热轧钢筋制成的成型钢筋，当有施工单位或监理单位的代表驻厂监督生产过程，并提供原材钢筋力学性能第三方检验报告时，可仅进行重量偏差检验。

检查数量：同一厂家、同一类型、同一钢筋来源的成型钢筋，不超过30t 为一批，每批中每种钢筋牌号、规格均应至少抽取1 个钢筋试件，总数不应少于3 个。

检验方法：检查质量证明文件和抽样检验报告。

（3）钢筋应平直、无损伤，表面不得有裂纹、油污、颗粒状或片状老锈。

检查数量：全数检查。

检验方法：观察。

（4）成型钢筋外观质量和尺寸偏差应符合国家现行相关标准规定。

检查数量：同一厂家、同一类型的成型钢筋，不超过30t 为一批，每批随机抽取3 个成型钢筋试件。

检验方法：观察，尺量。

（5）钢筋机械连接套筒、钢筋锚固板以及预埋件等的外观质量应符合国家现行相关标准的规定。

检查数量：按国家现行相关标准的规定确定。

检验方法：检查产品质量证明文件；观察，尺量。

钢筋加工检验批质量验收记录

02-01-02-02-001

单位(子单位) 工程名称	×××工程	分部(子分部) 工程名称	主体结构/ 混凝土结构	分项 工程名称		钢筋
施工单位	×××公司	项目负责人	×××	检验批容量		6批
分包单位	/	分包单位 项目负责人	/	检验批部位		一层梁板①～⑧/ Ⓐ～Ⓕ轴
施工依据	《混凝土结构工程施工规范》 GB 50666—2011		验收依据		《混凝土结构工程施工质量验收规范》 GB 50204—2015	

		验收项目	设计要求及 规范规定	最小/实际 抽样数量	检查记录	检查 结果
主控项目	1	钢筋弯折的弯弧内径	第5.3.1条	18/18	抽查18处,合格18处	√
	2	纵向受力钢筋弯折后平直段长度;光圆钢筋末端做180°弯钩的平直段长度	第5.3.2条	18/18	抽查18处,合格18处	√
	3	箍筋、拉钩末端弯钩	第5.3.3条	6/6	抽查6处,合格6处	√
	4	盘卷钢筋调直后力学性能与重量偏差	第5.3.4条	/	检测合格,报告单编号:××××	√
一般项目	1	钢筋加工的形状、尺寸	受力钢筋沿长度方向的净尺寸 ±10	12/12	抽查12处,合格12处	100%
			弯起钢筋的弯折位置 ±20	6/6	抽查6处,合格6处	100%
			箍筋外廓尺寸 ±5	6/6	抽查6处,合格5处	94.4%

施工单位 检查结果	主控项目全部合格,一般项目满足规范规定要求;检查评定合格。 施工员:××× 项目专业质量检查员:××× 　　　　　　　　　　　　　　　　　　××年××月××日
监理单位 验收结论	验收合格。 专业监理工程师:××× 　　　　　　　　　　　　　　　　　　××年××月××日

注:当采用无延伸功能的机械设备调制的钢筋,可不进行本条规定的检验。

资料员（签字）:

现场验收检查原始记录

单位(子单位) 工程名称	×××工程			
检验批名称	钢筋加工检验批质量验收记录	检验批编号	02-01-02-02-001	
编号	验收项目	验收部位	验收情况记录	备注
5.3.1	钢筋弯折的弯弧内径	一层梁板 ①~⑧/Ⓐ~Ⓕ轴	1. 光圆钢筋,不小于钢筋直径的 2.5 倍; 2. 335MPa 级、400MPa 级带肋钢筋不小于钢筋直径的 4 倍; 3. 500MPa 级带肋钢筋,直径为 28mm 以下时不小于钢筋直径的 6 倍,直径为 28mm 及以上时不小于钢筋直径的 7 倍; 4. 箍筋弯折处不小于纵向受力钢筋的直径	
5.3.2	纵向受力钢筋弯折后平直段长度;光圆钢筋末端做 180°弯钩的平直段长度	一层梁板 ①~⑧/Ⓐ~Ⓕ轴	1. 纵向受力钢筋弯折后平直段长度符合设计要求。 2. 光圆钢筋末端做 180°弯钩时,弯钩的平直段长度不小于钢筋直径的 3 倍	
5.3.3	箍筋、拉钩末端弯钩	一层梁板 ①~⑧/Ⓐ~Ⓕ轴	135°、135°、135°、135°、135°、135°	
5.3.5	钢筋加工尺寸:受力钢筋沿长度方向的净尺寸	一层梁板 ①~⑧/Ⓐ~Ⓕ轴	+9、+10、-3、-1、+5、+6、+8、-4、-3、+8、+9、+5	
5.3.5	钢筋加工尺寸:箍筋外廓尺寸	一层梁板 ①~⑧/Ⓐ~Ⓕ轴	+4、+⑥、-3、-1、+3、+3	
5.3.5	钢筋加工尺寸:弯折钢筋的弯折位置	一层梁板 ①~⑧/Ⓐ~Ⓕ轴	+15、+15、-13、-10、+6、+5	

监理校核:　　　　检查:　　　　记录:　　　　验收日期:　　　年　　月　　日

174

钢筋加工检验批质量验收记录填写说明

1. 填写依据

《混凝土结构工程施工质量验收规范》GB 50204—2015。

2. 填写要点

混凝土结构工程采用的材料、构配件、器具及半成品应按进场批次进行检验。属于同一工程项目且同期施工的多个单位工程，对同一厂家生产的同批材料、构配件、器具及半成品，可统一划分检验批进行验收。如：钢筋加工，可按工作台班、同规格钢筋、同生产设备、同工艺、每班工作量为一个检验批。

（1）钢筋弯折的弯弧内直径应符合下列规定：

1）光圆钢筋，不应小于钢筋直径的 2.5 倍。

2）335MPa 级、400MPa 级带肋钢筋，不应小于钢筋直径的 4 倍。

3）500MPa 级带肋钢筋，当直径为 28mm 以下时不应小于钢筋直径的 6 倍，当直径为 28mm 及以上时不应小于钢筋直径的 7 倍。

4）箍筋弯折处尚不应小于纵向受力钢筋的直径。

检查数量：按每工作班同一类型钢筋、同一加工设备抽查不应少于 3 件。

检验方法：尺量。

（2）纵向受力钢筋弯折后平直段长度应符合设计要求。光圆钢筋末端做 180°弯钩时，弯钩的平直段长度不应小于钢筋直径的 3 倍。

检查数量：按每工作班同一类型钢筋、同一加工设备抽查不应少于 3 件。

检验方法：尺量。

（3）箍筋、拉筋的末端应按设计要求做弯钩，并应符合下列规定：

1）对一般结构构件，箍筋弯钩的弯折角度不应小于 90°，弯折后平直段长度不应小于箍筋直径的 5 倍；对有抗震设防要求或设计有专门要求的结构构件，箍筋弯钩的弯折角度不应小于 135°，弯折后平直段长度不应小于箍筋直径的 10 倍。

2）圆形箍筋的搭接长度不应小于其受拉锚固长度，且两末端弯钩的弯折角度不应小于 135°，弯折后平直段长度对一般结构构件不应小于箍筋直径的 5 倍，对有抗震设防要求的结构构件不应小于箍筋直径的 10 倍。

3）梁、柱复合箍筋中的单肢箍筋两端弯钩的弯折角度均不应小于 135°，弯折后平直段长度应符合 1）中对箍筋的有关规定。

检查数量：按每工作班同一类型钢筋、同一加工设备抽查不应少于 3 件。

检验方法：尺量。

（4）盘卷钢筋调直后应进行力学性能和重量偏差检验，其强度应符合国家现行有关标准的规定，其断后伸长率、重量偏差应符合表 7.6-5 的规定。

检查数量：同一加工设备、同一牌号、同一规格的调直钢筋，重量不大于 30t 为一批，每批见证抽取 3 个试件。

检验方法：检查抽样检验报告。

盘卷钢筋调直后的断后伸长率、重量偏差要求 表 7.6-5

钢筋牌号	断后伸长率 A(%)	重量偏差(%)	
		直径 6~12mm	直径 14~16mm
HPB300	≥21	≥−10	/
HRB335、HRBF335	≥16	≥−8	≥−6
HRB400、HRBF400	≥15		
RRB400	≥13		
HRB500、HRBF500	≥14		

（5）钢筋加工的形状、尺寸应符合设计要求，其允许偏差应符合表 7.6-6 的规定。

检查数量：按每工作班同一类型钢筋、同一加工设备抽查不应少于 3 件。

检验方法：尺量。

钢筋加工的允许偏差 表 7.6-6

项目	允许偏差(mm)
受力钢筋沿长度方向的净尺寸	±10
弯起钢筋的弯折位置	±20
箍筋外廓尺寸	±5

176

钢筋连接检验批质量验收记录

02-01-02-03-001

单位(子单位) 工程名称	×××工程	分部(子分部) 工程名称	主体结构/ 混凝土结构	分项工程名称	钢筋
施工单位	×××公司	项目负责人	×××	检验批容量	15件墙+20件柱
分包单位	/	分包单位项目 负责人	/	检验批部位	二层柱、剪力墙
施工依据	《混凝土结构工程施工规范》 GB 50666—2011		验收依据	《混凝土结构工程施工质量验收 规范》GB 50204—2015	

验收项目			设计要求及 规范规定	最小/实际 抽样数量	检查记录	检查 结果
主控项目	1	钢筋的连接方式	第5.4.1条	全/35	共35处,全部检查,合格35处	√
	2	机械连接或焊接连接接头的力 学性能、弯曲性能	第5.4.2条	/	采用直螺纹和绑扎搭接,符合 设计要求,试验合格,报告编 号:×××	√
	3	螺纹接头拧紧扭矩值,挤压接头 压痕直径	第5.4.3条	全/全	全部检查,全部合格	√
一般项目	1	钢筋接头的位置	第5.4.4条	全/35	共35处,全部检查,合格35处	100%
	2	机械连接接头、焊接接头的外观 质量	第5.4.5条	全/35	共35处,全部检查,合格33处	94.3%
	3	机械连接接头、焊接接头的接头 面积百分率	第5.4.6条	6/6	抽查6处,合格6处	100%
	4	绑扎搭接接头的设置	第5.4.7条	6/6	抽查6处,合格6处	100%
	5	搭接长度范围内的箍筋	第5.4.8条	6/10	抽查10处,合格9处	90%

施工单位 检查结果	主控项目全部合格,一般项目满足规范规定要求;检查评定合格。 专业工长(施工员):××× 项目专业质量检查员:××× ××年××月××日
监理单位 验收结论	验收合格。 专业监理工程师:××× ××年××月××日

资料员（签字）：

现场验收检查原始记录

单位(子单位) 工程名称	×××工程		
检验批名称	钢筋连接检验批 质量验收记录	检验批编号	02-01-02-03-001

编号	验收项目	验收部位	验收情况记录	备注
5.4.1	钢筋的连接方式	二层柱、 剪力墙	ϕ12:绑扎搭接	
			ϕ18、ϕ20:直螺纹套用连接	
5.4.4	钢筋接头的位置	二层柱、剪力墙	全数检查,接头位置和数量符合设计及验收规范的要求	
5.4.5	机械连接接头、焊接接头的外观质量	二层柱、剪力墙	ϕ18 丝扣外露 1 扣,符合现行行业标准《钢筋机械连接技术规程》JGJ 107 和《钢筋焊接及验收规程》JGJ 18 相关要求	
			ϕ20 丝扣外露 1～2 扣,符合现行行业标准《钢筋机械连接技术规程》JGJ 107 和《钢筋焊接及验收规程》JGJ 18 相关要求	
5.4.6	机械连接接头、焊接接头的接头面积百分率	二层柱、剪力墙	ϕ18:50%按规范要求错开连接	
			ϕ20:50%按规范要求错开连接	
			ϕ20:50%按规范要求错开连接	
5.4.7	绑扎搭接接头的设置	二层 剪力墙	ϕ12:25%按规范要求错开连接	
			ϕ14:25%按规范要求错开连接	
			ϕ10:25%按规范要求错开连接	
5.4.8	搭接长度范围内的箍筋	二层柱	ϕ10:均按设计和规范要求设置	

监理校核:　　　　　检查:　　　　　记录:　　　　　验收日期:　　　年　　月　　日

178

钢筋连接检验批质量验收记录填写说明

1. 填写依据

《混凝土结构工程施工质量验收规范》GB 50204—2015。

2. 填写要点

(1) 混凝土结构工程采用的材料、构配件、器具及半成品应按进场批次进行检验。属于同一工程项目且同期施工的多个单位工程,对同一厂家生产的同批材料、构配件、器具及半成品,可统一划分检验批进行验收。如:钢筋连接,可根据钢筋安装,按结构楼层或伸缩缝、部位、连接工艺进行划分。

(2) 钢筋的连接方式应符合设计要求。

检查数量:全数检查。

检验方法:观察。

(3) 钢筋采用机械连接或焊接连接时,钢筋机械连接接头、焊接接头的力学性能、弯曲性能应符合国家现行相关标准的规定。接头试件应从工程实体中截取。

检查数量:按现行行业标准《钢筋机械连接技术规程》JGJ 107 和《钢筋焊接及验收规程》JGJ 18 的规定确定。

检验方法:检查质量证明文件和抽样检验报告。

(4) 螺纹接头应检验拧紧扭矩值,挤压接头应量测压痕直径,检验结果应符合现行行业标准《钢筋机械连接技术规程》JGJ 107 的相关规定。

检查数量:按现行行业标准《钢筋机械连接技术规程》JGJ 107 的规定确定。

检验方法:采用专用扭力扳手或专用量规检查。

(5) 钢筋接头的位置应符合设计和施工方案要求。有抗震设防要求的结构中,梁端、柱端箍筋加密区范围内不应进行钢筋搭接。接头末端至钢筋弯起点的距离不应小于钢筋直径的 10 倍。

检查数量:全数检查。

检验方法:观察,尺量。

(6) 钢筋机械连接接头、焊接接头的外观质量应符合现行行业标准《钢筋机械连接技术规程》JGJ 107 和《钢筋焊接及验收规程》JGJ 18 的规定。

检查数量:按现行行业标准《钢筋机械连接技术规程》JGJ 107 和《钢筋焊接及验收规程》JGJ 18 的规定确定。

检验方法:观察,尺量。

(7) 当纵向受力钢筋采用机械连接接头或焊接接头时,同一连接区段内纵向受力钢筋的接头面积百分率应符合设计要求;当设计无具体要求时,应符合下列规定:

1) 受拉接头,不宜大于 50%;受压接头,可不受限制。

2) 直接承受动力荷载的结构构件中,不宜采用焊接;当采用机械连接时,不应超过 50%。

检查数量:在同一检验批内,对梁、柱和独立基础,应抽查构件数量的 10%,且不应少于 3 件;对墙和板,应按有代表性的自然间抽查 10%,且不应少于 3 间;对大空间结构,墙可按相邻轴线间高度 5m 左右划分检查面,板可按纵横轴线划分检查面,抽查

10%，且均不应少于 3 面。

检验方法：观察，尺量。

（8）当纵向受力钢筋采用绑扎搭接接头时，接头的设置应符合下列规定：

1）接头的横向净间距不应小于钢筋直径，且不应小于 25mm。

2）同一连接区段内，纵向受拉钢筋的接头面积百分率应符合设计要求；当设计无具体要求时，应符合下列规定：

① 梁类、板类及墙类构件，不宜超过 25%；基础筏板，不宜超过 50%。

② 柱类构件，不宜超过 50%。

③ 当工程中确有必要增大接头面积百分率时，对梁类构件，不应大于 50%。

检查数量：在同一检验批内，对梁、柱和独立基础，应抽查构件数量的 10%，且不应少于 3 件；对墙和板，应按有代表性的自然间抽查 10%，且不应少于 3 间；对大空间结构，墙可按相邻轴线间高度 5m 左右划分检查面，板可按纵横轴线划分检查面，抽查10%，且均不应少于 3 面。

检验方法：观察，尺量。

（9）梁、柱类构件的纵向受力钢筋搭接长度范围内箍筋的设置应符合设计要求；当设计无具体要求时，应符合下列规定：

1）箍筋直径不应小于搭接钢筋较大直径的 1/4。

2）受拉搭接区段的箍筋间距不应大于搭接钢筋较小直径的 5 倍，且不应大于100mm。

3）受压搭接区段的箍筋间距不应大于搭接钢筋较小直径的 10 倍，且不应大于200mm。

4）当柱中纵向受力钢筋直径大于 25mm 时，应在搭接接头两个端面外 100mm 范围内各设置 2 个箍筋，其间距宜为 50mm。

检查数量：在同一检验批内，应抽查构件数量的 10%，且不应少于 3 件。

检验方法：观察，尺量。

钢筋安装检验批质量验收记录

02-01-02-04-001

单位(子单位) 工程名称	×××工程	分部(子分部) 工程名称	主体结构/ 混凝土结构	分项工程名称		钢筋
施工单位	×××	项目负责人	×××	检验批容量		10间板+20件梁
分包单位	/	分包单位项目 负责人	/	检验批部位		二层梁板①~⑧/ Ⓐ~Ⓕ轴
施工依据	《混凝土结构工程施工规范》 GB 50666—2011		验收依据		《混凝土结构工程施工质量验收规范》 GB 50204—2015	

		验收项目		设计要求及 规范规定	最小/实际 抽样数量	检查记录	检查 结果
主控项目	1	受力钢筋的牌号、规格、数量		第5.5.1条	全/30	共30处,全部检查,合格30处	√
	2	受力钢筋安装位置、锚固方式		第5.5.2条	全/30	共30处,全部检查,合格30处	√
一般项目	1	绑扎钢筋 网(mm)	长、宽	±10	3/3	抽查3处,合格3处(板)	100%
			网眼尺寸	±20	3/6	抽查6处,合格5处(板)	83.3%
	2	绑扎钢筋骨 架(mm)	长	±10	3/3	抽查3处,合格3处(梁)	100%
			宽、高	±5	3/3	抽查3处,合格3处(梁)	100%
	3	纵向受力 钢筋(mm)	锚固长度	-20	6/6	抽查6处,合格6处	100%
			间距	±10	6/6	抽查6处,合格6处	100%
			排距	±5	3/6	抽查6处,合格5处(梁)	83.3%
	4	纵向受力钢 筋、箍筋保 护层厚度 (mm)	基础	±10	/	/	/
			柱、梁	±5	3/10	抽查10处,合格9处	90%
			板、墙、壳	±3	3/12	抽查12处,合格11处	91.7%
	5	箍筋、横向钢筋间距(mm)		±20	6/6	抽查6处,合格5处	83.3%
	6	钢筋弯起点位置 mm		20	3/3	抽查3处,合格3处(梁)	100%
	7	预埋件 mm	中心线位置	5	/	/	/
			水平高差	+3,0	/	/	/

施工单位 检查结果	主控项目全部合格,一般项目满足规范规定要求;检查评定合格。 专业工长:××× 项目专业质量检查员:××× ××年××月××日
监理单位 验收结论	验收合格。 专业监理工程师:××× ××年××月××日

资料员（签字）：

181

现场验收检查原始记录

单位(子单位) 工程名称		×××工程			
检验批名称	钢筋安装检验批质量验收记录		检验批编号	02-01-02-04-001	
编号	验收项目	验收部位	验收情况记录		备注
5.5.1	受力钢筋的牌号、规格、数量	二层梁板 ①~⑧/Ⓐ~Ⓕ轴	全数检查,符合设计及验收规范的要求		
5.5.2	受力钢筋安装位置、锚固方式	二层梁板 ①~⑧/Ⓐ~Ⓕ轴	全数检查,符合设计及验收规范的要求		
5.5.3	绑扎钢筋网长、宽(mm)	二层梁板 ①~⑧/Ⓐ~Ⓕ轴	3,9,-6		
5.5.3	绑扎钢筋网网眼尺寸(mm)	二层梁板 ①~⑧/Ⓐ~Ⓕ轴	10,5,9,-11,-21,4		
5.5.3	绑扎钢筋骨架长(mm)	二层梁板 ①~⑧/Ⓐ~Ⓕ轴	2,3,4		
5.5.3	绑扎钢筋骨架宽、高(mm)	二层梁板 ①~⑧/Ⓐ~Ⓕ轴	-2,+2,+1		
5.5.3	纵向受力钢筋锚固长度(mm)	二层梁板 ①~⑧/Ⓐ~Ⓕ轴	-7,-5,-3,-3,-1,0		
5.5.3	纵向受力钢筋间距(mm)	二层梁板 ①~⑧/Ⓐ~Ⓕ轴	9,-3,+8,-7,-6,-4		
5.5.3	纵向受力钢筋排距(mm)	二层梁板 ①~⑧/Ⓐ~Ⓕ轴	-2,-1,0,3,❻,4		
5.5.3	纵向受力钢筋、箍筋保护层厚度梁(mm)	二层梁板 ①~⑧/Ⓐ~Ⓕ轴	3,❻,3,2,-3,-4,-3,-3,-2,-2		
5.5.3	纵向受力钢筋、箍筋保护层厚度板(mm)	二层梁板 ①~⑧/Ⓐ~Ⓕ轴	-❹,-2,-2,-3,-1,0,3,1,2,2,2,1		
5.5.3	箍筋、横向钢筋间距(mm)	二层梁板 ①~⑧/Ⓐ~Ⓕ轴	21,-17,-14,-11,-8,-6		
5.5.3	钢筋弯起点位置(mm)	二层梁板 ①~⑧/Ⓐ~Ⓕ轴	3,5,6		

监理校核: 检查: 记录: 验收日期: 年   月   日

182

钢筋安装检验批质量验收记录填写说明

1. 填写依据

《混凝土结构工程施工质量验收规范》GB 50204—2015、《建筑工程施工质量验收统一标准》GB 50300—2013。

2. 填写要点

（1）混凝土结构工程采用的材料、构配件、器具及半成品应按进场批次进行检验。属于同一工程项目且同期施工的多个单位工程，对同一厂家生产的同批材料、构配件、器具及半成品，可统一划分检验批进行验收。如：钢筋安装，可按楼层施工段或伸缩缝划分，基础可按照一个楼层计。

（2）钢筋安装时，受力钢筋的牌号、规格和数量必须符合设计要求。

检查数量：全数检查。

检验方法：观察，尺量。

（3）受力钢筋的安装位置、锚固方式应符合设计要求。

检查数量：全数检查。

检验方法：观察，尺量。

（4）钢筋安装偏差及检验方法应符合表7.6-7的规定。

梁板类构件上部受力钢筋保护层厚度的合格点率应达到90%及以上，且不得有超过表中数值1.5倍的尺寸偏差。

检查数量：在同一检验批内，对梁、柱和独立基础，应抽查构件数量的10%，且不应少于3件；对墙和板，应按有代表性的自然间抽查10%，且不应少于3间；对大空间结构，墙可按相邻轴线间高度5m左右划分检查面，板可按纵、横轴线划分检查面，抽查10%，且均不应少于3面。

钢筋安装允许偏差和检验方法　　　　　　　　　　　　　　表 7.6-7

项目		允许偏差(mm)	检验方法
绑扎钢筋网	长、宽	±10	尺量
	网眼尺寸	±20	尺量连续三档，取最大偏差值
绑扎钢筋骨架	长	±10	尺量
	宽、高	±5	尺量
纵向受力钢筋	锚固长度	−20	尺量
	间距	±10	尺量两端、中间各一点，取最大偏差值
	排距	±5	
纵向受力钢筋、箍筋的混凝土保护层厚度	基础	±10	尺量
	柱、梁	±5	尺量
	板、墙、壳	±3	尺量
绑扎箍筋、横向钢筋间距		±20	尺量连续三档，取最大偏差值
钢筋弯起点位置		20	尺量，沿纵、横两个方向量测，并取其中偏差的较大值
预埋件	中心线位置	5	尺量
	水平高差	+3.0	塞尺量测

混凝土施工检验批质量验收记录

02-01-03-03-001

单位(子单位) 工程名称	×××工程	分部(子分部) 工程名称	主体结构/ 混凝土结构	分项工程名称	混凝土
施工单位	×××公司	项目负责人	×××	检验批容量	80m³
分包单位	/	分包单位 项目负责人	/	检验批部位	二层梁板①～⑧/ Ⓐ～Ⓕ轴
施工依据	《混凝土结构工程施工规范》 GB 50666—2011		验收依据	《混凝土结构工程施工质量验收规范》 GB 50204—2015	

		验收项目	设计要求及 规范规定	最小/实际 抽样数量	检查记录	检查 结果
主控项目	1	混凝土强度等级及试件的取样 和留置	第7.4.1条	/	见证试验合格,报告编号:×× ××	√
一般项目	1	后浇带的留设位置,后浇带和施 工缝的留设及处理方法	第7.4.2条	全/1	共1处施工缝,全部检查,全部 合格	100%
	2	养护措施	第7.4.3条	全/全	浇水养护	100%

施工单位 检查结果	主控项目全部合格,一般项目满足规范规定要求;检查评定合格。 专业施工员:××× 项目专业质量检查员:××× ××年××月××日
监理单位 验收结论	验收合格。 专业监理工程师:××× ××年××月××日

资料员（签字）：

184

现场验收检查原始记录

单位(子单位) 工程名称		×××工程		
检验批名称	混凝土施工检验批质量验收记录		检验批编号	02-01-03-03-001

编号	验收项目	验收部位	验收情况记录	备注
7.4.1	混凝土强度等级及试件的取样和留置	二层梁板 ①~⑧/Ⓐ~Ⓕ轴	混凝土试件在浇筑地点随机取样和留置	
7.4.2	后浇带的留设位置,后浇带和施工缝的留设及处理方法	二层梁板 ①~⑧/Ⓐ~Ⓕ轴	施工缝留设及处理方法正确,符合施工方案要求和规范规定	
7.4.3	养护措施	二层梁板 ①~⑧/Ⓐ~Ⓕ轴	浇水养护:混凝土始终处于湿润状态	若是冬季,应为"保温覆盖"

监理校核:	检查:	记录:	验收日期:	年　月　日

混凝土施工检验批质量验收记录填写说明

1. 填写依据

《混凝土结构工程施工质量验收规范》GB 50204—2015。

2. 填写要点

（1）混凝土施工可根据与施工方式相一致且便于控制施工质量的原则进行施工，按工作班、楼层结构、施工缝或施工段划分为若干检验批。

（2）混凝土的强度等级必须符合设计要求，用于检验混凝土强度的试件应在浇筑地点随机抽取。

检查数量：对同一配合比混凝土，取样与试件留置应符合下列规定：

1）每拌制 100 盘且不超过 $100m^3$ 时，取样不得少于一次。

2）每工作班拌制不足 100 盘时，取样不得少于一次。

3）连续浇筑超过 $1000m^3$ 时，每 $200m^3$ 取样不得少于一次。

4）每一楼层取样不得少于一次。

5）每次取样应至少留置一组试件。

检验方法：检查施工记录及混凝土强度试验报告。

（3）后浇带的留设位置应符合设计要求，后浇带和施工缝的留设及处理方法应符合施工方案要求。

检查数量：全数检查。

检验方法：观察。

（4）混凝土浇筑完毕后应及时进行养护，养护时间以及养护方法应符合施工方案要求。

检查数量：全数检查。

检验方法：观察，检查混凝土养护记录。

现浇结构外观及尺寸偏差检验批质量验收记录

单位(子单位)工程名称	×××工程	分部(子分部)工程名称	主体结构/混凝土结构	分项工程名称	现浇结构
施工单位	×××公司	项目负责人	×××	检验批容量	10间板+20件梁
分包单位	/	分包单位项目负责人	/	检验批部位	二层梁板梯①~⑧/Ⓐ~Ⓕ轴
施工依据	《混凝土结构工程施工规范》GB 50666—2011		验收依据	《混凝土结构工程施工质量验收规范》GB 50204—2015	

		验收项目			设计要求及规范规定	最小/实际抽样数量	检查记录	检查结果
主控项目	1	外观质量			第8.2.1条	全/全	全部检查,全部合格	√
	2	影响结构性能或使用功能的尺寸偏差			第8.3.1条	全/全	全部检查,全部合格	√
一般项目	1	外观质量一般缺陷			第8.2.2条	全/30	共30处,全部检查,合格30处	100%
	2	现浇结构位置、尺寸允许偏差(mm)	轴线位置	整体基础	15	/	/	/
				独立基础	10	/	/	/
				墙、柱、梁	8	3/3	抽查3处,合格3处	100%
			垂直度	层高 ≤6m	10			
				层高 >6m	12			
				全高(H)≤300m	$H/30000+20$ $(H=\quad mm)$			
				全高(H)>300m	$H/10000$ 且≤80 $(H=\quad mm)$			
			标高	层高	±10	4/4	共4处,全部检查,合格4处	100%
				全高	±30	4/4	共4处,全部检查,合格4处	100%
			截面尺寸	基础	+15,-10	/	/	/
				柱、梁、板、墙	+10,-5	6/6	抽查6处,合格6处	100%
				楼梯相邻踏步高差	6	2/2	共2部楼梯,全部检查、全部合格	100%
			电梯井	中心线位置	10	2/2	抽查2处,合格2处	100%
				长、宽尺寸	+25,0	2/2	抽查2处,合格2处	100%
			表面平整度		8	3/6	抽查6处,合格5处(板)	83.3%
			预埋件中心位置	预埋板	10	/	/	/
				预埋螺栓	5	/	/	/
				预埋管	5	/	/	/
				其他	10	/	/	/
			预留洞、孔中心线位置		15	6/6	抽查6处,合格5处	83.3%
施工单位检查结果		主控项目全部合格,一般项目满足规范规定要求;检查评定合格。 专业施工员:××× 项目专业质量检查员:××× ××年××月××日						
监理单位验收结论		验收合格。 专业监理工程师:××× ××年××月××日						

资料员(签字):

现场验收检查原始记录

单位(子单位) 工程名称		×××工程		
检验批名称	现浇结构外观及尺寸偏差检验批质量验收记录		检验批编号	02-01-05-01-001

编号	验收项目	验收部位	验收情况记录	备注
8.2.1	外观质量	二层梁板 ①～⑧/Ⓐ～Ⓕ轴	全数检查,混凝土表面平整、光洁、棱角方正,没有严重缺陷,符合验收规范的要求	
8.3.1	影响结构性能或使用功能的尺寸偏差	二层梁板 ①～⑧/Ⓐ～Ⓕ轴	全数检查,没有影响结构性能和使用功能的尺寸偏差	
8.2.2	外观质量一般缺陷	二层梁板 ①～⑧/Ⓐ～Ⓕ轴	全数检查,没有一般缺陷,符合验收规范的要求	
8.3.2	轴线位置:墙、柱、梁(mm)	二层梁板 ①～⑧/Ⓐ～Ⓕ轴	6、5、3	
8.3.2	标高:层高(mm)	二层梁板 ①～⑧/Ⓐ～Ⓕ轴	1、3、4、4	
8.3.2	标高:全高(mm)	二层梁板 ①～⑧/Ⓐ～Ⓕ轴	12、14、13	
8.3.2	截面尺寸:柱、梁、板、墙(mm)	二层梁板 ①～⑧/Ⓐ～Ⓕ轴	2、-1、1、2、3、4	
8.3.2	截面尺寸:楼梯相邻踏步高差(mm)	二层梁板 ①～⑧/Ⓐ～Ⓕ轴	1、2、3、2、1	
8.3.2	电梯井中心线位置(mm)	二层梁板 ①～⑧/Ⓐ～Ⓕ轴	5、6	
8.3.2	电梯井长、宽尺寸(mm)	二层梁板 ①～⑧/Ⓐ～Ⓕ轴	21、20	
8.3.2	表面平整度(mm)	二层梁板 ①～⑧/Ⓐ～Ⓕ轴	1、2、9、5、4、4	

监理校核:　　　　　检查:　　　　记录:　　　　验收日期:　　　年　月　日

现浇结构外观及尺寸偏差检验批质量验收记录填写说明

1. 填写依据

《混凝土结构工程施工质量验收规范》GB 50204—2015。

2. 填写要点

(1) 现浇结构外观及尺寸偏差，可根据与施工方式相一致且便于控制施工质量的原则，按工作班、楼层结构、施工缝或施工段划分为若干检验批。

(2) 现浇结构的外观质量不应有严重缺陷。对已经出现的严重缺陷，应由施工单位提出技术处理方案，并经监理单位认可后进行处理；对裂缝、连接部位出现的严重缺陷及其他影响结构安全的严重缺陷，技术处理方案尚应经设计单位认可。对经处理的部位应重新验收。

检查数量：全数检查。

检验方法：观察，检查处理记录。

(3) 现浇结构不应有影响结构性能或使用功能的尺寸偏差；混凝土设备基础不应有影响结构性能和设备安装的尺寸偏差。对超过尺寸允许偏差且影响结构性能和安装、使用功能的部位，应由施工单位提出技术处理方案，经监理、设计单位认可后进行处理。对经处理的部位应重新验收。

检查数量：全数检查。

检验方法：量测，检查处理记录。

(4) 现浇结构的外观质量不应有一般缺陷。对已经出现的一般缺陷，应由施工单位按技术处理方案进行处理。对经处理的部位应重新验收。

检查数量：全数检查。

检验方法：观察，检查处理记录。

(5) 现浇结构的位置、尺寸偏差及检验方法应符合表7.6-8的规定。

检查数量：按楼层、结构缝或施工段划分检验批。在同一检验批内，对梁、柱和独立基础，应抽查构件数量的10%，且不应少于3件；对墙和板，应按有代表性的自然间抽查10%，且不应少于3间；对大空间结构，墙可按相邻轴线间高度5m左右划分检查面，板可按纵、横轴线划分检查面，抽查10%，且均不应少于3面；对电梯井，应全数检查。

现浇结构位置、尺寸允许偏差及检验方法　　　　表7.6-8

项目		允许偏差(mm)	检查方法
轴线位置	整体基础	15	经纬仪及尺量
	独立基础	10	经纬仪及尺量
	柱、墙、梁	8	尺量
垂直度	柱、墙层高 ≤6m	10	经纬仪或吊线、尺量
	柱、墙层高 >6m	12	经纬仪或吊线、尺量
	全高(H)≤300m	$H/30000+20$	经纬仪、尺量
	全高(H)>300m	$H/10000$且≤80	经纬仪、尺量

项目		允许偏差(mm)	检查方法
标高	层高	±10	水准仪或拉线、尺量
	全高	±30	水准仪或拉线、尺量
截面尺寸	基础	+15,−10	尺量
	柱、梁、板、墙	+10,−5	尺量
	楼梯相邻踏步高差	±6	尺量
电梯井洞	中心位置	10	尺量
	长、宽尺寸	+25,0	尺量
表面平整度		8	2m靠尺和塞尺量测
预埋件中心位置	预埋板	10	尺量
	预埋螺栓	5	尺量
	预埋管	5	尺量
	其他	10	尺量
预留洞、孔中心线位置		15	尺量

砖砌体检验批质量验收记录

02-02-01-01-001

单位(子单位) 工程名称		×××工程	分部(子分部) 工程名称	主体结构/ 砌体结构	分项工程名称	砖砌体
施工单位		×××公司	项目负责人	×××	检验批容量	220m³
分包单位		×××公司	分包单位项目 负责人	×××	检验批部位	二层墙①～⑧/ Ⓐ～Ⓕ轴
施工依据		《砌体结构工程施工规范》 GB 50924—2014		验收依据	《砌体结构工程施工质量验收规范》 GB 50203—2011	

		验收项目		设计要求及 规范规定	最小/实际 抽样数量	检查记录	检查 结果
主控项目	1	砖强度等级必须符合设计要求		设计要求 MU10	/	见证试验合格,报告编号:×××	√
	2	砂浆强度等级必须符合设计要求		设计要求 M7.5	/	见证试验合格,报告编号:×××	√
	3	砂浆 饱满度	墙水平灰缝	≥80%	5/5	抽查5处,合格5处	√
			柱水平及竖向灰缝	≥90%	/	/	/
	4	转角、交接处		5.2.3条	5/5	抽查5处,合格5处	√
	5	斜槎留置		5.2.3条			
	6	直槎拉结钢筋及接槎处理		5.2.4条	5/5	抽查5处,合格5处	√
一般项目	1	组砌方法		5.3.1条	5/5	抽查5处,合格5处	100%
	2	水平灰缝厚度		8～12mm	5/5	抽查5处,合格5处	100%
	3	竖向灰缝宽度		8～12mm	5/8	抽查8处,合格7处	87.5%
	4	轴线位移		≤10mm	全/5	共5处,全部检查,合格处	100%
	5	基础、墙、柱顶面标高		±15mm	5/5	抽查5处,合格5处	100%
	6	每层墙面垂直度		≤5mm	5/5	抽查5处,合格5处	100%
	7	表面平整度	清水墙柱	≤5mm	/	/	/
			非清水墙柱	≤8mm	5/5	抽查5处,合格4处	80%
	8	水平灰缝平直度	清水墙	≤7mm	/	/	/
			非清水墙	≤10mm	5/5	抽查5处,合格4处	80%
	9	门窗洞口高、宽(后塞口)		±10mm 以内	5/5	抽查5处,合格5处	100%
	10	外墙上下窗口偏移		≤20mm	5/5	抽查5处,合格5处	100%
	11	清水墙游丁走缝		≤20mm	/	/	/
施工单位 检查结果		主控项目全部合格,一般项目满足规范规定要求;检查评定合格。 专业施工员:××× 项目专业质量检查员:××× ××年××月××日					
监理单位 验收结论		验收合格。	专业监理工程师:××× ××年××月××日				

资料员（签字）：

191

现场验收检查原始记录

单位(子单位) 工程名称			×××工程		
检验批名称		砖砌体检验批质量验收记录		检验批编号	02-02-01-01-001
编号	验收项目	验收部位	验收情况记录		备注
5.2.2	水平灰缝的砂浆饱满度≥80%	二层墙①～⑧/ Ⓐ～Ⓕ轴	94,92,86,82,83		
5.2.3	转角、交接处	二层墙①～⑧/ Ⓐ～Ⓕ轴	均同时砌筑		
5.2.4	直槎拉结钢筋及接槎处理	二层墙①～⑧/ Ⓐ～Ⓕ轴	施工洞留直槎,均加设了拉结筋 符合设计及验收规范的要求		
5.3.1	组砌方法	二层墙①～⑧/ Ⓐ～Ⓕ轴	组砌方法正确,内外搭砌、上下 错缝,无通缝、无包心砌法。符 合设计及验收规范的要求		
5.3.2	水平灰缝厚度	二层墙①～⑧/ Ⓐ～Ⓕ轴	10,10,10,11,9		
5.3.2	竖向灰缝宽度	二层墙①～⑧/ Ⓐ～Ⓕ轴	13,11,10,11,8		
5.3.3	轴线位移	二层墙①～⑧/ Ⓐ～Ⓕ轴	8,5,5,2,1		
5.3.3	基础、墙、柱顶面标高	二层墙①～⑧/ Ⓐ～Ⓕ轴	11,14,−13,−11,−9		
5.3.3	每层墙面垂直度	二层墙①～⑧/ Ⓐ～Ⓕ轴	0,1,1,2,2		
5.3.3	混水墙柱表面平整度	二层墙①～⑧/ Ⓐ～Ⓕ轴	7,6,0,2,3		
5.3.3	混水墙水平灰缝平直度	二层墙①～⑧/ Ⓐ～Ⓕ轴	10,0,2,4,5		
5.3.3	门窗洞口高、宽(后塞口)	二层墙①～⑧/ Ⓐ～Ⓕ轴	−10,−5,−1,3,6		
5.3.3	外墙上下窗口偏移	二层墙①～⑧/ Ⓐ～Ⓕ轴	5,10,13,16,15		

监理校核:　　　　检查:　　　　记录:　　　　　验收日期:　　　年　月　日

192

砌体结构检验批质量验收记录填写说明

1. 填写依据

《砌体结构工程施工质量验收规范》GB 50203—2011。

2. 填写要点

（1）砌体结构工程检验批的划分应同时符合下列规定：

1）所用材料类型及同类型材料的强度等级相同。

2）不超过 250m³ 砌体。

3）主体结构砌体一个楼层（基础砌体可按一个楼层计）；填充墙砌体量少时可多个楼层合并。

（2）砖和砂浆的强度等级必须符合设计要求。

抽检数量：每一生产厂家，烧结普通砖、混凝土实心砖每 15 万块各为一个验收批，烧结多孔砖、混凝土多孔砖、蒸压灰砂砖及蒸压粉煤灰砖每 10 万块各为一验收批，不足上述数量时按 1 批计，抽检数量为 1 组。砂浆试块的抽检数量执行《砌体结构工程施工质量验收规范》GB 50203—2011 第 4.0.12 条的有关规定。

检验方法：查砖和砂浆试块试验报告。

（3）砌体灰缝砂浆应密实饱满，砖墙水平灰缝的砂浆饱满度不得低于 80%；砖柱水平灰缝和竖向灰缝饱满度不得低于 90%。

抽检数量：每检验批抽查不应少于 5 处。

检验方法：用百格网检查砖底面与砂浆的粘结痕迹面积。每处检测 3 块砖，取其平均值。

（4）砖砌体的转角处和交接处应同时砌筑，严禁无可靠措施的内外墙分砌施工。在抗震设防烈度为 8 度及 8 度以上的地区，对不能同时砌筑而又必须留置的临时间断处应砌成斜槎，普通砖砌体斜槎水平投影长度不应小于高度的 2/3，多孔砖砌体的斜槎长高比不应小于 1/2。斜槎高度不得超过一步脚手架的高度。

抽检数量：每检验批抽查不应少于 5 处。

检验方法：观察检查。

（5）非抗震设防及抗震设防烈度为 6 度、7 度地区的临时间断处，当不能留斜槎时，除转角处外，可留直槎，但直槎必须做成凸槎，且应加设拉结钢筋，拉结钢筋应符合下列规定：

1）每 120mm 墙厚放置 1φ6 拉结钢筋（120mm 厚墙应放置 2φ6 拉结钢筋）。

2）间距沿墙高不应超过 500mm；且竖向间距偏差不应超过 100mm。

3）埋入长度从留槎处算起每边均不应小于 500mm，对抗震设防烈度 6 度、7 度的地区，不应小于 1000mm。

4）末端应有 90°弯钩。

抽检数量：每检验批抽查不应少于 5 处。

检验方法：观察和尺量检查。

（6）砖砌体组砌方法应正确，内外搭砌，上、下错缝。清水墙、窗间墙无通缝；混水墙中不得有长度大于 300mm 的通缝，长度 200～300mm 的通缝每间不超过 3 处，且不得位于同一面墙体上。砖柱不得采用包心砌法。

抽检数量：每检验批抽查不应少于5处。

检验方法：观察检查。砌体组砌方法抽检每处应为3～5m。

（7）砖砌体的灰缝应横平竖直，厚薄均匀，水平灰缝厚度及竖向灰缝宽度宜为10mm，但不应小于8mm，也不应大于12mm。

抽检数量：每检验批抽查不应少于5处。

检验方法：水平灰缝厚度用尺量10皮砖砌体高度折算。竖向灰缝宽度用尺量2m砌体长度折算。

（8）砖砌体尺寸、位置的允许偏差及检验应符合表7.6-9的规定：

砖砌体尺寸、位置的允许偏差及检验　　　　　表7.6-9

项次	项目			允许偏差（mm）	检验方法	抽检数量
1	轴线位移			10	用经纬仪和尺或用其他测量仪器检查	承重墙、柱全数检查
2	基础、墙、柱顶面标高			±15	用水准仪和尺检查	不应少于5处
3	墙面垂直度	每层		5	用2m托线板检查	不应少于5处
		全高	≥10m	10	用经纬仪、吊线和尺或其他测量仪器检查	外墙全部阳角
			>10m	20		
4	表面平整度	清水墙、柱		5	用2m靠尺和楔形塞尺检查	不应少于5处
		混水墙、柱		8		
5	水平灰缝平直度	清水墙		7	拉5m线和尺检查	不应少于5处
		混水墙		10		
6	门窗洞口高、宽（后塞口）			±10	用尺检查	不应少于5处
7	外墙下窗口偏移			20	以底层窗口为准，用经纬仪或吊线检查	不应少于5处
8	清水墙游丁走缝			20	以每层第一皮砖为准，用吊线和尺检查	不应少于5处

（3）装饰装修工程：

一般抹灰检验批质量验收记录

03-01-01-01-001

单位(子单位) 工程名称	×××工程	分部(子分部) 工程名称	建筑装饰装修/ 抹灰工程	分项 工程名称		一般抹灰
施工单位	×××公司	项目负责人	×××	检验批容量		室外:850m²
分包单位	×××公司	分包单位 项目负责人	×××	检验批部位		东立面
施工依据	《建筑装饰装修工程质量验收标准》 GB 50210—2018		验收依据	《建筑装饰装修工程质量验收标准》 GB 50210—2018		

		验收项目	设计要求及 规范规定	最小/实际 抽样数量	检查记录	检查 结果
主控项目	1	材料品种和性能	第4.2.1条	/	质量证明文件齐全有效,试验 合格,报告编号:×××	√
	2	基层表面	第4.2.2条	9/9	抽查9处,合格9处	√
	3	操作要求	第4.2.3条	9/9	抽查9处,合格9处	√
	4	层间粘结及面层质量	第4.2.4条	9/9	抽查9处,合格9处	√
一般项目	1	表面质量	第4.2.5条	9/9	抽查9处,合格8处(每100m² 至少抽查1处,每处不少于 10m²)	88.9%
	2	细部质量	第4.2.6条	9/9	抽查9处,合格9处	100%
	3	抹灰层总厚度	第4.2.7条	9/9	抽查9处,合格9处	100%
	4	分格缝	第4.2.8条	9/10	抽查10处,合格9处	90%
	5	滴水线(槽)	第4.2.9条	9/9	抽查9处,合格9处	100%

			允许偏差(mm)		最小/实际 抽样数量	实测值	检查 结果
一般项目	6	项目	普通 抹灰 □	高级 抹灰 □			
		立面垂直度	4	3	9/9	抽查9处,合格9处	100%
		表面平整度	4	3	9/12	抽查12处,合格11处	91.6%
		阴阳角方正	4	3	9/9	抽查9处,合格9处	100%
		分格条(缝)直线度	4	3	9/9	抽查9处,合格8处	88.9%
		墙裙、勒脚上口直线度	4	3	9/9	抽查9处,合格9处	100%

施工单位 检查结果	主控项目和一般项目全部合格,符合设计及施工质量验收规范要求。 专业施工员:××× 项目专业质量检查员:××× ××年××月××日
监理单位 验收结论	☑同意验收　　　　　　　　　　　　□不同意验收,需返工处理再组织验收 □经返工处理后,同意验收 专业监理工程师: 　　　　　　　　　年　　月　　日

资料员（签字）：

195

水性涂料涂饰检验批质量验收记录

单位(子单位) 工程名称	×××工程	分部(子分部) 工程名称	建筑装饰装修/ 涂饰工程	分项 工程名称	水性涂料涂饰
施工单位	×××公司	项目负责人	×××	检验批容量	室内：50间
分包单位	×××公司	分包单位 项目负责人	×××	检验批部位	1
施工依据	《建筑装饰装修工程质量验收标准》 GB 50210—2018		验收依据	《建筑装饰装修工程质量验收标准》 GB 50210—2018	

		验收项目		设计要求及 规范规定	最小/实际 抽样数量	检查记录	检查 结果
主控项目	1	涂料品种、型号、性能		第12.2.1条	/	质量证明文件齐全有效， 试验合格，报告编号：× ××	√
	2	涂饰颜色、光泽和图案		第12.2.2条	5/5	抽查5间，合格5间	√
	3	涂饰综合质量		第12.2.3条	5/5	抽查5间，合格5间	√
	4	基层处理		第12.2.4条	5/5	抽查5间，合格5间	√
一般项目	1	与其他装修材料和设备衔接处		第12.2.8条	5/5	抽查5间，合格5间	100%
	2	薄涂料的涂饰质量	颜色 普通涂饰	均匀一致	5/6	抽查6间，合格5间	83.3%
			颜色 高级涂饰	均匀一致	/	/	/
			光泽、光滑 普通涂饰	光泽基本均匀， 光滑无挡手感	5/5	抽查5间，合格5间	100%
			光泽、光滑 高级涂饰	光泽均匀一致，光滑	/	/	/
			泛碱、咬色 普通涂饰	允许少量轻微	5/5	抽查5间，合格5间	100%
			泛碱、咬色 高级涂饰	不允许	/	/	/
			流坠、疙瘩 普通涂饰	允许少量轻微	5/7	抽查7间，合格6间	85.7%
			流坠、疙瘩 高级涂饰	不允许	/	/	/
			砂眼、刷纹 普通涂饰	允许少量轻微砂 眼、刷纹通顺	5/5	抽查5间，合格5间	100%
			砂眼、刷纹 高级涂饰	无砂眼、无刷纹	/	/	/
	3	厚涂料的涂饰质量	颜色 普通涂饰	均匀一致	/	/	/
			颜色 高级涂饰	均匀一致	/	/	/
			光泽 普通涂饰	光泽基本均匀	/	/	/
			光泽 高级涂饰	光泽均匀一致	/	/	/
			泛碱、咬色 普通涂饰	允许少量轻微	/	/	/
			泛碱、咬色 高级涂饰	不允许	/	/	/
			点状分布 普通涂饰	/	/	/	/
			点状分布 高级涂饰	疏密均匀	/	/	/

		验收项目	设计要求及规范规定				最小/实际抽样数量	检查记录	检查结果
一般项目	4	复层涂饰质量	颜色	均匀一致			/	/	/
			光泽	光泽基本均匀			/	/	/
			泛碱、咬色	不允许			/	/	/
			喷点疏密程度	均匀,不允许连片			/	/	/

		项目	允许偏差(mm)					最小/实际抽样数量	检查记录	检查结果
			薄涂料		厚涂料		复层涂料			
			普通涂饰 ☑	高级涂饰 ☐	普通涂饰 ☐	高级涂饰 ☐	☐			
一般项目	5	立面垂直度	3	2	4	3	5	3/5	抽查5间,合格5间	100%
		表面平整度	3	2	4	3	5	5/8	抽查8间,合格7间	87.5%
		阴阳角方正	3	2	4	3	4	5/5	抽查5间,合格5间	100%
		装饰线、分色线直线度	2	1	2	1	3	/	/	/
		墙裙、勒脚上口直线度	2	1	2	1	3	/	/	/

施工单位检查结果	主控项目和一般项目全部合格,符合设计及施工质量验收规范要求。 专业施工员:××× 项目专业质量检查员:××× ×××年××月××日
监理单位验收结论	☑同意验收　　　　　　　　☐不同意验收,需返工处理再组织验收 ☐经返工处理后,同意验收。 专业监理工程师:××× ×××年××月××日

资料员（签字）：

197

现场验收检查原始记录

单位(子单位)工程名称	×××工程		
检验批名称	水性涂料涂饰检验批质量验收记录	检验批编号	03-10-01-01-001

编号	验收项目	验收部位	验收情况记录	备注
12.2.2	涂饰颜色、光泽	二层室内涂饰	均匀一致 符合设计及验收规范的要求	
12.2.3	涂饰综合质量	二层室内涂饰	涂饰均匀,粘结牢固,无漏涂、透底、起皮和掉粉	
12.2.4	基层处理	二层室内涂饰	基层腻子平整、坚实、牢固,无风化、起皮和裂缝,粘结强度符合规范要求	
12.2.8	与其他材料和设备衔接处	二层室内涂饰	衔接处吻合,界面清晰	
12.2.5	薄涂料的涂饰质量允许偏差:颜色、光泽	二层室内涂饰	均匀一致	
12.2.5	薄涂料的涂饰质量允许偏差:泛碱、咬色	二层室内涂饰	个别部位有少量泛碱 符合验收规范的要求	
12.2.5	薄涂料的涂饰质量允许偏差:流坠、疙瘩	二层室内涂饰	无流坠、疙瘩	
12.2.5	薄涂料的涂饰质量允许偏差砂眼、刷纹	二层室内涂饰	有少量刷文,符合验收规范的要求	
12.2.9	薄涂料的涂饰质量允许偏差立面垂直度(mm)	二层室内涂饰	2、1、0、2、1	
12.2.9	薄涂料的涂饰质量允许偏差表面平整度(mm)	二层室内涂饰	1、1、2、2、1、3、❹、2	
12.2.9	薄涂料的涂饰质量允许偏差阴阳角方正(mm)	二层室内涂饰	3、1、2、2、1	

监理校核:　　　　　检查:　　　　　记录:　　　　　验收日期:　　　年　　月　　日

涂饰工程检验批质量验收记录填写说明

1. 填写依据

《建筑装饰装修工程质量验收标准》GB 50210—2018

2. 填写要点

各分项工程的检验批应按下列规定划分：

（1）室外涂饰工程每一栋楼的同类涂料涂饰的墙面每 1000m² 应划分为一个检验批，不足 1000m² 也应划分为一个检验批。

（2）室内涂饰工程同类涂料涂饰墙面每 50 间（大面积房间和走廊按涂饰面积 30m² 为一间）应划分为一个检验批，不足 50 间也应划分为一个检验批。

检查数量应符合下列规定：

1）室外涂饰工程每 100m² 应至少检查一处，每处不得小于 10m²。

2）室内涂饰工程每个检验应至少抽查 10%，并不得少于 3 间；不足 3 间时应全数检查。

（3）水性涂料涂饰工程所用涂料的品种、型号和性能应符合设计要求及国家现行标准的有关规定。

检验方法：检查产品合格证书、性能检测报告和有害物质限量检测报告以及进场验收记录。

（4）水性涂料涂饰工程的颜色、光泽、图案应符合设计要求。

检验方法：观察。

（5）水性涂料涂饰工程应涂饰均匀、粘结牢固，不得漏涂、透底、起皮和掉粉。

检验方法：观察；手摸检查。

（6）水性涂料涂饰工程的基层处理应符合《建筑装饰装修工程质量验收标准》GB 50210—2018 第 12.1.5 条的要求。

检验方法：观察；手摸检查；检查施工记录。

（7）薄涂料的涂饰质量和检验方法应符合表 7.6-10 的规定。

薄涂料的涂饰质量和检验方法　　　　　　　　　表 7.6-10

项次	项目	普通涂饰	高级涂饰	检验方法
1	颜色	均匀一致	均匀一致	观察
2	光泽、光滑	光泽基本均匀、光滑无挡手感	光泽均匀一致、光滑	
3	泛碱、咬色	允许少量轻微	不允许	
4	流坠、疙瘩	允许少量轻微	不允许	
5	砂眼、刷纹	允许少量轻微砂眼、刷纹通顺	无砂眼、无刷纹	

（8）厚涂料的涂饰质量和检验方法应符合表 7.6-11 的规定。

厚涂料的涂饰质量和检验方法　　　　　　　　　表 7.6-11

项次	项目	普通涂饰	高级涂饰	检验方法
1	颜色	均匀一致	均匀一致	观察
2	光泽	光泽基本均匀	光泽均匀一致	
3	泛碱、咬色	允许少量轻微	不允许	
4	点状分布	/	疏密均匀	

（9）复合涂料的涂饰质量和检验方法应符合表 7.6-12 的规定。

复合涂料的涂饰质量和检验方法　　　　　　　表 7.6-12

项次	项目	质量要求	检验方法
1	颜色	均匀一致	观察
2	光泽	光泽基本均匀	
3	泛碱、咬色	不允许	
4	喷点疏密程度	均匀,不允许连片	

铝合金门窗安装检验批质量验收记录

单位(子单位) 工程名称	×××工程	分部(子分部) 工程名称	建筑装饰装修/ 门窗工程	分项 工程名称	金属门窗安装
施工单位	×××公司	项目负责人	×××	检验批容量	80樘
分包单位	×××公司	分包单位 项目负责人	×××	检验批部位	××
施工依据	《建筑装饰装修工程质量验收标准》 GB 50210—2018		验收依据	《建筑装饰装修工程质量验收标准》 GB 50210—2018	

		验收项目		设计要求及 规范规定	最小/实际 抽样数量	检查记录	检查 结果
主控项目	1	门窗质量		第6.3.1条	/	质量证明文件齐全,通过进场 验收	√
	2	框和附框安装,预埋件		第6.3.2条	/	符合设计要求及有关规范规定	√
	3	门窗扇安装		第6.3.3条	/	符合设计要求及有关规范规定	√
	4	配件质量及安装		第6.3.4条	/	符合设计要求及有关规范规定	√
一般项目	1	表面质量		第6.3.5条	8/12	抽查12樘,合格11樘(高层建 筑外窗每个检验批应至少检 查10%,且不少于6樘)	91.7%
	2	推拉门窗扇的开关力		第6.3.6条	8/8	抽查8樘,合格8樘	100%
	3	框与墙体间缝隙		第6.3.7条	8/8	抽查8樘,合格8樘	100%
	4	门窗扇的密封胶条或密封毛条		第6.3.8条	8/8	抽查8樘,合格8樘	100%
	5	排水孔		第6.3.9条	8/8	抽查8樘,合格8樘	100%
	6	安装允许偏差(mm)	门窗槽口宽度、高度 ≤2000	2	8/12	抽查12樘,合格11樘	91.6%
			门窗槽口宽度、高度 >2000	3	/	/	/
			门窗槽口对角线长度差 ≤2500	4	8/8	抽查8樘,合格8樘	100%
			门窗槽口对角线长度差 >2500	5	/	/	/
			门窗框的正、侧面垂直度	2	8/8	抽查8樘,合格8樘	100%
			门窗横框的水平度	2	8/8	抽查8樘,合格8樘	100%
			门窗横框标高	5	8/8	抽查8樘,合格8樘	100%
			门窗竖向偏离中心	5	8/10	抽查10樘,合格9樘	90%
			双层门窗内外框间距	4	/	/	/
			推拉门窗扇与框搭接宽度 门	2	/	/	/
			推拉门窗扇与框搭接宽度 窗	1	/	/	/

施工单位 检查结果	专业施工员:××× 项目专业质量检查员:××× × ×年× ×月× ×日
监理单位 验收结论	☑同意验收　　　　　　　　□不同意验收,需返工处理再组织验收 □经返工处理后,同意验收。 专业监理工程师:××× × ×年× ×月× ×日

资料员(签字):

外墙饰面砖粘贴检验批质量验收记录

单位(子单位)工程名称	×××工程	分部(子分部)工程名称	建筑装饰装修/饰面砖工程	分项工程名称	外墙饰面砖粘贴
施工单位	×××公司	项目负责人	×××	检验批容量	900m²
分包单位	×××公司	分包单位项目负责人	×××	检验批部位	××
施工依据	《建筑装饰装修工程质量验收标准》GB 50210—2018		验收依据	《建筑装饰装修工程质量验收标准》GB 50210—2018	

		验收项目	设计要求及规范规定	最小/实际抽样数量	检查记录	检查结果
主控项目	1	外墙饰面砖品种、规格、质量	第10.3.1条	/	质量证明文件齐全有效,试验合格,报告编号:×××	√
	2	外墙饰面砖粘贴材料	第10.3.2条	/	质量证明文件齐全有效,试验合格,报告编号:×××	√
	3	外墙饰面砖粘贴工程的伸缩缝设置	第10.3.3条	9/9	抽查9处,合格9处(每100m²至少抽查1处,每处不少于10m²)	√
	4	外墙饰面砖粘贴应牢固	第10.3.4条	/	检查合格,粘结强度编号:×××	√
	5	外墙饰面砖应无空鼓、裂缝	第10.3.5条	9/9	抽查9处,合格9处	√
一般项目	1	外墙饰面砖表面质量	第10.3.6条	9/9	抽查9处,合格8处	88.9%
	2	外墙阴阳角构造	第10.3.7条	9/9	抽查9处,合格9处	100%
	3	墙面凸出物周围的外墙饰面砖	第10.3.8条	9/10	抽查10处,合格9处	90%
	4	外墙饰面砖接缝、填嵌、宽度和深度	第10.3.9条	9/12	抽查12处,合格11处	91.7%
	5	滴水线(槽)	第10.3.10条	9/9	抽查9处,合格9处	100%
	6	粘贴允许偏差(mm) 立面垂直度	3	9/9	抽查9处,合格9处	100%
		表面平整度	4	9/11	抽查11处,合格10处	90.9%
		阴阳角方正	3	9/9	抽查9处,合格9处	100%
		接缝直线度	3	9/13	抽查13处,合格12处	92.3%
		接缝高低差	1	9/9	抽查9处,合格9处	100%
		接缝宽度	1	9/15	抽查15处,合格14处	93.3%
施工单位检查结果	主控项目和一般项目全部合格,符合设计及施工质量验收规范要求。 专业施工员:××× 项目专业质量检查员:××× ××年××月××日					
监理单位验收结论	☑同意验收　　　　　　　　□不同意验收,需返工处理再组织验收 □经返工处理后,同意验收。 专业监理工程师:××× ××年××月××日					

资料员（签字）:

砖面层检验批质量验收记录

单位(子单位) 工程名称	×××工程	分部(子分部) 工程名称	建筑装饰装修/ 建筑地面	分项 工程名称	板块面层铺设
施工单位	×××公司	项目负责人	×××	检验批容量	无防水要求36间； 有防水要求6间
分包单位	×××公司	分包单位 项目负责人	×××	检验批部位	××
施工依据	《建筑地面工程施工质量验收规范》 GB 50209—2010		验收依据	《建筑地面工程施工质量验收规范》 GB 50209—2010	

验收项目			设计要求及 规范规定	最小/实际 抽样数量	检查记录	检查 结果
主控项目	1	材料质量	第6.2.5条	/	质量证明文件齐全,检验合格,报告编号:×××	√
	2	板块产品应有放射性限量合格的检测报告	第6.2.6条	/	试验合格,报告编号:×××	√
	3	面层与下一次层结合	第6.2.7条	7/7	抽查7处,合格7处	√
一般项目	1	面层表面质量	第6.2.8条	7/7	抽查7处,合格7处(普通房间不少于3间,有防水要求的房间不少于4间)	100%
	2	面层邻接处镶边用料	第6.2.9条	7/7	抽查7处,合格7处	100%
	3	踢脚线质量	第6.2.10条	7/7	抽查7处,合格7处	100%
	4	楼梯、台阶踏步 / 踏步尺寸及面层	第6.2.11条	1/1	抽查1处,合格1处	100%
		楼层梯段相邻踏步高度差	10mm	1/1	抽查1处,合格1处	100%
		每踏步两端宽度差	10mm	1/1	抽查1处,合格1处	100%
		旋转楼梯段的每踏步两端宽度	5mm	/	/	/
	5	面层表面坡度	第6.2.12条	7/7	抽查7处,合格7处	100%

203

验收项目			设计要求及规范规定	最小/实际抽样数量	检查记录	检查结果
一般项目	6	表面允许偏差 缸砖	4.0mm	/	/	/
		表面允许偏差 水泥花砖	3.0mm	/	/	/
		表面允许偏差 陶瓷锦砖、陶瓷地砖	2.0mm	7/7	抽查7处,合格6处	85.7%
		缝格平直 陶瓷锦砖、陶瓷地砖	3.0mm	7/7	抽查7处,合格7处	100%
		接缝高低差 陶瓷锦砖、陶瓷地砖、水泥花砖	0.5mm	7/7	抽查7处,合格7处	100%
		接缝高低差 缸砖	1.5mm	/	/	/
		踢脚线上口平直 陶瓷锦砖、陶瓷地砖	3.0mm	7/8	抽查8处,合格7处	87.5%
		踢脚线上口平直 缸砖	4.0mm	7/7	抽查7处,合格7处	100%
		板块间隙宽度 陶瓷锦砖、陶瓷地砖	2.0mm	7/10	抽查10处,合格9处	90%

施工单位检查结果	主控项目和一般项目全部合格,符合设计及施工质量验收规范要求。 专业施工员:××× 项目专业质量检查员:××× ××年××月××日
监理单位验收结论	☑同意验收　　　　　　　　　□不同意验收,需返工处理再组织验收 □经返工处理后,同意验收 专业监理工程师:××× ××年××月××日

资料员（签字）：

护栏和扶手制作与安装检验批质量验收记录

03-11-04-01-001

单位(子单位) 工程名称	×××工程	分部(子分部) 工程名称	建筑装饰装修/ 细部工程	分项 工程名称	护栏和扶手 制作与安装
施工单位	×××公司	项目负责人	×××	检验批容量	2 间
分包单位	×××公司	分包单位 项目负责人	×××	检验批部位	××
施工依据	《建筑装饰装修工程质量验收标准》 GB 50210—2018		验收依据	《建筑装饰装修工程质量验收标准》 GB 50210—2018	

		验收项目	设计要求及 规范规定	最小/实际 抽样数量	检查记录	检查 结果
主控项目	1	材料质量	第14.5.1条	/	质量证明文件齐全,通过进场 验收	√
	2	造型、尺寸、安装位置	第14.5.2条	全/2	共2间,全部检查,合格2间 (应全数检查)	√
	3	预埋件及连接	第14.5.3条	全/2	共2间,全部检查,合格2间	√
	4	护栏高度、位置与安装	第14.5.4条	全/2	共2间,全部检查,合格2间	√
	5	栏板玻璃	第14.5.5条	全/2	共2间,全部检查,合格2间	√
一般项目	1	转角弧度、接缝及表面质量	第14.5.6条	全/2	共2间,全部检查,合格2间	100%
	2	安装允许偏差 护栏垂直度(mm)	3	全/2	共2间,全部检查,合格2间	100%
		栏杆间距(mm)	0,−6	全/2	共2间,全部检查,合格2间	100%
		扶手直线度(mm)	4	全/2	共2间,全部检查,合格2间	100%
		扶手高度(mm)	+6,0	全/2	共2间,全部检查,合格2间	100%

施工单位 检查结果	主控项目和一般项目全部合格,符合设计及施工质量验收规范要求。 专业施工员:××× 项目专业质量检查员:××× ××年××月××日
监理单位 验收结论	☑同意验收　　　　　　□不同意验收,需返工处理再组织验收 □经返工处理后,同意验收。 专业监理工程师:××× ××年××月××日

资料员（签字）：

（4）安装工程：

管道安装隐蔽验收记录

单位(子单位)工程名称		×××工程		
分部(子分部)工程名称	建筑给水排水及供暖(室内给水系统)		分项工程	给水管道及配件安装
施工单位	×××公司		项目经理	×××
分包单位	/		分包项目经理	/
管道名称、材质	给水支管(PE-RT管)		系统编号及部位	3～5层①～㉖/Ⓐ～Ⓗ轴

隐蔽内容	检查情况
除锈情况	/
位置、坐标	管道安装在3～5层①-㉖/Ⓐ～Ⓗ轴地坪内,标高为8.4～14.2m
管道支吊架	/
管道接头、焊口	管道无接头
管道试压灌水结果	管道试压结果符合要求
防腐	/
保温	/
施工单位检查结果	经检查,符合设计及施工质量验收规范要求。 专业质量检查员:××× 专业施工员:××× 项目技术负责人:××× ××年××月××日
监理(建设)单位验收结论	☑符合要求,同意隐蔽 ☐不符合要求,不同意隐蔽 监理工程师:××× (建设单位项目技术负责人) ××年××月××日

资料员（签字）：

设备安装隐蔽验收记录

单位(子单位)工程名称		×××工程		
分部(子分部)工程名称		建筑给水排水及供暖(室内给水系统)		
施工单位	×××公司		项目经理	×××
分包单位	/		分包项目经理	/
设备名称	消火栓加压泵	型号规格	XBD8.4/20-30-HY	位号	1

隐蔽内容及检查情况:
1. 地脚螺栓类型 胀锚地脚螺栓 ,长度 260 mm,直径 20 mm。
2. 地脚螺栓的垂直度 0.09 mm/m。
3. 垫铁材料 钢板垫铁 类型,规格见附图。
  垫铁共有 4 组,每组最多 5 块,垫铁是否点焊: 是 。
4. 隐蔽部分的标高、水平度和中心位置,是否符合设计和规范要求: 是 。
5. 基础二次灌浆部分是否清理干净: 是

附图	略
施工单位检查结果	符合设计及施工质量验收规范要求。 专业质量检查员:××× 专业施工员:××× 项目技术负责人:××× ××年××月××日
监理(建设)单位验收结论	☑符合要求,同意隐蔽 ☐不符合要求,不同意隐蔽 监理工程师:××× (建设单位项目技术负责人) ××年××月××日

资料员 (签字):

防雷引下线及网格隐蔽施工记录

单位(子单位)工程名称	×××工程		
分部(子分部)工程名称	建筑电气(防雷及接地)		
施工单位	×××公司	项目经理	×××
分包单位	×××公司	分包项目经理	×××
隐蔽部位	引下线　　网格　　检查内容 一层①-1～①-11/①-A～①-F轴柱	隐蔽日期	××年××月××日
材质及规格	两根 $\phi20$ 螺纹钢	连接材料及方式	直螺纹套筒连接
搭接长度	/	焊接面数	/

简图及说明:

①-I/①-E轴、①-3/①-F轴、①-11/①-B轴、①-7/①-A轴、①-3/①-A轴、
①-1/①-B轴

均利用柱内 2mm×20mm 螺纹钢做引下线,直螺纹套筒连接。

说明:
1. 防雷引下线共 8 处。
2. 焊接长度、外观质量符合设计及规范要求。

施工单位 检查结果	施工员	×××	作业班长	×××
	完成检查项目的全部内容,符合设计和《建筑电气工程施工质量验收规范》GB 50303—2015 的要求,报监理单位验收。		专业质量检查员:××× 专业项目技术负责人:××× 专业项目经理:××× ××年××月××日	
监理(建设)单位 验收结论	☑符合要求,同意验收 □不符合要求,不同意验收		监理工程师:××× (建设单位项目专业技术负责人) ××年××月××日	

资料员 (签字):

208

等电位及均压环连接隐蔽验收记录

单位(子单位)工程名称	×××工程		
分部(子分部)工程名称	建筑电气(防雷及接地)	项目经理	×××
分包单位	×××公司	分包项目经理	×××
施工单位	×××公司	施工图号	×××
等电位联结部位	一层①~⑪/Ⓐ~Ⓕ轴卫生间	均压环连接部位	/
隐蔽日期	×××	隐蔽日期	/
等电位联结材质规格	镀锌扁钢-25mm×4mm	均压环连接材质规格	/
等电位搭接长度	≥50mm,三面施焊	均压环搭接长度	/
防腐处理情况	焊接处焊皮药渣已清理干净	防腐处理情况	/
简图及说明	卫生间局部等电位联结示意图	说明: 1. 卫生间等电位联结线采用 BVR-1mm×4mm² 线穿 RPE25 管与卫生间电源插座连接。 2. 污水管等金属构件连接,采用—25mm×4mm 镀锌扁钢与地面钢筋网可靠连接。	
施工单位检查结果	完成检查项目全部内容,符合设计和《建筑电气工程施工质量验收规范》GB 50303—2015 的要求,报监理单位验收。 专业质量检查员:××× 专业项目技术负责人:××× 专业项目经理:××× ××年××月××日		
监理(建设)单位验收结论	☑符合要求,同意验收 □不符合要求,不同意验收 监理工程师:××× (建设单位项目专业技术负责人) ××年××月××日		

资料员(签字):

209

接地装置隐蔽验收记录

单位(子单位)工程名称		×××工程		
分部(子部分)工程名称		建筑电气(防雷及接地)		
施工单位		×××公司	项目经理	×××
分包单位		×××公司	分包项目经理	×××
接地编号		F1、F2、F3、F4		/
接地装置部位及名称		①-1~①-11/①-A~①-F轴基础筏板钢筋网自然接地		/
图(变更)号		电施-9		/
隐验日期		×××		/
距建筑物距离(m)		/		/
埋深(m)		与筏板基础深度		/
接地极品种、面积		$\phi25$螺纹钢、采用$\phi12$圆钢跨接		/
连接焊接面数量、面积		双面焊接、焊缝$L \geqslant 6d$		/
网式接地极间距		9.4m		/
防腐处理		焊接处焊渣清理干净		/
接地电阻测试结果及报告编号		接地电阻测试结果符合要求,见接地电阻测试记录 C6-141 表		/

简图	说明: 利用建筑物基础筏板上的上下两层钢筋中的两根主筋通长连接形成基础接地网,并与引下线可靠焊接。

施工单位检查结果	施工员	×××		作业班长	×××
	完成检查项目全部内容,符合设计和《建筑电气工程施工质量验收规范》GB 50303—2015 的要求,报监理单位验收。			专业质量检查员:××× 专业项目技术负责人:××× ××年××月××日	
监理(建设)单位验收结论	☑符合要求,同意验收 ☐不符合要求,不同意验收			监理工程师:××× (建设单位项目专业技术负责人) ××年××月××日	

资料员（签字）:

暗配线电管隐蔽验收记录

单位(子单位)工程名称		×××工程		
分部(子部分)工程名称		建筑电气(电气照明)		
施工单位		×××公司	项目经理	×××
分包单位		×××公司	分包项目经理	×××
部位		①-①～①-11/①-A～①-王轴墙柱、梁板		①-①～①-11/①-A～①-王轴墙柱、梁板
线路名称		照明、插座		照明、插座
隐验日期		×××		×××
图(变更)号		电施-04、电施-07		电施-04、电施-07
敷设方式		混凝土内暗敷设		混凝土内暗敷设
配线管品种、规格		SC20		RPE20、PRE25
弯曲半径		$\geqslant 6D$		$\geqslant 6D$
接头处理		加套管满焊连接		/
箱盒固定情况		管入盒顺直、并用$\phi 6$圆钢焊接连接		位置正确、管盒用插入法连接并绑扎牢固
配管接地连接		$\phi 6$圆钢跨接焊、焊接长度$\geqslant 6D$		/
管口保护,毛刺清理		管口毛刺已清理、切口平整光滑		管口平整光滑
防腐情况		管内壁灌刷防锈漆两遍		/
配管交叉处是否超出结构层		配管交叉处未超出结构层		配管交叉处未超出结构层
备注		×××		
土建施工员验收意见		×××		
施工单位 检查结果	施工员	×××	作业班长	×××
	完成检查项目全部内容,符合设计和《建筑电气工程施工质量验收规范》GB 50303—2015的要求,报监理单位验收。		专业质量检查员:××× 专业项目技术负责人:××× ××年××月××日	
监理(建设)单位 验收结论	☑符合要求,同意验收 □不符合要求,不同意验收		监理工程师:××× (建设单位项目专业技术负责人) ××年××月××日	

资料员（签字）：

211

管内穿线隐蔽验收记录

单位(子单位)工程名称	×××工程		
分部(子部分)工程名称	建筑电气(电气照明)		
施工单位	×××公司	项目经理	×××
分包单位	×××公司	分包项目经理	×××
施工图号	电施-08、电施-10	隐蔽日期	××年××月××日
部位	1～2层①-㉖/Ⓐ-Ⓙ轴		
线路名称	照明、插座、应急照明		
配线品种、规格	BV-3×10、BV-3×2.5、BV-4×2.5、BV-3×4、NH-BV-4×2.5、NH-BV-3×2.5、NH-BV-3×4		
PE线规格、颜色	10mm^2、2.5mm^2、4mm^2 双色线		
有无接头及接头位置	管内无接头、接头全部在接线盒内		
备注	每段管内穿线回路数量、规格严格按照本层设计平面图和配电系统图施工		

施工单位检查结果	施工员	×××	作业班长	×××
	完成检查项目全部内容,符合设计和《建筑电气工程施工质量验收规范》GB 50303—2015要求,报监理单位验收。		专业质量检查员:××× 专业项目技术负责人:××× ××年××月××日	
监理(建设)单位验收结论	☑符合要求,同意验收 □不符合要求,不同意验收		监理工程师:××× (建设单位项目专业技术负责人) ××年××月××日	

资料员（签字）：

212

电缆敷设施工记录

单位(子单位)工程名称		×××工程		
分部(子部分)工程名称		建筑电气(电气动力)		
施工单位	×××公司		项目经理	×××
分包单位	×××公司		分包项目经理	×××
敷设部位	屋顶层		敷设方式	桥架内敷设、管内敷设
电缆标牌检查		电缆的规格、型号符合设计及规范要求		
电缆接头方式		采用与电缆芯线规格相同的闭口端子和器件连接		
电缆绝缘层检查		绝缘层完整无损伤		

序号	电缆名称	规格型号	起点	终点
1	铜芯交联聚乙烯耐火型电力电缆	NH-YJV5×16	25AT1 箱	消防电梯控制柜
2	铜芯交联聚乙烯耐火型电力电缆	NH-YJV5×16	25AT1 箱	消防电梯控制柜
3	铜芯交联聚乙烯耐火型电力电缆	NH-YJV4×6	25AT2 箱	加压送风机
4	铜芯交联聚乙烯耐火型电力电缆	NH-YJV4×6	25AT2 箱	加压送风机
5	铜芯交联聚乙烯耐火型电力电缆	NH-YJV5×16	25AT3 箱	消防电梯控制柜
6	铜芯交联聚乙烯耐火型电力电缆	NH-YJV5×16	25AT3 箱	消防电梯控制柜
7	铜芯交联聚乙烯耐火型电力电缆	NH-YJV4×6	25AT4 箱	加压送风机
8	铜芯交联聚乙烯耐火型电力电缆	NH-YJV4×6	25AT4 箱	加压送风机

简图	略			
施工单位 检查结果		施工员	×××	作业班长	×××

施工单位 检查结果	完成检查项目全部内容,符合设计和 《建筑电气工程施工质量验收规专业范》GB 50303—2015 的要求,报监理单位验收。	专业质量检查员:××× 专业项目技术负责人:××× ××年××月××日

资料员（签字）：

阀门试验记录

单位(子单位)工程名称			×××工程							
分部(子分部)工程名称			建筑给水排水及供暖(室内给水系统)			分项工程		给水管道及配件安装		
施工单位			×××公司				项目经理		×××	
分包单位			/				分包项目经理		/	
材质			灰铸铁、青铜			管道系统名称		室内给水管道系统		

序号	名称	型号规格	公称压力(MPa)	强度试验			严密性试验			试验结果
				介质	压力(MPa)	时间(min)	介质	压力(MPa)	时间(min)	
1	截止阀	J11T-16 DN20	1.6	水	2.4	0.25	水	1.76	0.25	无渗漏
2	截止阀	J11T-16 DN20	1.6	水	2.4	0.25	水	1.76	0.25	无渗漏
3	截止阀	J11T-16 DN32	1.6	水	2.4	0.25	水	1.76	0.25	无渗漏
4	截止阀	J11T-16 DN32	1.6	水	2.4	0.25	水	1.76	0.25	无渗漏
5	闸阀	Z41T-10T DN100	1	水	1.5	1	水	1.1	0.5	无渗漏

备注	1. 阀门安装前,应做强度和严密性试验,试验应在每批(同牌号、同型号、同规格)数量中抽查10%,且不少于一个。对于安装在主干管上起切断作用的额定闭路阀门,应逐个做强度和严密性试验。阀门的强度试验压力为公称压力的1.5倍,严密性试验压力为公称压力的1.1倍。阀门试压的试验持续时间应不少于《建筑给水排水及采暖工程施工质量验收规范》GB 50242—2002表3.2.5的规定。 2. 截止阀J11T-16 DN20共计20个,抽检2个,截止阀J11T-10 DN32共计10个,抽检2个,闸阀Z41T-10T DN100共计1个,全检,经试验,阀门外观无变形,关断严密,无渗漏现象,符合《建筑给水排水及采暖工程施工质量验收规范》GB 50242—2002要求

施工单位检查结果	施工员	×××		试验员	×××
	完成了试验项目的内容,试验结果符合《建筑给水排水及采暖工程施工质量验收规范》GB 50242—2002标准的要求。			专业质量检查员:××× 项目技术负责人:××× ××年××月××日	

资料员（签字）：

散热器水压试验记录

单位(子单位)工程名称					×××工程							
分部(子分部)工程名称					建筑给水排水及供暖(室内供暖系统)							
施工单位		×××公司						项目经理		×××		
分包单位		/						分包项目经理		/		
规格型号		铜铝复合散热器-300				试验日期			××年××月××日			
试压数量		25组				工作压力(MPa)			1.0MPa			
编号	1	2	3	4	5	6	7	8	9	10	11	12	13
试验压力(MPa)	1.5	1.5	1.5	1.5	1.5	1.5	1.5	1.5	1.5	1.5	1.5	1.5	1.5
试验时间	2min	3min	2min	3min	3min	2min	3min	3min	3min	2min	3min	3min	2min
编号	14	15	16	17	18	19	20	21	22	23	24	25	
试验压力(MPa)	1.5	1.5	1.5	1.5	1.5	1.5	1.5	1.5	1.5	1.5	1.5	1.5	
试验时间	3min	3min	3min	2min	3min	3min	3min	3min	2min	3min	3min	3min	
编号													
试验压力(MPa)													
试验时间													
编号													
试验压力(MPa)													
试验时间													
编号													
试验压力(MPa)													
试验时间													
外观检查情况													

备注	散热器组对后,以及整组出厂的散热器在安装之前应做水压试验。试验压力如设计无要求时应为工作压力的1.5倍,但不小于0.6MPa。检验方法:试验时间为2～3min,压力不降且不渗不漏

施工单位检查结果	施工员	×××	试验员	×××
	完成了试验项目的内容,试验结果符合《建筑给水排水及采暖工程施工质量验收规范》GB 50242—2002要求。		专业质量检查员:××× 项目技术负责人:××× ××年××月××日	

资料员（签字）：

供暖系统调试记录

单位(子单位)工程名称		×××工程		
分部(子分部)工程名称		建筑给水排水及供暖 (室内供暖系统)		
施工单位	×××公司		项目经理	×××
分包单位	×××公司		分包项目经理	×××
施工图号	暖施-1、暖施-12	系统名称及编号		供暖管道系统 R/1
调试经过及 问题处理	1. 关闭供水干管阀门,打开回水干管、立管阀门并开到最大位置; 2. 打开系统最高点放气阀,系统内充满水; 3. 系统内充满水后,打开总供水阀门,系统循环; 4. 检查系统的运行情况,将温度最高的立管阀门轻轻关小,这样反复调节直至所有立管温度相同			
调试结论	经调试,供暖房间温度符合设计要求,对系统远近的各个环路达到阻力平衡,合格			
施工单位 检查结果	施工员	×××	试验员	×××
	完成了试验(检测)项目内容,试验结果符合设计和《建筑给水、排水及采暖工程施工质量验收规范》GB 50242—2002 要求。		专业质量检查员:××× 项目技术负责人:××× 项目经理:××× ××年××月××日	
监理(建设)单位 验收结论	☑符合要求,同意验收 ☐不符合要求,不同意验收		监理工程师:××× (建设单位项目专业技术负责人) ××年××月××日	

资料员(签字):

低压电气、动力设备试验和试运行记录

单位(子单位)工程名称		×××工程		
分部(子分部)工程名称		建筑电气(电气动力)		
施工单位		×××公司	项目经理	×××
分包单位		×××公司	分包项目经理	×××
施工图号		电施-03	日期	××年××月××日

试验内容					
成套配电箱柜名称型号	运行电压	运行电流	仪表指示	器件动作	备注
25AT2箱	380V	63A	各仪表指示正常	符合要求,无异常	
25AT2箱	380V	63A	各仪表指示正常	符合要求,无异常	
25AT2箱	380V	63A	各仪表指示正常	符合要求,无异常	
25AT2箱	380V	63A	各仪表指示正常	符合要求,无异常	

试运行情况					
设备名称	转向	机械转动	空载运行时间	功率(kW)	备注
加压送风机	符合要求转向正确	联轴器转向正常	2h	11	
加压送风机	符合要求转向正确	联轴器转向正常	2h	22	
加压送风机	符合要求转向正确	联轴器转向正常	2h	11	
加压送风机	符合要求转向正确	联轴器转向正常	2h	22	

施工单位检查结果	施工员	×××		作业班长	×××
	完成检查项目全部内容,符合设计和《建筑电气工程施工质量验收规范》GB 50303—2015 的要求。			专业质量检查员:××× 项目技术负责人:××× ××年××月××日	

资料员（签字）：

低压电气、线路绝缘电阻测试记录

单位(子单位)工程名称	×××工程									
分部(子部分)工程名称	建筑电气(电气动力)							测试日期	××年××月××日		
施工单位	×××公司							项目经理	×××		
分包单位	×××公司							分包项目经理	×××		
摇表型号、电压	UT511、1000V、500V							施工图号	电施-03		
部位、设备名称、回路编号	相对相			相对地			相对零			零对地
	A~B	B~C	C~A	A~PE	B~PE	C~PE	A~N	B~N	C~N	N~PE
25AT1箱										
NH-YJV5×16消防电梯控制柜	650	950	750	850	800	950	750	∞	900	800
NH-YJV5×16消防电梯控制柜	850	∞	750	900	950	∞	800	850	700	800
NH-BV-3×4消防电梯轿厢照明					450			300		450
NH-BV-3×4消防电梯轿厢照明						500			400	350
NH-BV-3×4消防电梯机房插座				400			300			450
NH-BV-3×4消防电梯井道插座					350			500		400
NH-BV-3×4消防电梯井道插座						350			400	500
25AT2箱										
NH-YJV4×6加压送风机	650	850	900	850	750	800				
NH-YJV4×6加压送风机	850	750	950	700	850	700				
施工单位检查结果	施工员				测试人					
	完成检查项目全部内容,符合设计和《建筑电气工程施工质量验收规范》GB 50303—2015要求,报监理单位验收。 专业质量检查员:××× 项目技术负责人:××× ××年××月××日									
监理(建设)单位验收结论	☑符合要求,同意验收 □不符合要求,不同意验收				监理工程师:××× (建设单位项目专业技术负责人) ××年××月××日					

资料员（签字）:

线路、插座、设备接地检查记录

单位(子单位)工程名称		×××工程			
分部(子部分)工程名称		建筑电气(电气照明)			
施工单位	×××公司		项目经理		×××
分包单位	×××公司		分包项目经理		×××
摇表型号、电压	ETCR2000+		敷设方式		穿管暗敷设
测试方式	用多功能相位测试仪检测		测试日期		××年××月××日
设备接地情况		接地可靠			
两孔插座接线方式		左零右火			
三孔插座接线方式		左零右火上接地			
三相四孔插座接线方式、接地		/			
插座回路漏电开关是否动作、接地		/			
施工单位检查结果	施工员	×××		作业班长	×××
	完成检查项目全部内容,符合设计和《建筑电气工程施工质量验收规范》GB 50303—2015 要求,报监理单位验收。		专业质量检查员:××× 项目技术负责人:××× ××年××月××日		
监理(建设)单位验收结论	☑符合要求,同意验收 □不符合要求,不同意验收		监理工程师:××× (建设单位项目专业技术负责人) ××年××月××日		

资料员（签字）：

补偿器预拉伸施工记录

单位(子单位)工程名称		×××工程		
分部(子分部)工程名称		建筑给水排水及供暖(室内供暖系统)	分项工程	管道及配件安装
施工单位		×××公司	项目经理	×××
分包单位		×××公司	分包项目经理	×××
施工图号		×××	管道系统名称及编号	供暖管道系统高区
补偿器名称	波纹补偿器	/	/	/
规格、型号	Z80-10/108	/	/	/
安装部位	25层管道井	/	/	/
两固定支架间距	18.4m	/	/	/
管道计算膨胀量	70.66mm	/	/	/
补偿器的最大伸缩量	108mm	/	/	/
预拉伸(设定)数值	68mm	/	/	/
安装完毕复合值	64mm	/	/	/
备注		$\Delta X=0.012(t_1-t_2)L(\text{mm})$		
施工单位检查结果	施工员	×××	作业班长	×××
	完成了试验(检测)项目的内容,试验结果符合《建筑给水排水及采暖工程施工质量验收规范》GB 50242—2002 要求。		专业质量检查员:××× 项目技术负责人:××× ××年××月××日	

资料员（签字）：

水泵安装记录

单位(子单位)工程名称		×××工程		
分部(子分部)工程名称	建筑给水排水及供暖(室内给水系统)		分项工程	给水设备安装
施工单位	×××公司		项目经理	×××
分包单位	×××公司		分包项目经理	×××
安装部位	地下一层水泵房			
水泵名称及编号	消火栓加压泵	/	/	/
型号规格	XBD8.4/20-30-HY	/	/	/
中心线偏移(mm)	/	/	/	/
垂直度 纵向(mm)	0.08	/	/	/
垂直度 横向(mm)	0.04	/	/	/
同轴度(mm)	0.07	/	/	/
地脚螺栓规格数量	M18×260,4套	/	/	/
备注				

		施工员	×××	作业班长	×××
施工单位检查结论		完成了试验项目的内容,试验结果符合《建筑给水排水及采暖工程施工质量验收规范》GB 50242—2002要求。		专业质量检查员:××× 项目技术负责人:××× ××年××月××日	

资料员（签字）：

水泵试运转记录

单位(子单位)工程名称		×××工程		
分部(子分部)工程名称		建筑给水排水及供暖(室内给水系统)	分项工程	给水设备安装
施工单位		×××公司	项目经理	×××
分包单位		×××公司	分包项目经理	×××
设备安装部位		地下一层水泵房	设备编号	001
水泵型号规格		XBD8.4/20-30-HY	运行时间	
运行参数及情况				
水泵出口压力(MPa)		0.52		
轴承温升(℃)		56		
流量情况		$20m^3/h$		
泵体稳定情况		泵体稳定,无明显颤动		
噪声情况		无异常		
固定体检查情况		固定完好、无松动		
备注				
施工单位检查结果		施工员	×××	作业班长	×××
		完成了试验项目的内容,试验结果符合《建筑给水排水及采暖工程施工质量验收规范》GB 50242—2002 要求。	专业质量检查员:××× 项目技术负责人:××× 项目经理:××× ××年××月××日	

资料员（签字）：

管道强度、严密性试验记录

单位(子单位)工程名称		×××工程		
分部(子分部)工程名称		建筑给水排水及供暖(室内给水系统)	分项工程	给水管道及配件安装
施工单位		×××公司	项目经理	×××
分包单位		/	分包项目经理	/
管道材质		干立管(内衬塑复合管)支管(PE-RT管)	管道系统名称及编号	给水管道系统JS
工作压力(MPa)		0.4		
设计(规范)试验压力(MPa)		0.6		
实际试验压力(MPa)		0.6		
稳压时间(min)		60		
实测压降(MPa)		0.04		
严密性试验压力(MPa)		0.46		
稳压时间(min)		120		
压力降(MPa)		0.02		
外观检查		管道无变形,接口无渗漏		
试验日期		××年××月××日		
备注		金属及复合管给水管道系统在试验压力下观测10min,压力降不应大于0.02MPa,然后降到工作压力进行检查,应不渗不漏。塑料管给水系统应在试验压力下稳压1h,压力降不得超过0.05MPa,然后在工作压力的1.15倍状态下稳压2h,压力降不得超过0.03MPa,同时检查各连接处不得渗漏		
施工单位检查结果		施工员	×××	试验员	×××
		完成了试验项目的内容,试验结果符合《建筑给水排水及采暖工程施工质量验收规范》GB 50242—2002要求,报监理单位验收。	专业质量检查员:××× 项目技术负责人:××× ××年××月××日		
监理(建设)单位验收结论		☑符合要求,同意验收 □不符合要求,不同意验收	监理工程师:××× (建设单位项目专业技术负责人) ××年××月××日		

资料员 (签字):

排水（雨水）管道灌水试验记录

单位(子单位)工程名称		×××工程		
分部(子分部)工程名称		建筑给水排水及供暖(室内排水系统)		
施工单位		×××公司	项目经理	×××
分包单位		×××公司	分包项目经理	×××
管道材质	铸铁管	管道系统名称及编号	排水管道系统 W/1	
灌水高度(cm)		底层地面高度以上 30 处		
满水时间(min)		15		
水面下降(cm)		2		
再灌满观察时间(min)		5		
液面情况		液面无下降		
管道接口检查		管道及接口无渗漏		
试验日期		××年××月××日		
备注	满水 15min 水面下降后,再灌满观察 5min,液面不降,管道及接口无渗漏为合格			

施工单位 检查结果	施工员	×××	试验员	×××
	完成了试验项目的内容,试验结果符合《建筑给水排水及采暖工程施工质量验收规范》GB 50242—2002 要求,报监理单位验收。 专业质量检查员:××× 项目技术负责人:××× ××年××月××日			

监理(建设)单位 验收结论	☑符合要求,同意验收 □不符合要求,不同意验收	监理工程师:××× (建设单位项目专业技术负责人) ××年××月××日

资料员（签字）：

排水管道通球试验记录

单位(子单位)工程名称		×××公司		
分部(子分部)工程名称		建筑给水排水及供暖(室内排水系统)		
施工单位	×××公司		项目经理	×××
分包单位	×××公司		分包项目经理	×××
管道系统及编号	排水管道系统 WL-1	排水管道系统 WL-2	排水管道系统 WL-3	排水管道系统 WL-4
管道材质	U-PVC管	U-PVC管	U-PVC管	U-PVC管
排水干管规格 DN(mm)	100	100	100	100
通球球径 ϕ(mm)	70	70	70	70
通球投入位置	从顶端投入	从顶端投入	从顶端投入	从顶端投入
通球排出位置	管底部引出管 出口处	管底部引出管 出口处	管底部引出管 出口处	管底部引出管 出口处
试验日期	××年××月××日	××年××月××日	××年××月××日	××年××月××日
试验方法检查情况	将试验用球从管顶部放入管道中,再向管中放水从管底部引出管出口处回收,管道通畅无阻塞			
备注	排水主立管及水平干管管道均应做通球试验,通球球径不小于排水管道管径的2/3,通球率必须达到100%			
施工单位检查结果		施工员	×××	班组长	×××
	完成了试验项目的内容,试验结果符合《建筑给水排水及采暖工程施工质量验收规范》GB 50242—2002 要求,报监理单位验收。	专业质量检查员:××× 项目技术负责人:××× ××年××月××日		
监理(建设)单位验收结论	☑符合要求,同意验收 □不符合要求,不同意验收	监理工程师:××× (建设单位项目专业技术负责人) ××年××月××日		

资料员（签字）：

敞口水箱满水试验记录

单位(子单位)工程名称		×××工程		
分部(子分部)工程名称		建筑给水排水及供暖(室内给水系统)	分项工程	给水设备安装
施工单位		×××公司	项目经理	×××
分包单位		×××公司	分包项目经理	×××
系统名称及编号		给水管道系统	材质及规格型号	不锈钢水箱 3.5m×3.0m×2.5m
灌水高度(m)		2.25		
满水时间(h)		24		
接口检查情况		接口无渗漏、无变形		
试验日期		××年××月××日		
备注		敞口水箱的满水试验和密闭水箱的水压试验必须符合规定。检验方法:满水试验静置24h观察,不渗不漏;水压试验在试验压力下10min压力不降,不渗不漏		
施工单位检查结果		施工员	×××	试验员	×××
	完成了试验项目的内容,试验结果符合《建筑给水排水及采暖工程施工质量验收规范》GB 50242—2002要求。	专业质量检查员:××× 项目技术负责人:××× ××年××月××日		

资料员（签字）：

给水管道通水试验记录

单位(子单位)工程名称		×××工程		
分部(子分部)工程名称		建筑给水排水及供暖(室内给水系统)		
施工单位		×××公司	项目经理	×××
分包单位		×××公司	分包项目经理	×××
施工图号		水-01、水-12	管道系统名称及编号	给水管道系统 JS
设计工作压力(MPa)		0.4		
最高配水点流量检查		符合要求		
各配水点水流畅通情况		各配水点水流畅通无阻塞现象		
供水方式		市政管网直接供水		
试验日期		××年××月××日		
检验情况		各配水点均有水流出,无杂质、无堵塞,符合设计要求		
备注	同时开启 2/3 以上的配水点,相同流速单位时间内通过同一截面的介质体积即为流量 $Q=V \cdot A \cdot K$			
施工单位检查结果	施工员	×××	试验员	×××
	完成了试验项目的内容,试验结果符合《建筑给水排水及采暖工程施工质量验收规范》GB 50242—2002 要求,报监理单位验收。	专业质量检查员:××× 项目技术负责人:××× ××年××月××日		
监理(建设)单位验收结论	☑符合要求,同意验收 □不符合要求,不同意验收	监理工程师:××× (建设单位项目专业技术负责人) ××年××月××日		

资料员（签字）:

227

排水管道及卫生器具通水试验记录

单位(子单位)工程名称		×××工程			
分部(子分部)工程名称		建筑给水排水及供暖(室内排水系统)			
施工单位		×××公司		项目经理	×××
分包单位		×××公司		分包项目经理	×××
管道材质		铸铁管	管道系统名称及编号	排水管道系统 W/1	
给水配水点总数		256 个			
开启配水点数		171 个			
系统接口检查		系统各接口严密无渗漏			
管道畅通情况		管道畅通,无阻塞			
试验日期		××年××月××日			
试验方法检查情况		按每个排水导管出户所对应的立管进行通水试验,通水后各管道系统无阻塞			
卫生器具满水试验情况及处理结果		各连接管道排水畅通,无渗漏,各器具溢水口排水畅通			
器具接头检查		器具接头无渗漏			
备注					
施工单位检查结果		施工员	×××	试验员	×××
		完成了试验(检测)项目的内容,试验结果符合《建筑给水排水及采暖工程施工质量验收规范》GB 50242—2002 要求,报监理单位验收。		专业质量检查员:××× 项目技术负责人:××× ××年××月××日	
监理(建设)单位验收结论		☑符合要求,同意验收 □不符合要求,不同意验收		监理工程师:××× (建设单位项目专业技术负责人) ××年××月××日	

资料员（签字）：

管道系统清洗（消毒）记录

单位(子单位)工程名称			×××工程		
分部(子分部)工程名称		建筑给水排水及供暖（室内给水系统）	分项工程		给水管道及配件安装
施工单位		×××公司		项目经理	×××
分包单位		×××公司		分包项目经理	×××
施工图号		水-01、水-12	管道系统名称及编号		给水管道系统 JS
清洗方法		将系统最低点作为排出口，用自来水反复冲洗			
清洗日期		×× 年 ×× 月 ×× 日	饮用水管道	清洗日期	×× 年 ×× 月 ×× 日
清洗介质		清洁自来水		消毒液名称	游离氯水溶液
介质流速(m/s)		3m/s		消毒液用量(mg/L)	30
清洗次数		3 次		消毒时间	含氯水在管道滞留 24h 以上
清洗介质出口杂质检查		出口水色透明无杂质，水质合格		水质检验结果	合格
备注	最后一次排水经目测无泥沙、铁屑等杂质，水色不浑浊与入口处相同。将系统各支管末端临时连接，并作为入口，用≥3m/s 的水流反复冲洗，直至水色无浑浊				
施工单位检查结果	施工员	×××		班组长	×××
	完成了试验(检测)项目的内容，试验结果符合《建筑给水排水及采暖工程施工质量验收规范》GB 50242—2002 要求，报监理单位验收。		专业质量检查员：××× 项目技术负责人：××× ×× 年 ×× 月 ×× 日		
监理(建设)单位验收结论	☑符合要求，同意验收 □不符合要求，不同意验收		监理工程师：××× (建设单位项目专业技术负责人) ×× 年 ×× 月 ×× 日		

资料员（签字）：

229

成套配电柜、控制柜及动力、照明配电箱安装记录

单位工程名称	×××工程			施工日期	××年××月××日	
分部工程名称	建筑电气分部			分项工程名称	配电柜、控制柜及动力、照明配电箱	
施工图号	电施-03			制造单位	×××	
型号	配电柜 VLF-80/3.5	配电箱 NDP1-20	/	/	/	
编号	001	002	/	/	/	
数量	5个	3个	/	/	/	
外观检查	外观完好、无损	外观完好、无损	/	/	/	

基础型钢安装	项目	不直度		水平度		不平行度
		mm/m	mm/全长	mm/m	mm/全长	mm/全长
	允差	1	5	1	5	5
	实测	/	2	/	3	1

箱柜安装	项目	垂直度	成列盘面偏差	盘间接缝
		mm/m	mm	mm
	允差	<1.5	<5	<2
	实测	0.6	2	0.1

固定方式	螺栓
手车检查	手车成套配电柜推拉灵活，无卡阻碰撞现象
接地情况	装置内保护接地导体排有裸露的连接外部保护接地导体的端子，连接可靠

简图：　　　　　　　　　　　　　　略

班组长：　　　　　　施工员：　　　　　　质检员：　　　　　　年　　月　　日

资料员（签字）：

230

接地电阻测试记录

工程名称	×××工程		测试日期	××年××月××日	
仪表型号	ETCR2000＋	天气情况	晴	气温(℃)	28

接地类型	☑防雷接地　　　□计算机接地　　　□工作接地 □保护接地　　　□防静电接地　　　□逻辑接地 □重复接地　　　☑综合接地　　　□医疗设备接地
设计要求	□≤10Ω　　　　　□≤4Ω □≤0.1Ω　　　　☑≤1Ω

测试部位：

季节系数：1月1.05、2月1.05、3月1.0、4月1.6、5月1.9、6月2.0、7月2.2、8月2.55、9月1.6、10月1.55、11月1、12月1.35。
接地电阻值＝接地电阻测试仪测出的实际数值×季节系数

测试结论：

完成检查项目全部内容，符合设计和《建筑电气工程施工质量验收规范》GB 50303—2015 的要求，报监理单位验收

签字栏	施工单位	×××公司			
	专业技术负责人	专业质检员		专业施工员	专业测试人
	×××	×××		×××	×××
	监理或建设单位	×××公司		专业工程师	×××

资料员（签字）：　　　　　　　　　　　　　　　　　　　　　　　　　　　　　　　　　年　　月　　日

231

照明全负荷运行试验记录

单位(子单位)工程名称		×××工程		
分部(子部分)工程名称		建筑电气(电气照明)		
施工单位	×××公司		项目经理	×××
分包单位	×××公司		分包项目经理	×××
施工图号	电施-08、电施-09、电施-10、电施-11、电施-12、电施-13、电施-14		日期	×××
试验内容				
照明箱与回路的标识		照明箱与回路的标识一致		
通电连续运行时间		8h		
线路、元器件发热情况		线路、元器件无发热现象,正常		
备注		通电连续运行8h,每2h检测一次,连续运行时间内运行正常,均无故障		

施工单位检查结果	施工员	×××	作业班长	×××
	完成检查项目全部内容,符合设计和《建筑电气工程施工质量验收规范》GB 50303—2015要求,报监理单位验收。		专业质量检查员:××× 项目技术负责人:××× ××年××月××日	

监理(建设)单位验收结论	☑符合要求,同意验收 ☐不符合要求,不同意验收	监理工程师:××× (建设单位项目专业技术负责人) ××年××月××日

资料员（签字）：

设备空载运行和负荷运行记录

单位(子单位)工程名称			×××工程				
分部(子分部)工程名称			建筑电气(电气动力)				
施工单位		×××公司			项目经理		×××
分包单位		×××公司			分包项目经理		×××
设备名称			离心泵				
摇表型号、电压		UT511、1000V			测运日期		×××
规格标准(MΩ)		500			测试温度(℃)		25
设备型号	功率	电压	电流	接法	转速	制造厂	出厂日期
25GDL2-12×6	11kW	380V	29A	三角形	2900r/min	×××	×××
敷设方式	暗敷	实测值(MΩ)					
设备配线 规格根数	NH-YJV4×6	A-B	B-C	C-A	A-地	B-地	C-地
		650	850	900	850	750	800
空载运行电压(V)		380					
空载运行电流(A)		26.5					
空载运行温度(℃)		25					
空载运行时间(h)		2					
结论		合格					
负荷运行电压(V)		380					
负荷运行电流(A)		27.9					
负荷运行温度(℃)		28					
负荷运行时间(h)		2					
结论		合格					
施工单位 检查结果	施工员	×××			作业班长	××	
	完成了检查项目的全部内容,符合设计和《建筑电气工程施工质量验收规范》GB 50303—2015的要求,报监理单位验收。			专业质量检查员:×××项目技术负责人:×××××年××月××日			
监理(建设)单位 验收结论	总监理工程师(建设单位项目负责):×××						
	☑ 符合要求,同意验收 ☐ 不符合要求,不同意验收			监理工程师:×××(建设单位项目专业技术负责人)××年××月××日			

资料员(签字):

电气设备交接试验记录

单位(子单位)工程名称		×××工程		
分部(子分部)工程名称		建筑电气(电气动力)		
施工单位		×××公司	项目经理	×××
分包单位		×××公司	分包项目经理	×××
施工图号		电施-03	日期	××年××月××日

成套配电箱柜名称型号	交接内容			
	低压电气运作情况	仪表电气元件	回路标识	备注
25AT2箱	低压电气运行正常	仪表电气元件工作正常	回路标识清晰	
25AT2箱	低压电气运行正常	仪表电气元件工作正常	回路标识清晰	
25AT2箱	低压电气运行正常	仪表电气元件工作正常	回路标识清晰	
25AT2箱	低压电气运行正常	仪表电气元件工作正常	回路标识清晰	

设备名称	交接内容		
	荷载运行情况	运作方向	备注
加压送风机	荷载运行正常	顺时针	
加压送风机	荷载运行正常	顺时针	
加压送风机	荷载运行正常	顺时针	
加压送风机	荷载运行正常	顺时针	

说明	

交接方	×××	日期	××年××月××日
接受方	×××	日期	××年××月××日
监理工程师	×××	日期	××年××月××日

资料员（签字）：

电缆桥架检查记录

单位(子单位)工程名称		×××工程		
分部(子分部)工程名称		建筑电气(电气动力)	分项工程	电缆敷设
施工单位		×××公司	项目经理	×××
分包单位		×××公司	分包项目经理	×××
执行标准名称及编号		《建筑电气工程施工质量验收规范》GB 50303—2015		
检测内容	检查项目	检查要求		检查情况
	金属电缆桥架、支架和引入、引出的金属导管的接地或接零	连接可靠,不少于2处与接地或接零干线相连接		接地、接零干线相连接符合质量规范要求
	电缆敷设	严禁有绞拧、压扁、护层断裂和表面严重划伤等缺陷		电缆无绞拧、压扁、护层断裂和表面严重划伤等缺陷,符合质量规范要求
	电缆桥架	支架与预埋件焊接固定时,焊缝饱满,膨胀螺栓固定时,选用螺栓适配,连接紧固,防松零件齐全		电缆桥架支架焊缝饱满、螺栓连接紧固,符合质量规范要求
	桥架内电缆敷设和固定	大于45°倾斜敷设的电缆每隔2m处设固定点;电缆敷设排列整齐,水平敷设的电缆,首尾两端、转弯两侧每隔5～10m处设固定点		桥架内电缆敷设、固定符合质量规范要求
	电缆的首端、末端和分支处的标志牌	应设置标志牌		电缆首末端和分支处设置标志牌,符合质量规范要求

施工单位检查结果:
完成检查项目全部内容,符合设计及《建筑电气工程施工质量验收规范》GB 50303—2015要求,同意验收。

专业质量检查员:×××

项目技术负责人:×××

××年××月××日

资料员 (签字):

235

给水管道及配件安装检验批质量验收记录

05-01-01-01-001

单位(子单位)工程名称	×××工程	分部(子分部)工程名称	建筑给水排水及供暖分部-室内给水系统子分部	分项工程名称	给水管道及配件安装分项
施工单位	×××公司	项目负责人	×××	检验批容量	34处
分包单位	×××公司	分包单位项目负责人	×××	检验批部位	1～2层①～㉖/Ⓐ～Ⓙ轴
施工依据	施工图纸及《建筑给水排水及供暖工程施工工艺规程》DB62/T 3029—2018		验收依据	《建筑给水排水及采暖工程施工质量验收规范》GB 50242—2002	

		验收项目	设计要求及规范规定	最小/实际抽样数量	检查记录	检查结果
主控项目	1	给水管道水压试验	设计要求	/	试验合格,符合要求	√
	2	给水系统通水试验	第4.2.2条	/	/	/
	3	生活给水系统管道冲洗和消毒	第4.2.3条	/	试验合格,符合要求	√
	4	直埋金属给水管道防腐	第4.2.4条	/	/	/
一般项目	1	给水排水管敷设的平行、垂直净距	第4.2.5条	全/34	共34处,全部检查,合格34处	100%
	2	金属给水管道及管件焊接	第4.2.6条	/	/	/
	3	给水水平管道坡度坡向	第4.2.7条	全/18	共18处,全部检查,合格18处	100%
	4	管道支、吊架	第4.2.9条	全/16	共16处,全部检查,合格16处	100%
	5	水表安装	第4.2.10条	全/8	共8处,全部检查,合格8处	100%

236

验收项目			设计要求及规范规定	最小/实际抽样数量	检查记录	检查结果
一般项目	6 水平管道纵、横方向弯曲允许偏差	钢管	每1m	1mm	/	/	/
			全长25m以上	≤25mm	/	/
		塑料管、复合管	每1m	1.5mm	全/18	共18处,全部检查,合格18处	100%
			全长25m以上	≤25δ	/	/
		铸铁管	每1m	2mm	/	/
			全长25m以上	≤25mm	/	/
	7 立管垂直度允许偏差	钢管	每1m	3mm	/	/
			5m以上	≤8mm	/	/
		塑料管、复合管	每1m	2mm	全/16	共16处,全部检查,合格16处	100%
			5m以上	≤8mm	/	/
		铸铁管	每1m	3mm	/	/
			5m以上	≤10mm	/	/
	成排管段和成排阀门		在同一平面上的间距	3mm	全/4	共4处,全部检查,合格4处	100%
	8 管道及设备保温的允许偏差	厚度		+0.1δ −0.05δ	全/16	共16处,全部检查,合格16处	100%
		表面平整度	卷材	5mm	全/16	共16处,全部检查,合格16处	100%
			涂抹	10mm	/	/

施工单位检查结果	经过检查,主控项目合格,一般项目符合要求,该检验批评定合格,报监理单位验收。 专业施工员:××× 项目专业质量检查员:××× 　　　　　　　　　　×× 年 ×× 月 ×× 日
监理单位验收结论	☑同意验收　　　　　　　　　　　□不同意验收,需返工处理再组织验收 □经返工处理后,同意验收 专业监理工程师:××× 　　　　　　　　　　×× 年 ×× 月 ×× 日

资料员（签字）:

排水管道及配件安装检验批质量验收记录

05-02-01-01-001

单位(子单位) 工程名称	×××工程	分部(子分部) 工程名称	建筑给水排水 及供暖分部-室 内排水系统 子分部	分项工 程名称	排水管道及配 件安装分项
施工单位	×××公司	项目负责人	×××	检验批容量	37处
分包单位	/	分包单位 项目负责人	/	检验批部位	1～2层①～⑳/ Ⓐ～Ⓙ轴
施工依据	施工图纸及《建筑给水排水及供暖工程施工工艺规程》DB62/T 3029—2018 || 验收依据	《建筑给水排水及采暖工程施工质量验收规范》GB 50242—2002		

		验收项目			设计要求及 规范规定	最小/实际 抽样数量	检查记录	检查 结果
主控项目	1	排水管道灌水试验			第5.2.1条	/	试验合格,符合要求	√
	2	生活污水铸铁管、塑料管坡度			第5.2.2条 5.2.3条	全/16	共16处,全部检查,合格16处	√
	3	排水塑料管安装伸缩节			第5.2.4条	全/21	共21处,全部检查,合格21处	√
	4	排水主立管及水平干管通球试验			第5.2.5条	/	试验合格,符合要求	√
一般项目	1	生活污水管道上设检查口和清扫口			第5.2.6条 第5.2.7条	全/21	共21处,全部检查,合格20处	95%
	2	金属和塑料管支、吊架安装			第5.2.8条 第5.2.9条	全/21	共21处,全部检查,合格19处	90%
	3	排水通气管安装			第5.2.10条	全/8	共8处,全部检查,合格8处	100%
	4	医院污水和饮食业工艺排水			第5.2.11条 第5.2.12条	/	/	/
	5	室内排水管道安装			第5.2.13条 第5.2.14条 第5.2.15条	全/37	共37处,全部检查,合格35处	95%
	6	排水管道安装允许偏差	坐标		15mm	全/37	共37处,全部检查,合格36处	97%
			标高		±15mm	全/37	共37处,全部检查,合格34处	92%
			横管纵横方向弯曲	铸铁管 每1m	≤1mm	/	/	/
				铸铁管 全长(25m以上)	≤25mm	/	/	/
				钢管 每1m 管径≤100mm	1mm	/	/	/
				钢管 每1m 管径>100mm	1.5mm	/	/	/

238

续表

验收项目							设计要求及规范规定	最小/实际抽样数量	检查记录	检查结果
一般项目	6	排水管道安装允许偏差	横管纵横方向弯曲	钢管	全长（25m以上）	管径≤100mm	≤25mm	/	/	/
						管径>100mm	≤308mm	/	/	/
				塑料管	每1m		1.5mm	全/16	共16处，全部检查，合格15处	94%
					全长（25m以上）		≤38mm	/	/	/
				钢筋混凝土管、混凝土管	每1m		3mm	/	/	/
					全长（25m以上）		≤75mm	/	/	/
			立管垂直度	铸铁管	每1m		3mm	/	/	/
					全长（5m以上）		≤15mm	/	/	/
				钢管	每1m		3mm	/	/	/
					全长（5m以上）		≤10mm	/	/	/
				塑料管	每1m		3mm	全/21	共21处，全部检查，合格20处	95%
					全长（5m以上）		≤15mm	/	/	/
施工单位检查结果	经过检查，主控项目合格，一般项目符合要求，该检验批评定合格，报监理单位验收。 专业施工员：××× 项目专业质量检查员：××× ××年××月××日									
监理单位验收结论	☑同意验收　　□不同意验收，需返工处理再组织验收 □经返工处理后，同意验收 专业监理工程师：××× ××年××月××日									

资料员（签字）：

雨水管道及配件安装检验批质量验收记录

单位(子单位) 工程名称	×××工程	分部(子分部) 工程名称	建筑给水排水及 供暖分部-室内排 水系统子分部	分项工 程名称	雨水管道及配 件安装分项
施工单位	×××公司	项目负责人	×××	检验批容量	354m
分包单位	/	分包单位 项目负责人	/	检验批部位	Y1～Y4 系统
施工依据	施工图纸及《建筑给水排水及供暖工 程施工工艺规程》DB62/T 3029—2018		验收依据	《建筑给水排水及采暖工程施工 质量验收规范》GB 50242—2002	

		验收项目			设计要求及 规范规定	最小/实际 抽样数量	检查记录	检查 结果
主控项目	1	室内雨水管道灌水试验			第5.3.1条	/	试验合格,报告编号:×××	√
	2	塑料雨水管道安装伸缩节			第5.3.2条	/	/	/
	3	地下埋设雨水管道最小坡度			第5.3.3条	/	/	/
一般项目	1	雨水管道不得与生活污水管相连接			第5.3.4条	全/4	共4处,全部检查,合格4处	100%
	2	雨水斗管安装			第5.3.5条	全/4	共4处,全部检查,合格4处	100%
	3	悬吊式雨水管道 的检查口间距	管径≤150		≤15m	/	/	/
			管径≥200		≤20m	/	/	/
	4	雨水管道安装允许偏差	坐标		15mm	4/4	抽查4处,合格4处	100%
			标高		±15mm	4/4	抽查4处,合格4处	100%
			横管纵横方向弯曲 铸铁管	每1m	≤1mm	全/4	共4处,全部检查,合格4处	100%
				全长(25m以上)	≤25mm	/	/	/
			钢管 每1m	管径≤100mm	1mm	/	/	/
				管径>100mm	1.5mm	/	/	/
			钢管 全长25m以上	管径≤100mm	≤25mm	/	/	/
				管径>100mm	≤308mm	/	/	/

验收项目				设计要求及规范规定		最小/实际抽样数量	检查记录	检查结果
一般项目	4	雨水管道安装允许偏差	横管纵横方向弯曲	塑料管	每1m	1.5mm	/	/	/
					全长（25m以上）	≤38mm	/	/	/
				钢筋混凝土管、混凝土管	每1m	3mm	/	/	/
					全长（25m以上）	≤75mm	/	/	/
			立管垂直度	铸铁管	每1m	3mm	全/96	共96处,全部检查,合格90处	94%
					全长（5m以上）	≤15mm	/	/	/
				钢管	每1m	3mm	/	/	/
					全长（5m以上）	≤10mm	/	/	/
				塑料管	每1m	3mm	/	/	/
					全长（5m以上）	≤15mm	/	/	/
	5	焊缝允许偏差	焊口平直度	管壁厚10mm以内		管壁厚1/4	/	/	/
			焊缝加强面	高度		+1mm	/	/	/
				宽度			/	/	/
			咬边	深度		小于0.5mm	/	/	/
				长度	连续长度	25mm	/	/	/
					总长度（两侧）	小于焊缝长度的10%	/	/	/

施工单位检查结果	经过检查,主控项目合格,一般项目符合要求,该检验批评定合格,报监理单位验收。 专业施工员：××× 项目专业质量检查员：××× ××年××月××日
监理单位验收结论	☑同意验收。 □不同意验收,需返工处理再组织验收。 □经返工处理后,同意验收。 专业监理工程师：××× ××年××月××日

资料员（签字）：

241

梯架、托盘和槽盒安装检验批质量验收记录

单位(子单位) 工程名称	×××工程	分部(子分部) 工程名称	建筑电气分部- 供电干线子分部	分项工程名称	梯架、托盘和槽 盒安装分项
施工单位	×××公司	项目负责人	×××	检验批容量	211m
分包单位	/	分包单位 项目负责人	/	检验批部位	竖井内
施工依据	施工图纸及《建筑电气工程施工 工艺规程》DB 62/T 3030—2018		验收依据	《建筑电气工程施工质量验收规范》 GB 50303—2015	

		验收项目	设计要求及 规范规定	最小/实际 抽样数量	检查记录	检查 结果
主控项目	1	梯架、托盘和槽盒保护连接点数量		全/30	共30处,全部检查,合格30处	√
		非镀锌梯架、托盘和槽盒的保护连接	第11.1.1条	5/5	抽查5处,合格5处	√
		镀锌梯架、托盘和槽盒的保护连接		/	/	/
	2	电缆梯架、托盘和槽盒转弯、分支处的连接配件最小弯曲半径	第11.1.2条	5/5	抽查5处,合格5处	√
一般项目	1	伸缩节及补偿装置的设置	第11.2.1条	/	/	/
	2	梯架、托盘和槽盒与支架间及与连接板的连接	第11.2.2条	11/11	抽查11处,合格11处	100%
		铝合金梯架、托盘和槽盒与钢支架固定的防电化腐蚀措施		/	/	/
	3	梯架、托盘和槽盒与管道的位置关系和最小净距	第11.2.3条 第1款	/	/	/
		配线槽盒与管道的位置关系和最小距离	第11.2.3条 第2款	/	/	/

242

		验收项目	设计要求及规范规定	最小/实际抽样数量	检查记录	检查结果
一般项目	3	电气竖井内穿楼板处和穿越不同的防火区时的梯架、托盘和槽盒的防火隔堵措施	第11.2.3条第3款	全/30	共30处,全部检查,合格30处	100%
		电气竖井内的电缆梯架和托盘的固定支架安装	第11.2.3条第4款	全/30	共30处,全部检查,合格30处	100%
		室外梯架、托盘和槽盒的防水措施	第11.2.3条第5款	/	/	/
		支架在承力建筑钢结构构件上安装	第11.2.3条第6款	/	/	/
		水平、垂直安装的支架间距	第11.2.3条第7款	11/11	抽查11处,合格11处	100%
		金属吊架的圆钢直径	≥8mm	/	/	/
	4	支吊架的设置及安装质量	第11.2.4条	11/11	抽查11处,合格11处	100%
	5	金属支架的防腐	第11.2.5条	11/11	抽查11处,合格11处	100%

施工单位检查结果	经过检查,主控项目合格,一般项目符合要求,项目该检验批评定合格,报监理单位验收。 专业施工员:××× 专业质量检查员:××× ××年××月××日
监理单位验收结论	☑同意验收　　　　　　　　　　　　□不同意验收,需返工处理再组织验收 □经返工处理后,同意验收 专业监理工程师:××× ××年××月××日

资料员（签字）:

电缆敷设检验批质量验收记录

单位(子单位)工程名称	×××工程		分部(子分部)工程名称	建筑电气分部-供电干线子分部	分项工程名称	电缆敷设分项
施工单位	×××公司		项目负责人	×××	检验批容量	18条
分包单位	/		分包单位项目负责人	/	检验批部位	竖井内
施工依据	施工图纸及《建筑电气工程施工工艺规程》DB 62/T 3030—2018			验收依据	《建筑电气工程施工质量验收规范》GB 50303—2015	

		验收项目	设计要求及规范规定	最小/实际抽样数量	检查记录	检查结果
主控项目	1	金属电缆支架与保护导体可靠连接	第13.1.1条	/	/	/
	2	电缆敷设质量	第13.1.2条	全/18	共18处,全部检查,合格18处	√
	3	电缆敷设的防护措施	第13.1.3条	全/18	共18处,全部检查,合格18处	√
	4	并联使用的电力电缆的型号、规格、长度	第13.1.4条	/	/	/
	5	交流单芯电缆或分相后的每相电缆不得单根独穿于钢导管内固定用的夹具和支架不应形成闭合磁路	第13.1.5条	/	/	/
	6	电缆穿过零序电流互感器处的接地、绝缘	第13.1.6条	2/2	抽查2处,合格2处	√
	7	电缆的敷设和排列布置	第13.1.7条	全/18	共18处,全部检查,合格18处	√
一般项目	1 电缆支架安装	电缆支架在承力建筑钢结构构件上的安装	第13.2.1条第1款	/	/	/
		电缆支架层间最小距离	第13.2.1条第2款	/	/	/
		最上层电缆支架距构筑物顶板或梁底的最小净距	第13.2.1条第3款	/	/	/
		距其他设备的最小净距		/	/	/
		最下层电缆支架距沟底、地面的最小距离	第13.2.1条第4款	/	/	/
		支架的连接和固定	第13.2.1条第5款	/	/	/
		金属支架的防腐	第13.2.1条第6款	/	/	/

		验收项目	设计要求及规范规定	最小/实际抽样数量	检查记录	检查结果
一般项目	2 电缆敷设	电缆敷设一般要求	第13.2.2条第1款	4/4	抽查4处,合格4处	100%
		电缆转弯处的最小弯曲半径	第13.2.2条第2款	4/4	抽查4处,合格4处	100%
		电缆沟或电气竖井内垂直敷设或大于45°倾斜敷设的电缆固定	第13.2.2条第3款	4/4	抽查4处,合格4处	100%
		梯架、托盘或槽盒内大于45°倾斜敷设的电缆固定	第13.2.2条第4款	4/4	抽查4处,合格4处	100%
		电缆支持点间距	第13.2.2条第5款	4/4	抽查4处,合格4处	100%
		电缆与管道的最小净距	第13.2.2条第6款	/	/	/
		无挤塑外护层电缆金属护套与金属支(吊)架直接接触部位的防电化腐蚀措施	第13.2.2条第7款	/	/	/
		电缆出入电缆沟等出入口及管子管口等部位的防火或密封措施	第13.2.2条第8款	/	/	/
		电缆出入电缆梯架等处的固定	第13.2.2条第9款	4/4	抽查4处,合格4处	100%
		电缆通过墙、楼板或室外敷设穿管保护时,导管的内径	第13.2.2条第10款	4/4	抽查4处,合格4处	100%
	3	直埋电缆的回填	第13.2.3条	/	/	/
	4	电缆的首端、末端和分支处设标志牌;直埋电缆设标示桩	第13.2.4条	4/4	抽查4处,合格4处	100%

施工单位检查结果	经过检查,主控项目合格,一般项目符合要求,该检验批评定合格,报监理单位验收。 专业施工员:××× 项目专业质量检查员:××× ××年××月××日
监理单位验收结论	☑同意验收　　　　　　　　　　☐不同意验收,需返工处理再组织验收 ☐经返工处理后,同意验收 专业监理工程师:××× ××年××月××日

资料员（签字）：

电缆头制作、导线连接和线路绝缘测试检验批质量验收记录

07-03-07-01-001

单位(子单位) 工程名称	×××工程	分部(子分部) 工程名称	建筑电气分部- 供电干线子分部	分项工程名称	电缆头制作、导线连接 和线路绝缘测试分项
施工单位	×××公司	项目负责人	×××	检验批容量	180 处
分包单位	/	分包单位项 目负责人	/	检验批部位	竖井内
施工依据	施工图纸及《建筑电气工程施工 工艺规程》DB62T 3030—2018		验收依据	《建筑电气工程施工质量验收 规范》GB 50303—2015	

		验收项目	设计要求及 规范规定	最小/实际 抽样数量	检查记录	检查 结果
主控项目	1	电力电缆通电前耐压试验	第17.1.1条	全/180	共180处,全部检查,合格180处	√
	2	绝缘电阻测试	第17.1.2条	36/36	抽查36处,合格36处	√
	3	电缆外护层的保护连接	第17.1.3条	/	/	/
	4	电缆端子与设备或器具连接	第17.1.4条	36/36	抽查36处,合格36处	√
一般项目	1	电缆头应可靠固定	第17.2.1条	36/36	抽查36处,合格36处	100%
	2	导线与设备或器具的连接	第17.2.2条	9/9	抽查9处,合格9处	100%
	3	截面6mm² 及以下铜芯导线间 的连接	第17.2.3条	/	/	/
	4	铝/铝合金电缆头及端子压接	第17.2.4条	/	/	/
	5	螺纹型接线端子与导线连接	第17.2.5条	/	/	/
	6	绝缘导线、电缆的线芯连接金具	第17.2.6条	18/18	抽查18处,合格18处	100%
	7	当接线端子规格与电器具规格 不配套时,不应采取降容的转接 措施	第17.2.7条	/	/	/

施工单位 检查结果	经过检查,主控项目合格,一般项目符合要求,该检验批评定合格,报监理单位验收。 专业施工员: 项目专业质量检查员: ××年××月××日
监理单位 验收结论	☑同意验收　　　　　　　　　　　　　□不同意验收,需返工处理再组织验收 □经返工处理后,同意验收 专业监理工程师:××× ××年××月××日

资料员（签字）:

246

电动机、电加热器及电动执行机构检查接线检验批质量验收记录

单位(子单位) 工程名称	×××工程	分部(子分部) 工程名称	建筑电气分部- 电气动力子分部	分项工程名称	电动机、电加热器及电动 执行机构检查接线分项
施工单位	×××公司	项目负责人	×××	检验批容量	4台
分包单位	/	分包单位 项目负责人	/	检验批部位	屋面层
施工依据	施工图纸及《建筑电气工程施工 工艺规程》DB62/T 3030—2018		验收依据	《建筑电气工程施工质量验收 规范》GB 50303—2015	

		验收项目	设计要求及 规范规定	最小/实际 抽样数量	检查记录	检查 结果
主控项目	1	电动机、电加热器及电动执行机 构的外露可导电部分与保护导 体可靠连接	第6.1.1条	2/2	抽查2处,合格2处	√
	2	低压电动机、电加热器及电动执 行机构的绝缘电阻值	第6.1.2条	2/2	抽查2处,合格2处	√
	3	高压及100kW以上电动机的交 接试验	第6.1.3条	/	/	/
一般项目	1	电气设备安装质量及防水防潮 密封处理	第6.2.1条	2/2	抽查2处,合格2处	100%
	2	电动机应抽芯检查	第6.2.2条	/	/	/
	3	电动机抽芯检查要求	第6.2.3条	/	/	/
	4	电动机电源线与出线端子接触 质量及电动机引出线套管	第6.2.4条	全/4	共4处,全部检查, 合格4处	100%
	5	设备接线盒内电气间隙的绝缘 防护措施	第6.2.5条	2/2	抽查2处,合格2处	100%

施工单位 检查结果	主控项目全部合格,一般项目满足规范规定要求;检查评定合格。 专业施工员:××× 项目专业质量检查员:××× ××年××月××日
监理单位 验收结论	☑同意验收　　　　　　　　　　　□不同意验收,需返工处理再组织验收 □经返工处理后,同意验收 专业监理工程师:××× ××年××月××日

资料员（签字）:

电气设备试验和试运行检验批质量验收记录

07-04-03-01-001

单位(子单位) 工程名称	×××工程	分部(子分部) 工程名称	建筑电气分部- 电气动力子分部	分项工程名称	电气设备试验 和试运行分项
施工单位	×××公司	项目负责人	×××	检验批容量	4台
分包单位	/	分包单位 项目负责人	/	检验批部位	屋面层
施工依据	施工图纸及《建筑电气工程施工 工艺规程》DB62/T 3030—2018		验收依据	《建筑电气工程施工质量验收 规范》GB 50303—2015	

验收项目			设计要求及 规范规定	最小/实际 抽样数量	检查记录	检查结果
主控项目	1	试运行前,相关电气设备和线路 的试验	第9.1.1条	全/4	共4处,全部检查,合格4处	√
	2	现场单独安装的低压电器交接 试验	第9.1.2条	/	/	/
	3	电动机试运行	第9.1.3条	2/2	抽查2处,合格2处	√
一般项目	1	电气动力设备的运行	第9.2.1条	全/4	共4处,全部检查,合格4处	100%
	2	电动执行机构的动作方向及 指示	第9.2.2条	2/2	抽查2处,合格2处	100%

施工单位 检查结果	经过检查,主控项目合格,一般项目符合要求,该检验批评定合格,报监理单位验收。 专业施工员:××× 项目专业质量检查员:××× ××年××月××日
监理单位 验收结论	☑同意验收　　　　　　　　　　　□不同意验收,需返工处理再组织验收 □经返工处理后,同意验收 专业监理工程师:××× ××年××月××日

资料员（签字）:

248

成套配电柜、控制柜（台、箱）和配电箱（盘）安装检验批质量验收记录

单位(子单位) 工程名称	×××工程	分部(子分部) 工程名称	建筑电气 分部-电气 照明子分部	分项工程名称	成套配电柜、控制柜 (屏、台)和动力、照明配 电箱(盘)安装分项
施工单位	×××公司	项目负责人	×××	检验批容量	16台
分包单位	/	分包单位 项目负责人	/	检验批部位	1～2层①～㉖/ Ⓐ～Ⓙ轴
施工依据	施工图纸及《建筑电气工程施工 工艺规程》DB62/T 3030—2018		验收依据	《建筑电气工程施工质量验收 规范》GB 50303—2015	

		验收项目	设计要求及 规范规定	最小/实际 抽样数量	检查记录	检查结果
主控项目	1	柜、台、箱的保护连接	第5.1.1条	全/16	共16处，全部检查，合格16处	√
	2	配电装置的防电击保护和连接 导体最小截面积	第5.1.2条	全/16	共16处，全部检查，合格16处	√
	3	手车、抽屉式成套配电柜的安装 质量	第5.1.3条	/	/	/
	4	高压成套配电柜的交接试验	第5.1.4条	/	/	/
	5	低压成套配电柜的交接试验	第5.1.5条	全/16	共16处，全部检查，合格16处	√
	6	低压成套配电柜、箱及控制柜 (台、箱)间线路的线间和线对地 间绝缘电阻	第5.1.6条	4/4	抽查4处，合格4处	√
		二次回路耐压试验	第5.1.6条	4/4	抽查4处，合格4处	√
	7	直流柜试验	第5.1.7条	/	/	/
	8	接地故障回路阻抗	第5.1.8条	4/4	抽查4处，合格4处	√
	9	剩余电流保护器的动作时间	第5.1.9条	16/16	共16处，全部检查，合格16处	√
	10	电涌保护器(SPD)安装	第5.1.10条	/	/	/
	11	IT系统绝缘监测器(IMD)的报 警功能	第5.1.11条	/	/	/
	12	照明配电箱(盘)安装	第5.1.12条	2/2	抽查2处，合格2处	√
	13	变送器、断路器的动作和运行	第5.1.13条	/	/	/

验收项目				设计要求及规范规定	最小/实际抽样数量	检查记录	检查结果
一般项目	1	基础型钢安装允许偏差（mm）	不直度	每1m	1.0	/	/	/
				全长	5.0	/	/	/
			水平度	每1m	1.0	/	/	/
				全长	5.0	/	/	/
			不平行度(mm/全长)		5.0	/	/	/
	2	柜、台、箱、盘的布置及安全间距			第5.2.2条	全/16	共16处,全部检查,合格16处	100%
	3	柜、台、箱相互间或与基础型钢间的连接要求			第5.2.3条	/	/	/
		柜、台、箱进出口防火措施				2/2	抽查2处,合格2处	100%
	4	室外安装的落地式配电(控制)柜、箱的基础			第5.2.4条	/	/	/
	5	柜、台、箱、盘安装	允许偏差	垂直度(‰)	≤1.5	2/2	抽查2处,合格2处	100%
				相互间接缝(mm)	≤2	2/2	抽查2处,合格2处	100%
				成列盘面(mm)	≤5	/	/	/
	6	柜、台、箱、盘内检查试验			第5.2.6条	2/2	抽查2处,合格2处	100%
	7	低压电器组合			第5.2.7条	2/2	抽查2处,合格2处	100%
	8	柜、台、箱、盘间配线			第5.2.8条	2/2	抽查2处,合格2处	100%
	9	连接柜、台、箱、盘面板上的电器连接导线			第5.2.9条	2/2	抽查2处,合格2处	100%
	10	照明配电箱(盘)安装	箱体开孔和箱盖、涂层		第5.2.10条	2/2	抽查2处,合格2处	100%
			箱(盘)内回路编号及标识			2/2	抽查2处,合格2处	100%
			箱(盘)制作材料			2/2	抽查2处,合格2处	100%
			安装质量			2/2	抽查2处,合格2处	100%
			垂直度允许偏差(‰)		≤1.5	2/2	抽查2处,合格2处	100%

施工单位检查结果	经过检查,主控项目合格,一般项目符合要求,该检验批评定合格,报监理单位验收。 专业工长:××× 项目专业质量检查员:××× ××年××月××日
监理单位验收结论	☑同意验收　　　　　　　　　　　☐不同意验收,需返工处理再组织验收 ☐经返工处理后,同意验收 专业监理工程师:××× ××年××月××日

资料员（签字）：

250

导管敷设检验批质量验收记录

单位(子单位) 工程名称	×××工程	分部(子分部) 工程名称	建筑电气分部- 电气照明子分部	分项工程名称	导管敷设分项
施工单位	×××公司	项目负责人	×××	检验批容量	连接头:16处;导管弯 头:12个;回路数:6个; 导管数量:22个
分包单位	/	分包单位 项目负责人	/	检验批部位	①-1~①-11/①-A~①-H 轴墙柱、梁板
施工依据	施工图纸及《建筑电气工程施工 工艺规程》DB 62/T 3030—2018		验收依据	《建筑电气工程施工质量验收 规范》GB 50303—2015	

		验收项目	设计要求及 规范规定	最小/实际 抽样数量	检查记录	检查 结果
主控项目	1	金属导管的保护连接	第12.1.1条	2/2	抽查2处,合格2处	√
	2	钢导体、导管的连接	第12.1.2条	3/3	抽查3处,合格3处	√
	3	塑料导管在砌体上剔槽埋设的 保护	第12.1.3条	/	/	/
	4	预埋套管的设置及安装	第12.1.4条	/	/	/
一般项目	1	导管的弯曲半径	第12.2.1条	2/2	抽查2处,合格2处	100%
	2	导管支架安装	导管支架在承力建筑钢 结构构件上安装 第12.2.2条 第1款	/	/	/
			金属吊架安装要求 第12.2.2条 第2款	/	/	/
			金属支架防腐 第12.2.2条 第3款	/	/	/
			导管支架安装质量 第12.2.2条 第4款	/	/	/
	3	暗配导管的埋设深度	第12.2.3条	2/2	抽查2处,合格2处	100%
	4	导管管口的设置要求	第12.2.4条	/	/	/
	5	室外导管敷设	第12.2.5条	/	/	/
	6	明配电气导管敷设	第12.2.6条	/	/	/

		验收项目	设计要求及规范规定	最小/实际抽样数量	检查记录	检查结果
一般项目	7 塑料导管敷设	管口应平整光滑,管、盒(箱)的连接接口要求	第12.2.7条第1款	/	/	/
		直埋刚性塑料导管的保护措施	第12.2.7条第2款	全/4	共4处,全部检查,合格4处	100%
		埋设在墙内或混凝土内塑料导管的型号	第12.2.7条第3款	/	/	/
		明敷刚性塑料导管的温度补偿装置	第12.2.7条第4款	/	/	/
	8 可弯曲金属导管及柔性导管的敷设	连接刚性导管与电气设备、器具时,柔性导管的长度	第12.2.8条第1款	/	/	/
		可弯曲金属导管或柔性导管的专用接头;防液型可弯曲金属导管或柔性导管的连接处理	第12.2.8条第2款	/	/	/
		可弯曲金属导管的保护措施	第12.2.8条第3款	/	/	/
		明配金属、非金属柔性导管固定点间距	第12.2.8条第4款	/	/	/
		可弯曲金属导管和金属柔性导管不应做保护导体的接续导体	第12.2.8条第5款	/	/	/
	9 导管敷设	防水套管的防水处理	第12.2.9条第1款	/	/	/
		刚性导管跨越建筑物变形缝处的补偿装置	第12.2.9条第2款	/	/	/
		钢导管内外壁防腐处理	第12.2.9条第3款	2/2	抽查2处,合格2处	100%

		验收项目	设计要求及规范规定	最小/实际抽样数量	检查记录	检查结果
一般项目	9	导管与热水管、蒸汽管间距最小距离（mm）	导管在热水管道上面平行/交叉敷设	300	/	/	/
			导管在蒸汽管道上面平行/交叉敷设	1000	/	/	/
			导管在热水管道下面或水平平行/交叉敷设	200	/	/	/
			导管在蒸汽管道下面或水平平行/交叉敷设	500	/	/	/
			对有保温措施的热水管、蒸汽管	200	/	/	/
			对不含可燃及易燃易爆气体的其他管道平行/交叉敷设	100	/	/	/
			对含有可燃及易燃易爆气体的管道交叉敷设	100	/	/	/
			达不到规定距离时应采取可靠有效的隔离保护措施	第12.2.9条第4款	/	/	/
施工单位检查结果		经过检查，主控项目合格，一般项目符合要求，该检验批评定合格。 专业施工员：××× 项目专业质量检查员：××× ××年××月××日				
监理单位验收结论		☑同意验收　　　　　　　　　　　　　☐不同意验收，需返工处理再组织验收 ☐经返工处理后，同意验收 专业监理工程师：××× ××年××月××日				

资料员（签字）：

253

07-05-05-01-001

单位(子单位) 工程名称	×××工程	分部(子分部) 工程名称	建筑电气分部- 电气照明子分部	分项工 程名称	管内穿线和槽 盒内敷线分项
施工单位	×××公司	项目负责人	×××	检验批容量	85个
分包单位	/	分包单位 项目负责人	/	检验批部位	1~2层①~㉖/ Ⓐ~Ⓙ轴
施工依据	施工图纸及《建筑电气工程施工 工艺规程》DB 62/T 3030—2018		验收依据	《建筑电气工程施工质量验收 规范》GB 50303—2015	

		验收项目	设计要求及 规范规定	最小/实际 抽样数量	检查记录	检查结果
主控项目	1	同一交流回路的绝缘导线敷设	第14.1.1条	17/17	抽查17处,合格17处	√
	2	不同类别导线分导管敷设	第14.1.2条	17/17	抽查17处,合格17处	√
	3	绝缘导线的接头设置	第14.1.3条	9/9	抽查9处,合格9处	√
一般项目	1	绝缘导线的保护措施	第14.2.1条	9/9	抽查9处,合格9处	100%
	2	穿线前导管清理及管口护线口设置	第14.2.2条	9/9	抽查9处,合格9处	100%
	3	接线盒(箱)的选用及安装质量	第14.2.3条	全/85	共85处,全部检查,合格85处	100%
	4	多相供电时导线绝缘层颜色的 选择	第14.2.4条	9/9	抽查9处,合格9处	100%
	5 槽盒内敷线	导线和电缆不宜在同一 槽盒内敷设	第14.2.5条 第1款	/	/	/
		同一槽盒内线路及导线 数量要求	第14.2.5条 第2款	/	/	/
		控制和信号等非电力线 路敷设于同一槽盒内时, 绝缘导线的总截面积	第14.2.5条 第3款	/	/	/
		分支接头处绝缘导线的 总截面面积	第14.2.5条 第4款	/	/	/
		绝缘导线在槽盒内的余 量及排列、固定	第14.2.5条 第5款	/	/	/
		槽盒盖板安装	第14.2.5条 第6款	/	/	/

施工单位 检查结果	经过检查,主控项目合格,一般项目符合要求,该检验批评定合格,报监理单位验收。 专业施工员:××× 项目专业质量检查员:××× ××年××月××日
监理单位 验收结论	☑同意验收 　　　　　　　　　　　　　□不同意验收,需返工处理再组织验收 □经返工处理后,同意验收 专业监理工程师:××× ××年××月××日

资料员(签字):

普通灯具安装检验批质量验收记录

07-05-09-01-001

单位(子单位) 工程名称	×××工程	分部(子分部) 工程名称	建筑电气分部- 电气照明子分部	分项工 程名称	普通灯具 安装分项
施工单位	×××公司	项目负责人	×××	检验批容量	187套
分包单位	/	分包单位 项目负责人	/	检验批部位	1～2层①～㉖/ Ⓐ～Ⓛ轴
施工依据	施工图纸及《建筑电气工程施工 工艺规程》DB 62/T 3030—2018		验收依据	《建筑电气工程施工质量验收 规范》GB 50303—2015	

		验收项目	设计要求及 规范规定	最小/实际 抽样数量	检查记录	检查 结果
主控项目	1	灯具固定	灯具固定方式及质量	第18.1.1条 第1款	10/10	抽查10处,合格10处	√
			大于10kg的灯具,固定 及悬吊装置的强度试验	第18.1.1条 第2款	/	/	/
	2	悬吊式灯具安装		第18.1.2条	/	/	/
	3	吸顶或墙面上安装灯具的固定		第18.1.3条	10/10	抽查10处,合格10处	√
	4	由接线盒引至嵌入式灯具或槽 灯的绝缘导线		第18.1.4条	/	/	/
	5	普通灯具和Ⅰ类灯具的保护 连接		第18.1.5条	/	/	/
	6	敞开式灯具的灯头对地面距离		第18.1.6条	/	/	/
	7	埋地灯安装		第18.1.7条	/	/	/
	8	庭院灯、建筑物附属路灯安装		第18.1.8条	/	/	/
	9	大型灯具防止玻璃罩向下溅落 的措施		第18.1.9条	/	/	/
	10	LED灯具安装		第18.1.10条	10/10	抽查10处,合格10处	√

		验收项目	设计要求及规范规定	最小/实际抽样数量	检查记录	检查结果
一般项目	1	引向单个灯具的绝缘导线截面积	第18.2.1条	10/10	抽查10处,合格10处	100%
		绝缘铜芯导线的线芯截面积	≥1mm	10/10	抽查10处,合格10处	100%
	2	灯具的外形、灯头及其接线检查	第18.2.2条	10/10	抽查10处,合格10处	100%
	3	灯具表面及其附件的高温部位靠近可燃物时采取的防火保护措施	第18.2.3条	/	/	/
	4	高低压配电设备、裸母线及电梯曳引机正上方不应安装灯具	第18.2.4条	/	/	/
	5	投光灯底座及支架、枢轴安装	第18.2.5条	/	/	/
	6	聚光灯和类似灯具出光口面与被照物体的最短距离	第18.2.6条	/	/	/
	7	导轨灯的灯具功率和载荷	第18.2.7条	/	/	/
	8	露天灯具的防腐和防水措施	第18.2.8条	/	/	/
	9	槽盒底部荧光灯的安装	第18.2.9条	/	/	/
	10	庭院灯、建筑物附属路灯安装	灯具的自动通、断电源控制装置的动作 第18.2.10条第1款	/	/	/
			灯具的固定及灯位 第18.2.10条第2款	/	/	/

施工单位检查结果	经过检查,主控项目合格,一般项目符合要求,该检验批评定合格,报监理单位验收。 专业施工员:××× 项目专业质量检查员:××× ××年××月××日
监理单位验收结论	☑同意验收　　　　　　　　　　　□不同意验收,需返工处理再组织验收 □经返工处理后,同意验收 专业监理工程师:××× ××年××月××日

资料员（签字）：

07-05-10-01-001

单位(子单位)工程名称	×××工程	分部(子分部)工程名称	建筑电气分部-电气照明子分部	分项工程名称	专用灯具安装分项
施工单位	×××公司	项目负责人	×××	检验批容量	125套
分包单位	/	分包单位项目负责人	/	检验批部位	1～2层 ①～㉖/Ⓐ～Ⓙ轴
施工依据	施工图纸及《建筑电气工程施工工艺规程》DB62/T 3030—2018		验收依据	《建筑电气工程施工质量验收规范》GB 50303—2015	

		验收项目	设计要求及规范规定	最小/实际抽样数量	检查记录	检查结果
主控项目	1	Ⅰ类灯具的保护连接	第19.1.1条	/	/	/
	2	手术台无影灯安装	第19.1.2条	/	/	/
	3 应急灯具安装	消防应急照明回路的防火措施	第19.1.3条第1款	13/13	抽查13处,合格13处	√
		应急灯具、运行中温度大于60℃的灯具的防火措施	第19.1.3条第2款	/	/	/
		EPS供电运行的最少持续供电时间	第19.1.3条第3款	13/13	抽查13处,合格13处	√
		安全出口指示标志灯设置	第19.1.3条第4款	13/13	抽查13处,合格13处	√
		疏散指示标志灯安装高度及设置部位	第19.1.3条第5款	13/13	抽查13处,合格13处	√
		疏散指示标志灯的设置	第19.1.3条第6款	13/13	抽查13处,合格13处	√
		疏散指示标志灯工作状态	第19.1.3条第7款	13/13	抽查13处,合格13处	√
		消防应急照明线路,暗敷钢导管保护层厚度	第19.1.3条第8款	13/13	抽查13处,合格13处	√
	4 霓虹灯安装	霓虹灯管	第19.1.4条第1款	/	/	/
		灯管的固定及建(构)筑物表面的距离	第19.1.4条第2款	/	/	/
		霓虹灯专用变压器型号及露天安装防雨措施	第19.1.4条第3款	/	/	/
		高压绝缘导线的连接、防护措施,与附着物表面的距离	第19.1.4条第4款	/	/	/

		验收项目	设计要求及规范规定	最小/实际抽样数量	检查记录	检查结果
主控项目	5	高压钠灯、金属卤化物灯	灯具配套使用,触发器与灯具本体的距离	第19.1.5条第1款	/	/	/
			电源线安装要求	第19.1.5条第2款	/	/	/
	6	景观照明灯具	人员来往密集场所安装落地式灯具的防护措施	第19.1.6条第1款	/	/	/
			金属构架及金属保护管的保护及接地	第19.1.6条第1款	/	/	/
	7	航空障碍标志灯安装	灯具安装质量及维修和更换光源措施	第19.1.7条第1款	/	/	/
			烟囱顶上灯具的安装要求	第19.1.7条第2款	/	/	/
			单独设置的接闪器与屋面接闪器的连接	第19.1.7条第3款	/	/	/
	8	太阳能灯具安装	太阳能灯具的固定,接线盒盖的防水密封	第19.1.8条第1款	/	/	/
			灯具外观质量	第19.1.8条第2款	/	/	/
	9	洁净场所灯具嵌入安装		第19.1.9条	/	/	/
	10	水下灯及防水灯具	引入灯具的电源采用导管保护时,应采用塑料导管	第19.1.10条第1款	/	/	/
			金属部件的保护连接及标识	第19.1.10条第2款	/	/	/
一般项目	1	手术台无影灯安装	底座安装质量	第19.2.1条第1款	/	/	/
			表面及镀层涂层质量	第19.2.1条第2款	/	/	/
	2	当应急电源或镇流器与灯具分离安装时固定可靠;连接导线用金属柔性导管保护、不外露		第19.2.2条			

	验收项目		设计要求及规范规定	最小/实际抽样数量	检查记录	检查结果
一般项目	3 霓虹灯安装	明装的霓虹灯变压器安装高度低于3.5mm时的防护措施；室外安装距晒台、窗口、架空线等距离及防雨措施	第19.2.3条第1款	/	/	/
		变压器固定可靠,安装位置方便检修	第19.2.3条第2款	/	/	/
		霓虹灯安装在橱窗内时,橱窗门的要求	第19.2.3条第3款	/	/	/
		变压器二次侧的绝缘导线固定及支持点间距	第19.2.3条第4款	/	/	/
		霓虹灯管附着基面及其托架安装	第19.2.3条第5款	/	/	/
	4 高压钠灯、金属卤化物灯	灯具的额定电压、支架形式和安装方式	第19.2.4条第1款	/	/	/
		光源的安装朝向	第19.2.4条第2款	/	/	/
	5	建筑物景观照明灯具安装固定；外露绝缘导线或电缆的保护	第19.2.5条	/	/	/
	6	航空障碍标志灯安装位置及灯具的自动通、断电源控制装置动作	第19.2.6条	/	/	/
	7	太阳能灯具电池板朝向和仰角以及安装环境；电池组件与支架连接	第19.2.7条	/	/	/

施工单位检查结果	经过检查,主控项目合格,一般项目符合要求,该检验批评定合格,报监理单位验收。 专业施工员：××× 项目专业质量检查员：××× ××年××月××日
监理单位验收结论	☑同意验收　　　　　□不同意验收,需返工处理再组织验收 □经返工处理后,同意验收 专业监理工程师：××× ××年××月××日

资料员（签字）：

259

开关、插座、风扇安装检验批质量验收记录

单位(子单位) 工程名称		×××工程	分部(子分部) 工程名称	建筑电气分部- 电气照明子分部	分项工程名称	开关、插座、风 扇安装分项	
施工单位		×××公司	项目负责人	×××	检验批容量	插座:157个 照明开关:107个	
分包单位		/	分包单位 项目负责人	/	检验批部位	1~2层①~㉖/ Ⓐ~①轴	
施工依据		施工图纸及《建筑电气工程施工 工艺规程》DB62/T 3030—2018		验收依据	《建筑电气工程施工质量验收 规范》GB 50303—2015		
验收项目			设计要求及 规范规定	最小/实际 抽样数量	检查记录		检查 结果
主控项目	1	同一场所安装有不同类型插座	第20.1.1条	/	/		/
	2	不间断电源插座及应急电源插 座的标识	第20.1.2条	/	/		/
	3	插座接线	第20.1.3条	8/8	抽查8处,合格8处		√
	4	照明开 关安装	开关品种选用、通断 位置及操作	第20.1.4条 第1款	6/6	抽查6处,合格6处	√
			相线经开关控制	第20.1.4条 第2款	6/6	抽查6处,合格6处	√
			紫外线杀菌灯开关标 识及位置	第20.1.4条 第3款	/	/	/
	5	温控器接线、显示屏指示、安装 标高	第20.1.5条	/	/		/
	6	吊扇安装	第20.1.6条	/	/		/
	7	壁扇安装	第20.1.7条	/	/		/
一般项目	1	暗装的插座盒或开关盒安装	第20.2.1条	16/16	抽查16处,合格16处		100%
	2	插座安装检查	第20.2.2条	16/16	抽查16处,合格16处		100%
	3	照明开关安装	第20.2.3条	11/11	抽查11处,合格11处		100%
	4	温控器安装	第20.2.4条	/	/		/
	5	吊扇安装	第20.2.5条	/	/		/
	6	壁扇安装	第20.2.6条	/	/		/
	7	换气扇安装	第20.2.7条	/	/		/
施工单位 检查结果		经过检查,主控项目合格,一般项目符合要求,该检验批评定合格,报监理单位验收。 专业施工员:××× 项目专业质量检查员:××× ××年××月××日					
监理单位 验收结论		☑同意验收　　　　　　　　　　　□不同意验收,需返工处理再组织验收 □经返工处理后,同意验收 专业监理工程师:××× ××年××月××日					

资料员（签字）：

260

建筑物照明通电试运行检验批质量验收记录

07-05-12-01-001

单位(子单位) 工程名称	×××工程	分部(子分部) 工程名称	建筑电气分部- 电气照明子分部	分项工程名称	建筑物照明通 电试运行分项
施工单位	×××公司	项目负责人	×××	检验批容量	16套
分包单位	/	分包单位 项目负责人	/	检验批部位	1～2层①～㉖/ Ⓐ～①轴
施工依据	施工图纸及《建筑电气工程施工 工艺规程》DB 62/T 3030—2018		验收依据	《建筑电气工程施工质量验收 规范》GB 50303—2015	

		验收项目	设计要求及 规范规定	最小/实际 抽样数量	检查记录	检查 结果
主控项目	1	灯具回路控制与标识,开关与灯 具的控制顺序,风扇的转向机调 速开关动作	第21.1.1条	4/4	抽查4处,合格4处	√
	2	建筑照明系统通电连续试运行	第21.1.2条	2/2	抽查2处,合格2处	√
	3	照度测试	第21.1.3条	全/16	共16处,全部检查,合格16处	√

施工单位 检查结果	经过检查,主控项目合格,一般项目符合要求,该检验批评定合格,报监理单位验收。 专业施工员:××× 项目专业质量检查员:××× ××年××月××日
监理单位 验收结论	☑同意验收　　　　　　　　　　　　□不同意验收,需返工处理再组织验收 □经返工处理后,同意验收 专业监理工程师:××× ××年××月××日

资料员（签字）:

接地装置安装检验批质量验收记录

07-07-01-01-001

单位(子单位) 工程名称	×××工程		分部(子分部) 工程名称	建筑电气分部-防雷 及接地装置子分部	分项工程名称	接地装置 安装分项
施工单位	×××公司		项目负责人	×××	检验批容量	4组
分包单位	/		分包单位 项目负责人	/	检验批部位	①~⑪/①-A~①-F 轴基础筏板
施工依据	施工图纸及《建筑电气工程施工 工艺规程》DB62/T 3030—2018			验收依据	《建筑电气工程施工质量验收 规范》GB 50303—2015	

验收项目			设计要求及 规范规定	最小/实际 抽样数量	检查记录	检查 结果
主控项目	1	接地装置测试点设置及标识	第22.1.1条	全/4	共4处,全部检查,合格4处	√
	2	接地装置的接地电阻值	第22.1.2条	全/4	共4处,全部检查,合格4处	√
	3	接地装置的材料规格、型号	第22.1.3条	全/4	共4处,全部检查,合格4处	√
	4	接地电阻达不到设计要求时采取的降阻措施	第22.1.4条	/	/	/
一般项目	1	接地装置埋设深度、间距	第22.2.1条	全/4	共4处,全部检查,合格4处	100%
	2	接地装置的焊接及防腐	第22.2.2条	2/2	抽查2处,合格2处	100%
	3	接地极铜与铜或铜与钢材热剂焊接头质量	第22.2.3条	/	/	/
	4 采取降阻措施的接地装置	接地装置被降阻剂或低电阻率土壤所包覆	第22.2.4条 第1款	/	/	/
		接地模块的引线及干线	第22.2.4条 第2款	/	/	/

施工单位 检查结果	经过检查,主控项目合格,一般项目符合要求,该检验批评定合格,报监理单位验收。 专业施工员:××× 项目专业质量检查员:××× ××年××月××日
监理单位 验收结论	☑同意验收　　　　　　　　　　　　□不同意验收,需返工处理再组织验收 □经返工处理后,同意验收 专业监理工程师:××× ××年××月××日

资料员（签字）：

防雷引下线及接闪器安装检验批质量验收记录

单位(子单位) 工程名称	×××工程	分部(子分部) 工程名称	建筑电气分部-防雷 及接地装置子分部	分项工程名称	防雷引下线及 接闪器安装分项
施工单位	×××公司	项目负责人	×××	检验批容量	8处
分包单位	/	分包单位 项目负责人	/	检验批部位	三层 ⑴-⑴～⑴-⑴/⑴-Ⓐ～⑴-Ⓕ 轴柱
施工依据	施工图纸及《建筑电气工程施工 工艺规程》DB62/T 3030—2018		验收依据	《建筑电气工程施工质量验收 规范》GB 50303—2015	

验收项目			设计要求 及规范规定	最小/实际 抽样数量	检查记录	检查 结果
主控项目	1	防雷引下线的 布置、安装数 量和连接方式	明敷	第24.1.1条	/	/	/
			结构或抹灰层 内敷设		2/2	抽查2处,合格2处	√
	2	接闪器的布置、规格及数量		第24.1.2条	/	/	/
	3	接闪器与防雷引下线连接		第24.1.3条	/	/	/
		防雷引下线与接地装置连接			/	/	/
	4	利用建筑物永久性金属物作接 闪器时,其材质、截面及各部件 间的连接		第24.1.4条	/	/	/
一般项目	1	暗敷在建筑物抹灰层内的引下 线卡钉分段固定		第24.2.1条	/	/	/
		明敷引下线敷设质量及固定方 式;焊接处的防腐			/	/	/
	2	设计要求接地的幕墙金属框架 和建筑物金属门窗的防雷引下 线连接及防腐		第24.2.2条	/	/	/
	3	接闪杆、接闪线、接闪带安装位 置、安装方式、焊接连接的防腐		第24.2.3条	/	/	/
	4	防雷引下线、接闪线、接闪网和接 闪带的焊接连接搭接长度及防腐		第24.2.4条	全/8	共8处,全部检查,合格8处	100%
	5	接闪线 和接闪 带安装	安装及固定 质量	第24.2.5条 第1款	/	/	/
			固定支架的最 小高度及间距	第24.2.5条 第2款	/	/	/
			固定支架垂直 拉力检测	第24.2.5条 第3款	/	/	/
	6	接闪带或接闪网在变形缝处的 补偿措施		第24.2.6条	/	/	/

施工单位 检查结果	经过检查,主控项目合格,一般项目符合要求,该检验批评定合格,报监理单位验收。 专业施工员:××× 项目专业质量检查员:××× ××年××月××日
监理单位 验收结论	☑同意验收　　　　　　　　　　　　　□不同意验收,需返工处理再组织验收 □经返工处理后,同意验收 专业监理工程师:××× ××年××月××日

资料员（签字）：

建筑物等电位联结检验批质量验收记录

07-07-03-01-001

单位(子单位)工程名称	×××工程	分部(子分部)工程名称	建筑电气分部-防雷及接地装置子分部	分项工程名称	建筑物等电位联结分项
施工单位	×××公司	项目负责人	×××	检验批容量	8处
分包单位	/	分包单位项目负责人	/	检验批部位	三层①-1~⑪-1/①-A~①-F 轴卫生间
施工依据	施工图纸及《建筑电气工程施工工艺规程》DB62/T 3030—2018		验收依据	《建筑电气工程施工质量验收规范》GB 50303—2015	

		验收项目	设计要求及规范规定	最小/实际抽样数量	检查记录	检查结果
主控项目	1	建筑物等电位联结的范围、形式、方法、部位及联结导体的材料和截面积	第25.1.1条	全/8	共8处,全部检查,合格8处	√
	2	需做等电位联结的外露可导电部分或外界可导电部分的连接	第25.1.2条	2/2	抽查2处,合格2处	√
一般项目	1	卫生间内金属部件或零件的外界可导电部分与等电位联结导体的连接及标识	第25.2.1条	/	/	/
	2	当等电位联结导体在地下暗敷时,导体间的连接方式	第25.2.2条	/	/	/

施工单位检查结果	经过检查,主控项目合格,一般项目符合要求,该检验批评定合格,报监理单位验收。 专业施工员:××× 项目专业质量检查员:××× ××年××月××日
监理单位验收结论	☑同意验收 □不同意验收,需返工处理再组织验收 □经返工处理后,同意验收 专业监理工程师:××× ××年××月××日

资料员（签字）：

264

7.7 竣工验收资料

地基与基础工程结构自检记录

单位(子单位)工程名称		×××××工程			
分部(子分部)工程名称		地基与基础(基础)			
施工单位		×××××有限公司		项目经理	×××
结构类型	框架结构	建筑面积(m²)	3547.88	层数	地下×层 地上×层
工程实体质量和资料核查内容及情况	见证取样送检	本工程严格执行见证取样送检,委托×××试验检测有限公司和×××检测技术有限责任公司进行检测。其中钢筋原材合格证×份,复试报告×份,钢筋接头试验报告×份,混凝土强度报告×份,水泥合格证×份,复试报告×份,粗、细骨料复试单×份,砌块合格证×份,复试报告×份,防水材料合格证×份,土方试验报告×份			
	混凝土强度	筏板设计强度等级 C35,井桩混凝土 C30,混凝土垫层 C15,根据《混凝土强度检验评定标准》GB/T 50107—2010,采用统计和非统计方法评定该验收批混凝土强度均为合格,详见混凝土强度评定报告			
	砂浆强度	砌体砂浆强度等级为 M7.5,试验报告共 3 份,均达到设计强度标准,评定为合格			
	构配件质量验收	/			
	桩基动测检测	井桩动测检测合格,报告编号:×××			
	地基验槽和处理	基坑位置、平面尺寸、持力层核查、基地绝对高程和相对标高、基底土质及地下水位等均符合地质勘察报告、设计和规范要求,无特殊处理			
	质量控制和安全与功能资料	质量控制资料共核查×项,安全与功能资料共核查×项,资料完整,均符合要求			
	分项工程质量验收	筏形与箱形基础、干作业成孔桩基础、土方开挖、土方回填、主体结构防水等共×个分项工程,共×个检验批,主控项目和一般项目的质量全部合格,各分项工程均符合设计及施工质量验收规范要求			
	观感质量	好	结构实体检测结果	检测合格,报告编号:×××	
项目经理	×××	项目技术负责人	×××	专业质量检查员	×××
公司技术部门负责人	×××	企业质量部门负责人	×××		

资料员(签字):

年 月 日

主体结构工程质量自检记录

单位(子单位)工程名称		××××××工程			
分部(子分部)工程名称		主体结构(混凝土结构、砌体结构)			
施工单位		××××××有限公司		项目经理	×××
结构类型	框架结构	建筑面积(m²)	×××	层数	地下×层 地上×层
工程实体质量和资料核查内容及情况	见证取样送检	本工程严格执行见证取样送检,委托×××试验检测有限公司和×××检测技术有限责任公司进行检测。其中钢筋原材合格证×份,复试报告×份,钢筋接头试验报告×份,混凝土强度报告×份,水泥合格证×份,复试报告×份,粗、细骨料复试单×份,砌块合格证×份,复试报告×份			
	混凝土强度	剪力墙强度等级为:1~4层C45,5层以上C40;梁、板、梯强度等级为C30;过梁、构造柱强度等级为C25;根据《混凝土强度检验评定标准》GB/T 50107—2010,采用统计和非统计方法评定该验收批混凝土强度均为合格,详见混凝土强度评定报告			
	砂浆强度	砌体砂浆强度等级为M7.5,试验报告共计×份,均达到设计强度标准,评定为合格			
	构配件质量验收				
	质量控制和安全与功能资料	质量控制资料共核查×项,安全与功能资料共核查×项。资料完整,均符合要求			
	分项工程质量验收	钢筋、模板、混凝土、现浇结构、填充墙砌体共×分项工程,共×个检验批,主控项目和一般项目的质量全部合格,符合设计及施工质量验收规范要求			
	观感质量	好	结构实体检测结果	检测合格,报告编号:×××	
项目经理	×××	项目技术负责人	×××	专业质量检查员	×××
公司技术部门负责人	×××	企业质量部门负责人	×××		

资料员(签字):　　　　　　　　　　　　　　　　　　　　　　　　　　　　　　　年　月　日

单位工程质量竣工预验收记录

工程名称	××××××工程	结构类型	框架剪力墙	层数/建筑面积	××m²
施工单位	×××有限公司	技术负责人	×××	开工日期	××年××月××日
项目负责人	×××	项目技术负责人	×××	完工日期	××年××月××日

序号	项目	验收记录	验收结论
1	分部工程验收	共×分部,经查×分部,符合标准及设计要求×分部	所有分部工程质量验收合格
2	质量控制资料核查	共×项,经核查符合要求×项,经核查不符合规范要求×项	符合设计及施工质量验收规范要求
3	安全和使用功能核查及抽查结果	共核查×项,符合要求×项,共抽查×项,符合要求×项,经返工处理符合要求×项	符合设计及施工质量验收规范要求
4	观感质量验收	共核查×项,达到"好"和"一般"的×项,经返修处理符合要求的×项	好

问题整改情况	发现的施工质量问题	/
	整改情况	/

综合验收结论	所含分部工程全部合格;质量控制资料、安全和功能检验资料核查和主要功能抽查记录完整;结果符合相关标准规范的规定;观感质量验收好。同意验收

参加验收人员	施工单位	××× ××× ×××
	监理单位	总监理工程师:××× ××年××月××日

资料员（签字）：

单位工程质量竣工验收记录

工程名称	×××工程	结构类型	××	层数/ 建筑面积（m²）	××
施工单位	×××公司	技术负责人	×××	开工日期	×××
项目负责人	×××	项目技术负责人	×××	竣工日期	×××

序号	项目	验收记录	验收结论
1	分部工程验收	共 10 分部,经查符合设计及标准规定 10 分部	同意验收
2	质量控制资料核查	共 46 项,经核查符合规定 46 项	同意验收
3	安全和主要使用功能核查及抽查结果	共核查 25 项,符合规定 25 项,共抽查 25 项,符合规定 25 项,经返工处理符合要求 0 项	同意验收
4	观感质量验收	共抽查 23 项,达到"好"和"一般"的 23 项,不符合要求 0 项	同意验收
5	综合验收结论	符合设计及施工质量验收规范要求	

参加验收单位	建设单位	监理单位	施工单位	设计单位	勘察单位
	（公章） 项目负责人:××× ××年××月××日	（公章） 总监理工程师:××× ××年××月××日	（公章） 单位负责人:××× ××年××月××日	（公章） 项目负责人:××× ××年××月××日	（公章） 项目负责人:××× ××年××月××日

注：本验收记录由施工单位填写,验收结论由监理单位填写,综合验收结论经参加验收各方共同商定,由建设单位填写。

单位工程质量控制资料核查记录

序号	项目	资料名称	份数	施工单位		监理单位	
				核查意见	核查人	核查意见	核查人
1	建筑与结构	图纸会审记录、设计变更通知单、工程洽商记录	××	符合要求	项目技术负责人签字	核查通过	专业监理工程师签字
2		工程定位测量、放线记录	××	符合要求		核查通过	
3		原材料出厂合格证书及进场检验、试验报告	××	符合要求		核查通过	
4		施工试验报告及见证检测报告	××	符合要求		核查通过	
5		隐蔽工程验收记录	××	符合要求		核查通过	
6		施工记录	××	符合要求		核查通过	
7		地基、基础、主体结构检验及抽样检测资料	××	符合要求		核查通过	
8		分项、分部工程质量验收记录	××	符合要求		核查通过	
9		工程质量事故调查处理资料	××	符合要求		核查通过	
10		新技术论证、备案及施工记录	××	符合要求		核查通过	
1	给水排水与供暖	图纸会审记录、设计变更通知单、工程洽商记录	××	符合要求	×××	核查通过	×××
2		原材料出厂合格证书及进场检验、试验报告	××	符合要求		核查通过	
3		管道、设备强度试验、严密性试验记录	××	符合要求		核查通过	
4		隐蔽工程验收记录	××	符合要求		核查通过	
5		系统清洗、灌水、通水、通球试验记录	××	符合要求		核查通过	
6		施工记录	××	符合要求		核查通过	
7		分项、分部工程质量验收记录	××	符合要求		核查通过	
8		新技术论证、备案及施工记录	××	符合要求		核查通过	

序号	项目	资料名称	份数	施工单位		监理单位	
				核查意见	核查人	核查意见	核查人
1	通风与空调	图纸会审记录、设计变更通知单、工程洽商记录	××	符合要求	×××	核查通过	×××
2		原材料出厂合格证书及进场检验、试验报告	××	符合要求		核查通过	
3		制冷、空调、水管道强度试验、严密性试验记录	××	符合要求		核查通过	
4		隐蔽工程验收记录	××	符合要求		核查通过	
5		制冷设备运行调试记录	××	符合要求		核查通过	
6		通风、空调系统调试记录	××	符合要求		核查通过	
7		施工记录	××	符合要求		核查通过	
8		分项、分部工程质量验收记录	××	符合要求		核查通过	
9		新技术论证、备案及施工记录	××	符合要求		核查通过	
1	建筑电气	图纸会审记录、设计变更通知单、工程洽商记录	××	符合要求	×××	核查通过	×××
2		原材料出厂合格证书及进场检验、试验报告	××	符合要求		核查通过	
3		设备调试记录	××	符合要求		核查通过	
4		接地、绝缘电阻测试记录	××	符合要求		核查通过	
5		隐蔽工程验收记录	××	符合要求		核查通过	
6		施工记录	××	符合要求		核查通过	
7		分项、分部工程质量验收记录	××	符合要求		核查通过	
8		新技术论证、备案及施工记录	××	符合要求		核查通过	
1	智能建筑	图纸会审记录、设计变更通知单、工程洽商记录	××	符合要求	×××	核查通过	×××
2		原材料出厂合格证书及进场检验、试验报告	××	符合要求		核查通过	
3		隐蔽工程验收记录	××	符合要求		核查通过	
4		施工记录	××	符合要求		核查通过	
5		系统功能测定及设备调试记录	××	符合要求		核查通过	

序号	项目	资料名称	份数	施工单位		监理单位	
				核查意见	核查人	核查意见	核查人
6	智能建筑	系统技术、操作和维护手册	××	符合要求	×××	核查通过	×××
7		系统管理、操作人员培训记录	××	符合要求		核查通过	
8		系统检测报告	××	符合要求		核查通过	
9		分项、分部工程质量验收记录	××	符合要求		核查通过	
10		新技术论证、备案及施工记录	××	符合要求		核查通过	
1	建筑节能	图纸会审记录、设计变更通知单、工程洽商记录	××	符合要求	×××	核查通过	×××
2		原材料出厂合格证书及进场检验、试验报告	××	符合要求		核查通过	
3		隐蔽工程验收记录	××	符合要求		核查通过	
4		施工记录	××	符合要求		核查通过	
5		外墙、外窗节能检验报告	××	符合要求		核查通过	
6		设备系统节能检测报告	××	符合要求		核查通过	
7		分项、分部工程质量验收记录	××	符合要求		核查通过	
8		新技术论证、备案及施工记录	××	符合要求		核查通过	
1	电梯	图纸会审记录、设计变更通知单、工程洽商记录	××	符合要求	×××	核查通过	×××
2		设备出厂合格证书及开箱检验记录	××	符合要求		核查通过	
3		隐蔽工程验收记录	××	符合要求		核查通过	
4		施工记录	××	符合要求		核查通过	
5		接地、绝缘电阻测试记录	××	符合要求		核查通过	
6		负荷试验、安全装置检查记录	××	符合要求		核查通过	
7		分项、分部工程质量验收记录	××	符合要求		核查通过	
8		新技术论证、备案及施工记录	××	符合要求		核查通过	

结论:对本工程的质量控制资料进行核查,符合要求,同意验收。
施工单位项目负责人:×××　　　　　　　　总监理工程师:×××
　　　　　　××年××月××日　　　　　　　　　　××年××月××日

资料员(签字):

271

单位工程安全和功能检验资料核查及主要功能抽查记录

工程名称		×××工程	施工单位		×××有限公司	
序号	项目	安全和功能检查项目	份数	核查意见	抽查结果	核查人
1	建筑与结构	地基承载力检验报告	××	符合要求	抽查×处,合格	专业监理工程师签字
2		桩基承载力检验报告	××	符合要求	抽查×处,合格	
3		混凝土强度试验报告	××	符合要求	抽查×处,合格	
4		砂浆强度试验报告	××	符合要求	抽查×处,合格	
5		主体结构尺寸、位置抽查记录	××	符合要求	抽查×处,合格	
6		建筑物垂直度、标高、全高测量记录	××	符合要求	抽查×处,合格	
7		屋面淋水或蓄水试验记录	××	符合要求	抽查×处,合格	
8		地下室渗漏水检测记录	××	符合要求	抽查×处,合格	
9		有防水要求的地面蓄水试验记录	××	符合要求	抽查×处,合格	
10		抽气(风)道检查记录	××	符合要求	抽查×处,合格	
11		外窗气密性、水密性、耐风压检测报告	××	符合要求	抽查×处,合格	
12		幕墙气密性、水密性、耐风压检测报告	××	符合要求	抽查×处,合格	
13		建筑物沉降观测测量记录	××	符合要求	抽查×处,合格	
14		节能、保温测试记录	××	符合要求	抽查×处,合格	
15		室内环境检测报告	××	符合要求	抽查×处,合格	
16		土壤氡气浓度检测报告	××	符合要求	抽查×处,合格	
1	给水排水供暖	给水管道通水试验记录	××	符合要求	抽查×处,合格	×××
2		暖气管道、散热器压力试验记录	××	符合要求	抽查×处,合格	
3		卫生器具满水试验记录	××	符合要求	抽查×处,合格	
4		消防管道、燃气管道压力试验记录	××	符合要求	抽查×处,合格	
5		排水干管通球试验记录	××	符合要求	抽查×处,合格	
6		锅炉试运行、安全阀及报警联动测试记录	××	符合要求	抽查×处,合格	

序号	项目	安全和功能检查项目	份数	核查意见	抽查结果	核查人
1	通风与空调	通风、空调系统试运行记录	××	符合要求	抽查×处,合格	×××
2		风量、温度测试记录	××	符合要求	抽查×处,合格	
3		空气能量回收装置测试记录	××	符合要求	抽查×处,合格	
4		洁净室洁净度测试记录	××	符合要求	抽查×处,合格	
5		制冷机组试运行调试记录	××	符合要求	抽查×处,合格	
1	建筑电气	建筑照明通电试运行记录	××	符合要求	抽查×处,合格	×××
2		灯具固定装置及悬吊装置的载荷强度试验记录	××	符合要求	抽查×处,合格	
3		绝缘电阻测试记录	××	符合要求	抽查×处,合格	
4		剩余电流动作保护器测试记录	××	符合要求	抽查×处,合格	
5		应急电源装置应急持续供电记录	××	符合要求	抽查×处,合格	
6		接地电阻测试记录	××	符合要求	抽查×处,合格	
7		接地故障回路阻抗测试记录	××	符合要求	抽查×处,合格	
1	智能建筑	系统试运行记录	××	符合要求	抽查×处,合格	×××
2		系统电源及接地检测报告	××	符合要求	抽查×处,合格	
3		系统接地检测报告	××	符合要求	抽查×处,合格	
1	建筑节能	外墙节能构造检查记录或热工性能检验报告	××	符合要求	抽查×处,合格	×××
2		设备系统节能性能检查报告	××	符合要求	抽查×处,合格	
1	电梯	运行记录	××	符合要求	抽查×处,合格	×××
2		安全装置检测报告	××	符合要求	抽查×处,合格	

结论:

对本工程的安全和功能检验资料进行核查,符合要求,对单位工程的主要功能进行抽查,其抽查结果合格,满足使用功能。同意验收。

施工单位:×××   总监理工程师:×××

　　　　　×× 年 ×× 月 ×× 日   　　×× 年 ×× 月 ×× 日

注:抽查项目由验收组协商确定。

资料员 (签字):

单位工程观感质量检查记录

工程名称		×××工程		施工单位	×××有限公司
序号		项目	抽查质量状况		质量评价
1	建筑与结构	主体结构外观	共检查×点,好×点,一般×点,差×点		好
2		室外墙面	共检查×点,好×点,一般×点,差×点		好
3		变形缝、雨水管	共检查×点,好×点,一般×点,差×点		好
4		屋面	共检查×点,好×点,一般×点,差×点		好
5		室内墙面	共检查×点,好×点,一般×点,差×点		好
6		室内顶棚	共检查×点,好×点,一般×点,差×点		好
7		室内地面	共检查×点,好×点,一般×点,差×点		好
8		楼梯、踏步、护栏	共检查×点,好×点,一般×点,差×点		好
9		门窗	共检查×点,好×点,一般×点,差×点		好
10		雨罩、台阶、坡道、散水	共检查×点,好×点,一般×点,差×点		好
1	给水排水与供暖	管道接口、坡度、支架	共检查×点,好×点,一般×点,差×点		好
2		卫生器具、支架、阀门	共检查×点,好×点,一般×点,差×点		好
3		检查口、扫除口、地漏	共检查×点,好×点,一般×点,差×点		好
4		散热器、支架	共检查×点,好×点,一般×点,差×点		好
1	通风与空调	风管、支架	共检查×点,好×点,一般×点,差×点		好
2		风口、风阀	共检查×点,好×点,一般×点,差×点		好
3		风机、空调设备	共检查×点,好×点,一般×点,差×点		好
4		管道、阀门、支架	共检查×点,好×点,一般×点,差×点		好
5		水泵、冷却塔	共检查×点,好×点,一般×点,差×点		好
6		绝热	共检查×点,好×点,一般×点,差×点		好
1	建筑电气	配电箱、盘、板、接线盘	共检查×点,好×点,一般×点,差×点		好
2		设备器具、开关、插座	共检查×点,好×点,一般×点,差×点		好
3		防雷、接地、防火	共检查×点,好×点,一般×点,差×点		好
1	智能建筑	机房设备安装及布局	共检查×点,好×点,一般×点,差×点		好
2		现场设备安装	共检查×点,好×点,一般×点,差×点		好
1	电梯	运行、平层、开关门	共检查×点,好×点,一般×点,差×点		好
2		层门、信号系统	共检查×点,好×点,一般×点,差×点		好
3		机房	共检查×点,好×点,一般×点,差×点		好
观感质量综合评价			好		

结论:工程观感质量综合评价为好,验收合格。

施工单位项目负责人:×××　　　　　　　　总监理工程师:×××

　　　　　×× 年 ×× 月 ×× 日　　　　　　　　　　×× 年 ×× 月 ×× 日

注:1. 对质量评价为差的项目应进行返修。

　　2. 观感质量现场检查原始记录应作为本表附件。

资料员 (签字):

建筑工程无障碍设施验收记录表
(公共建筑、住宅工程)

工程名称	×××工程	建设单位	×××公司
设计单位	×××设计院	监理单位	×××公司
施工单位	×××有限公司		

验收内容	验收情况
1. 建筑入口、入口平台及门	符合设计及施工质量验收规范要求
2. 水平及垂直交通(候梯厅及电梯轿厢)	符合设计及施工质量验收规范要求
3. 其他公共场所,如:公共厕所等(公共走道)	符合设计及施工质量验收规范要求
4. 其他相关资料文件	符合设计及施工质量验收规范要求
验收意见	该工程已完成设计及施工合同的全部内容,经检测、试运行质量符合设计及施工质量验收规范要求,工程质量控制资料及工程安全和功能检验资料、施工质量技术管理资料齐全、完整。经自检,工程质量达到合格标准,符合竣工验收条件

建设单位(公章)	设计单位(公章)	监理单位(公章)	施工单位(公章)
项目负责人:××× ××年××月××日	项目负责人:××× ××年××月××日	项目负责人:××× ××年××月××日	项目负责人:××× ××年××月××日

资料员（签字）:

住宅室内装饰装修工程质量分户验收汇总表

工程名称	×××工程	结构类型	框架/框剪	总户数	150户
建设单位	×××公司	层数	××	面积(m²)	××
监理单位	×××公司	总承包施工单位	×××公司		
设计单位	×××设计院	装修施工单位	×××公司		
装修开竣工日期	××年××月××日 至 ××年××月××日	验收日期	××年××月××日		

验收概况	本单位工程:共有 212 户,进行了分户验收 212 户, 　　　　　经验收符合要求 212 户, 　　　　　经整改处理验收符合要求 0 户, 　　　　　共有单元数 2 个,进行了公共部位质量验收单元数 2 个, 　　　　　经验收符合要求单元数 2 个。 　　　　　经整改处理验收符合要求单元数 0 个
验收时间	根据《住宅室内装饰装修工程质量验收规范》,于××年××月××日至××年××月××日对本工程分户验收
验收户数	本工程共 212 户,共验收 212 户,合格 212 户,不合格 0 户
验收结论	验收合格

验收单位	建设单位 项目负责人:××× （公章） ××年××月××日	总包施工单位 项目负责人:××× （公章） 　年　月　日	监理单位 总监理工程师:××× （公章） ××年××月××日
	设计单位 设计负责人:××× （公章） ××年××月××日	装修施工单位 项目负责人:××× （公章） ××年××月××日	物业单位 验收负责人:××× （公章） ××年××月××日

资料员（签字）：

住宅室内装饰装修分户工程质量验收统计记录

工程名称		×××工程		
单元总数（个）	2	总户数（户）	212	结构类型	框架剪力墙结构
计划竣工验收时间		2013 年 10 月 12 日	分户验收时间	××年××月××日至 ××年××月××日
已验收户数（户）		212	验收合格户数（户）	212
		212	验收不合格户数（户）	0
说明		/		

分户验收明细栏

序号	单元号	房号	分户验收记录编号	验收结论		备注
1	1 号楼	一层 A-1	001	☑验收合格	□经整改验收合格	
2	1 号楼	一层 A-2	002	☑验收合格	□经整改验收合格	
3	1 号楼	二层 A-1	003	☑验收合格	□经整改验收合格	
4	1 号楼	二层 A-2	004	☑验收合格	□经整改验收合格	
5	1 号楼	二层 A-3	005	☑验收合格	□经整改验收合格	
6	1 号楼	二层 A-4	006	☑验收合格	□经整改验收合格	
7	1 号楼	三层 A-1	007	☑验收合格	□经整改验收合格	
8	1 号楼	三层 A-2	008	☑验收合格	□经整改验收合格	
9	1 号楼	三层 A-3	009	☑验收合格	□经整改验收合格	
10	1 号楼	三层 A-4	010	☑验收合格	□经整改验收合格	
11	1 号楼	四层 A-1	011	☑验收合格	□经整改验收合格	
12	1 号楼	四层 A-2	012	☑验收合格	□经整改验收合格	
13	1 号楼	四层 A-3	013	☑验收合格	□经整改验收合格	
14	1 号楼	四层 A-4	014	☑验收合格	□经整改验收合格	
15	1 号楼	五层 A-1	015	☑验收合格	□经整改验收合格	

资料员（签字）：

共 页 第 页

住宅室内装饰装修前分户交接验收记录

工程名称	×××工程		房(户)号		×××
建设单位	×××公司		监理单位		×××监理公司
总承包施工单位	×××有限公司		装修施工单位		×××有限公司

序号	验收项目	验收内容	分户交接工作界面		验收记录及结论
			工作要求	完成情况	
1	楼地面、墙面和顶棚	楼地面空鼓、裂缝、起砂墙面爆灰、地面基层平整度	1. 内墙面抹灰完成	完成	合格
			2. 顶棚抹灰完成	完成	
			3. 地面基层完成	完成	
2	门窗	窗台高度、渗漏、门窗开启、安全玻璃标识、外门窗划痕、损伤	1. 外门窗安装完成。2. 性能检测合格	完成	性能检测合格,报告编号:××××
3	栏杆	栏杆高度、竖杆间距、防攀爬措施、护栏玻璃	栏杆安装完成	完成	合格
4	防水工程	屋面渗漏、卫生间等防水地面渗漏、外墙渗漏	1. 屋面、外墙面(含阳台等)已完成,防水地面防水层施工完成。2. 蓄水、泼水试验合格	完成	合格
5	室内空间尺寸	室内层高、净开间尺寸	1. 墙面弹出标高控制线。2. 地面弹出方正控制线。3. 地面测点标识完成	完成	合格
6	电气工程	管线、位置及回路数量	1. 配电箱、管线敷设等完成、卫生间局部电位安装完成。2. 配电箱内各回路开关标识正确,剩余电流动作保护器动作符合要求	完成	合格
7	给水排水工程	管道渗漏、坡度、排水管道通水灌水、给水管道试压、高层阻火圈(防火套管)设置、地漏水封	1. 排水管道、给水管道敷设完毕2. 各项功能性检测合格	完成	合格
8	供暖工程	管道及配件安装、散热器安装、低温热水地板辐射供暖系统安装、热计量及调控装置安装	管道系统、低温热水地板辐射供暖系统试压	完成	合格

验收结论:

建设单位	监理单位	总包单位	装修施工单位	物业单位
项目负责人: ××× ××年××月××日	总监理工程师: ××× ××年××月××日	项目负责人: ××× ××年××月××日	项目负责人: ××× ××年××月××日	验收负责人: ××× ××年××月××日

资料员(签字):

住宅工程质量室内空间尺寸分户验收检查记录表

工程名称	×××工程								结构类型	框架-剪力墙	层数	27层
房号	1号楼一层101								验收日期	××年××月××日		

房间号	室内净高推算值(mm)	室内净高实测值(mm)					室内净开间推算值	室内净开间实测值(mm)		室内净进深推算值(mm)	室内净进深(mm)实测值		最大偏差、极差(mm) 净高 H		净开间		净进深	
	H	H_1	H_2	H_3	H_4	H_5	L	L_1	L_2	L	L_3	L_4	最大偏差	极差	最大偏差	极差	最大偏差	极差
卧室	3770	3772	3768	3769	3769	3772	4800	4802	4801	3500	3502	3499	2	4	2	1	2	3
客厅	3770	3772	3772	3768	3768	3770	5000	5002	5003	9600	9603	9599	2	4	3	1	3	4
餐厅	3770	3773	3774	3768	3768	3767	4000	4003	4004	6500	6502	6503	4	7	4	1	3	1
厨房	3770	3772	3768	3772	3765	3774	2600	2603	2598	1800	1802	1797	5	9	5	4	5	5
卫生间/阳台	3770	3772	3772	3767	3768	3771	2400	2405	2401	2000	2003	1998	3	5	5	4	3	5

地面平整度(mm)	卧室		客厅		餐厅		厨房		卫生间/阳台	
	S_1	S_2	S_1	S_2	S_1	S_2	S_1	S_2	S_1	S_2
	3	2	2	4	3	2	1	1	2	1
	极差	1	极差	2	极差	1	极差	0	极差	1

实测房间 __5__ 间,合格 __5__ 间,需整改处理房间 __0__ 间。

验收人员:×××

建设单位:×××　　　　监理单位:×××　　　　施工单位:×××　　　　相关单位:×××

净高、净开间、净进深测量示意图	地面平整度测量示意图	套型示意图贴图区

注: 1. 室内净高推算值应根据设计层高扣除楼板、顶棚饰面层、地坪找平层及面层等厚度后计算得出。
　　2. 最大偏差为实测值与推算值之差中的最大绝对值;极差为实测值中最大值与最小值之差,抽测不合格点数在表内用笔圈出。
　　3. 测量开间和进深时,测量位置要距离墙(柱)角300~500mm为宜。

资料员(签字):